A LITTLE HISTORY
OF THE
UNITED STATES

美国小史

James
West
Davidson

［美］詹姆斯·韦斯特·戴维森 著

曾毅 译

NEWSTAR PRESS
新 星 出 版 社

新经典文化股份有限公司
www.readinglife.com
出 品

献给 W. E. G., M. H. L., M. B. S., C. L. H. 和 B. DeL.,
感谢他们在我穿行于这片乐土时给予的陪伴

目录

序言　历史的创造　1

第一章　鸟儿的方向　6

第二章　时空中的大陆　11

第三章　众生于一　17

第四章　黄金时代，以及黄金的时代　24

第五章　世界分崩离析之时　33

第六章　救赎何在　41

第七章　圣徒与陌生人　50

第八章　勃兴之地　58

第九章　平等与不平等　66

第十章　启蒙与觉醒　76

第十一章　祸福相依　83

第十二章	不只是争吵	93
第十三章	平等与独立	102
第十四章	更完善的联邦	113
第十五章	华盛顿的担忧	122
第十六章	自由帝国	130
第十七章	人民之子	140
第十八章	棉花王国	150
第十九章	星火燎原	159
第二十章	边界	168
第二十一章	越界	180
第二十二章	后果	191
第二十三章	如何重建？	203
第二十四章	划时代的大事件	212
第二十五章	衣领的颜色	220
第二十六章	双城记	228

第二十七章	新西部	238
第二十八章	运气还是勇气？	247
第二十九章	进步主义	256
第三十章	碰撞	266
第三十一章	大众	276
第三十二章	新政	285
第三十三章	全球战争	294
第三十四章	超级大国	304
第三十五章	世界末日	313
第三十六章	是你，是我，或者是他	321
第三十七章	雪崩	331
第三十八章	保守主义转向	340
第三十九章	千丝万缕	349
第四十章	继往开来	359
致谢		369

序言　历史的创造

历史是如何被创造出来的？一谈到历史，大多数人会想到：某人通过某些行为让事件的轨迹发生改变，而这些行为长存于人类记忆之中。这是用生命创造历史的办法。

我创造历史的方式与此不同——我通过写作来创造它。作为一名历史学家，我的工作是从过去中发掘细节，并赋予它们意义。

用生命来创造历史似乎更为重要而刺激，也更危险。在那些用生命创造了历史的不凡身影中，许多人得到颂扬，也有人遭到唾骂，却从不会有人被遗忘。与此相反，写作历史的人则往往不为人们所留意。他们栖居在一个图书馆的世界里，那里满是老旧的书册、褪色的照片和页角折起的卷宗。写作历史和在历史中生活，可以说是两个不同的世界，然而这两个世界之间的关联，比初看上去要密切得多。

让我们来观察一下两名生活在 20 世纪上半叶的男性的不同生活。一位是迈克尔·金，他 1929 年生于佐治亚州亚特兰大，正值大萧条最为严重的时期。他的父亲是一位牧师，管他叫小迈克。至于大迈克，当然就是牧师先生自己了。小迈克是个重感情的男孩。他的祖母死于心脏病后，他伤心欲绝，竟然从家中二楼的窗户跳了出去，所幸受伤不重。然而迈克尔的成长过程中也并不缺少快乐。在大学时代，他热衷于参加派对，爱穿鲜艳的运动衣和双色皮鞋。我们似乎可以猜到，历史不是他的最爱。

尽管迈克尔穿梭于派对之间，他在生活中还有另外一面——他喜欢阅读关于过去的书籍。图书馆中的一本书引起了他的思考，那是亨利·戴维·梭罗写于1849年的《公民不服从论》。在书中，梭罗探讨了美国公民是否有可能正当地违反国家法律的问题。迈克尔·金刚5岁的时候，他的父亲就以一种极为个人的方式将他引进了历史之门：大迈克决定以他的一位偶像——德国宗教改革家马丁·路德——来为自己和儿子重新命名。于是，小迈克尔·金就变成了小马丁·路德·金，并在后来成为民权运动最负盛名的领袖，创造了历史。可以说，他是美国历史上最著名的人物之一。

巴伦蒂内·温塔兰在菲律宾长大，距离金半个世界之遥。他在"二战"中加入了军队，为保卫自己的国家不受日本人的侵略，与美国军队并肩而战。温塔兰在巴丹半岛被俘，与数万名菲律宾同胞和美国人一起被驱赶到一大片空地上。日本看守向战俘们宣布：他们要随军前往马尼拉，然后将被临时安置在旅馆里。

此刻巴尔[1]·温塔兰最不可能想到的事就是自己是否在创造历史。他只想活下去，而且知道自己必须逃走。上万名被俘士兵死于苦难的行军途中，这就是后来闻名于世的"巴丹死亡

---

[1] 巴尔，巴伦蒂内的昵称。——如无特别说明，本书脚注均为译者注

行军"。温塔兰在尝试了四次之后,终于成功逃出日本人的掌控,回到自己的村庄,重新投入战斗。战争结束后,他移居美国,成为美国公民,继续自己的军旅生涯,也成了家。我知道他的故事,是因为多年之后,他的一个女儿成了我的新娘。

马丁·路德·金的名字如雷贯耳,知道巴伦蒂内·温塔兰的人却没有几个,然而无论就大的方面还是各种细节而言,他们都是用生命创造历史的人。年轻时,他们未曾设想过阅读历史会如何改变自己的命运,然而改变就这么发生了。它发生在日军看守宣布向马尼拉行军时——巴尔·温塔兰曾回忆道:"我读过一本关于第一次世界大战的历史书,其中全是种种可怕的惨景和暴行,于是我对自己说:'等待我们的不会是什么旅馆!'"它也发生在马丁·路德·金思索如何终结种族隔离时——读到梭罗宁可选择坐牢也不愿"支持一场将把奴隶制传播到墨西哥的战争",金受到深深的震撼。

是否可以说,巴伦蒂内·温塔兰因为阅读历史而保住了自己的性命呢?那似乎太天真了。要做到这一点,过人的心智、决心和超拔的坚韧缺一不可。是否可以说,马丁·路德·金因为阅读历史,在为无数美国人带来更多自由的同时,却将自己葬送在刺客的枪口下呢?这个结论同样过于武断。金为了一项伟大的事业甘冒死亡的风险,绝不可能仅仅是因为读了一本书。

然而这两个人都利用自己的历史知识创造了历史。想一想吧,历史正在以无数种方式塑造我们的生活。我们借以自指的身份其实不外乎一部关于自身的历史,这部历史由我们做过的事、到过的地方和读过的书构成。我们用鲜活的个人记忆,加上从父母和其他亲人那里听到的故事，亲手构建并创造自己的历史。我们通过参加运动队创造历史，我们通过登录网页创造历史，此外，我们在阅读关于民族生活的历史书籍时，同样也在创造历史。

这本书是一部关于美国何以成为美国的历史。美国的发展故事跨越五个多世纪，蔚为壮观。它描述了一个国家在这片人群高度多样化的大陆上开枝散叶的过程，并解释了这些人是如何在一面象征自由和平等的旗帜下联合起来的。"合众为一"（E pluribus unum）是美国国徽上的拉丁文格言，宣布美国独立的开国元勋们坚信，所有美利坚合众国公民，或者说全体人类，都"生而平等"，并拥有"生命权、自由权和追求幸福的权利"。

表面上看，"自由、平等和团结"这样的理想不异于空中楼阁，远远脱离了现实——当一个国家数以十万计的居民是作为奴隶被绑架而来的，它何以声称自由？当占据美国人口一半的女性尚未取得和男性相同的权利时，开国元勋们何以标榜平等？而一个由如此多样的族群组成的国家，又如何能做到真正的团结？他们中一些人很虔敬，选择在简朴的礼拜堂中礼拜；另一些则会选择巍峨的天主教堂；还有一些与宗教了无瓜葛。一些人刚刚来到这片大陆，希望通过种植烟草或棉花致富；另一些则在白热的熔炉旁挥汗如雨，制造用来修建高楼和铁路的钢铁。一些人煽动民乱，宁可把茶叶倒进港口，也不愿缴纳未经他们同意就征收的税款；农场工人建立工会，为自己争取更合理的工资和更有尊严的生活条件；发明家夜以继日地工作，发明灯泡，改进机油壶，造出能在银幕上投射出活动影像的机器；思想家则琢磨各种奇思妙想，比如如何把一份报纸卖给上百万人，或是如何让一座巨大的城市变得更适于人们生活。

这么多人彼此相异，以至于我们会问：这些人和我有什么关系？真的没有关系吗？也许你没有意识到，所有这些人都是你的历史的一部分。我们无法确定，某一天你是否会用上这些故事中的某一个。

我们都希望自己能用生命创造历史，但是别忘了：关于历史，你读得越多，写得越多，记住得越多，你就越可能以一种能让自己的事迹流传下去的方式生活在历史中。

第一章　鸟儿的方向

　　船长身材高大、脸膛红润。他站在甲板上，望向天空，灰蓝色的眼睛如同天空的投影。一大群鸟正从他头顶飞过。这些鸟并非水手们日常见惯、跟随他们飞遍天涯海角的海鸥，也不是那些在风暴来临时把船舵当成避难所的小海燕，这是一群在陆地栖居的鸟。它们来自北方——船长思忖着——因此也许是迁徙中的候鸟，为了"躲避寒冬"而离开远方某片陆地。这些鸟是他渴望已久的信号，因为它们的目的地无疑也是陆地，和他一样。

　　其他水手也望着天空，偶尔偷偷瞟向船长。他们对这位自称"世界洋海军上将"❶的船长并不完全信任。虽然船队和船员们都来自西班牙，克里斯托福罗·哥伦布上将却来自意大利的

---

❶ 世界洋海军上将，1492年哥伦布与西班牙国王斐迪南二世和女王伊莎贝尔一世签订《圣菲协议》。协议内容包括：哥伦布获得"世界洋海军上将"的称号和贵族身份，成为他发现的海岛和陆地的长官和总督，航行中得到的一切财富他都可以保留十分之一，等等。

港口热那亚。1492年夏末秋初，由尼雅号、平塔号和圣玛丽亚号组成的船队启程向西穿越大西洋已有五个星期了。船员中没有人曾远离陆地这么长时间，他们也不曾看见任何神秘的国度和如山的财宝——那是这个外邦人向他们许诺过的东西。也许是时候了，与其让这位上将领着他们继续驶向死亡，不如行动起来，把他扔到船舷外面去。

哥伦布也同样不安，虽然他努力不让自己表现出来。他下令舰队调整航向——既然鸟群向西南飞行，他也打算这么做。

对克里斯托福罗·哥伦布——我们还是用英语译法，称他为克里斯托弗·哥伦布吧——来说，这段航程已经太过漫长。他是一名织匠的儿子，却放弃继承父亲的产业，选择了航海生涯。长久以来，热那亚就是一个繁荣的海港，热那亚的众多海船穿梭在欧洲人了如指掌的广阔地中海上，从东岸运来丝绸、香料和其他奢侈品。这些货物经过绵延数千英里❶的"丝绸之路"，从遥远的亚洲国度来到地中海东岸。哥伦布如饥似渴地阅读过一个名叫马可·波罗的意大利旅行家的作品，此人在两个世纪前曾沿着丝绸之路旅行，一直走到了"契丹"——现在我们称之为"中国"。在那里，他见到了这片土地的君王忽必烈大汗。在书中，马可·波罗描述了各种数不尽的奇迹和财富。

哥伦布曾沿着非洲西海岸向南航行，葡萄牙人在那里找到了黄金、象牙，还有可供买卖的奴隶。他也曾在大西洋中一路

---

❶ 英里，英美制长度单位，1英里约等于1.609 3公里。

航向北方，差点儿进入北冰洋。在到访爱尔兰时，他看到一条简陋的小船从西方的海面漂入港湾，船里有两具尸体——"一男一女，相貌奇特"。有人猜测，尸体看起来如此奇怪，是因为他们是从"契丹"一路漂流到此的。真实情况当然不是这样，不过无论如何，最能满足哥伦布想象的，还是各种和大西洋航行有关的说法。

当时的大多数学者已经认识到我们的世界是球形的。数个世纪以来，有关遥远西方岛屿及岛上未知人类的故事出现在各种古籍之中。有些作家猜测，在那个方向上也许还有一片广袤的大陆，而另一些则认为对岸就是亚洲，中间只有一片大西洋，但因太过宽广，不可能航行穿越。哥伦布则相信世界比大多数地理学家所认为的要小。他认为，从欧洲出发，向西航行到"契丹"是完全可行的。

哥伦布向葡萄牙国王若昂二世提出请求，希望他赞助一次远航。葡萄牙西临大西洋，沿着非洲海岸向南航行对葡萄牙的船长们来说是家常便饭。1488年，巴尔托洛梅乌·迪亚士就曾绕过非洲的南部尖端，进入了印度洋，他的航线成为欧洲人借以获得印度和"契丹"珍宝的水路通道之一。然而哥伦布关于西方航线的想法显然没有引起若昂二世的兴趣，"一个口若悬河、自视甚高的家伙……满脑子都是幻梦和空想……"国王抱怨说。若昂二世可能是对的，哥伦布不仅头脑固执、有些虚荣，还过于自信。事实上，世界比他认为的更大。从葡萄牙出发向西到中国，大约需要航行12 000英里，而不是哥伦布猜测的2 500英里。

然而，如果足够顽固的话，执迷不悟的人也并非不能成就大事。接下来，哥伦布带着自己的想法，来到国王斐迪南二世和女王伊莎贝尔一世统治的西班牙。两位统治者一开始并未把哥伦布当回事儿——他们正忙于同来自非洲的阿拉伯统治者们作战。这些阿拉伯人几个世纪以来一直控制着西班牙的大片土地。直到最后一支阿拉伯军队被赶出西班牙，斐迪南和伊莎贝尔才同意资助哥伦布的航行。

1492年8月，尼雅号、平塔号和圣玛丽亚号扬帆出发，哥伦布担任舰队司令。他首先向南航行，直到非洲海岸以西的加那利群岛，此地的风向较宜于向西航行。每天晚上，水手们就在甲板上任何能躺下来的地方和衣而卧，当晨曦初现，会有一名男孩唱起祷词："愿上帝祝福白昼的天光，而我们赞颂神圣的十字架。"随着太阳升起，甲板上的露水会被晒干，水手们也开始劳作。他们看见飞鱼不时跃出水面，有时甚至"成群落在甲板上"。当海面平静时，水手们还会在船舷边游泳。

这样的平安喜乐并不能驱散心底深处的阴霾——到底哪里才是这片大洋的尽头？在接近满月的夜晚，迁徙中的陆栖候鸟仍会在月光中投下一片片黑影。直到10月12日，大约深夜两点，喊声从平塔号上的瞭望哨传来："Tierra! Tierra!"（西班牙语："陆地！陆地！"）当太阳再次升起，人们眼前出现了一片白色的沙滩。那是一座岛屿。

他们到底到了什么地方？"契丹"海岸吗？哥伦布坐在一条驶向海滩的小船上，心中充满疑问。马可·波罗曾经描述过一个叫"Cipangu"的富饶岛屿，如今我们称之为"日本"，但这块小石头显然不是。那么"Cipangu"会在离这里不远的地方吗？或者，这是一块没有任何欧洲人涉足过的土地？

他留意到海滩上有一个东西在快速移动，然后是另一个。看起来，有几个人刚刚跑进海滩上面的树林。

他们是谁？他身在何地？海浪将小船送上海滩，哥伦布走下船来。

第二章　时空中的大陆

哥伦布并不是第一个发现北美洲的欧洲人，在他之前5个世纪，公元1000年左右，莱夫·埃里克松就曾率领一队诺斯人抵达今日加拿大纽芬兰岛的最北端。这群维京人从那里开始，探索了他们称之为"文兰"的地区。然而诺斯人建立的据点最终被时间吞噬，从欧洲人的记忆中消失了，所以哥伦布的航行仍然算得上是标志性的事件。从1492年开始，世界的东半部和西半部不再彼此隔绝。

许多人相信哥伦布最先看到的是我们今天称之为"圣萨尔瓦多"[1]的岛屿，如果这是真的，那他只看到了这片大陆的一块小碎片——圣萨尔瓦多的面积只有63平方英里。此时，哥伦布对北美大陆其余9 539 937平方英里土地的存在还一无所知。

---

[1] 圣萨尔瓦多，加勒比地区岛屿，今属巴哈马。

今天，美国的领土从大西洋一直延伸到太平洋，要理解它如何成为一个如此幅员辽阔的国家，我们首先得明白这块大陆如何从源头改变了历史的面貌，因此，我们必须对北美洲在时间和空间中所占据的位置有所了解。

首先是空间问题。让我们从一页白纸的上端开始，画出两条竖直的粗线，每条线都沿着一个缓和的弧度，越往下越向内弯曲，直到在底部相交。我们会得到一个漏斗的形状，下面带着一个类似钩子的东西，这就是北美大陆的粗略轮廓。它的东岸濒临大西洋，西岸则是太平洋，越往下，陆地越窄，最后收缩为巴拿马地峡。巴拿马是一道纤细的大陆桥，把北美洲和南美洲连接起来。

接下来，在漏斗内部，我们再画一些大体彼此平行的线条，也就是这块大陆上的主要山脉。最东的一条是阿巴拉契亚山脉，从缅因州向南延伸到佐治亚州。在西部，高耸的山峰排列成行，时而相连，时而断绝，其中喀斯喀特山脉和内华达山脉较为靠近太平洋一侧，而落基山脉则向东深入内陆一些。在西部的群山之间，是大盆地❶和大盐湖❷这样的干旱地区。

山脉如同屏障。对生活在大西洋沿岸的平原和浅丘地带的人来说，阿巴拉契亚山脉就是他们向西去往开阔草原地带的障碍。而在太平洋一侧，喀斯喀特山脉和内华达山脉的群峰则被向东旅行的人视为畏途。

---

❶ 大盆地，北美洲最大的内流盆地，包括内华达州、犹他州、加利福尼亚州、爱达荷州、俄勒冈州和怀俄明州的部分地区，以干旱贫瘠和地形复杂著称。

❷ 大盐湖，位于美国犹他州西北部，是西半球最大的咸水湖。

山脉也是气候的分界线。从太平洋上向东飘来的雨云在遇到山脉后，会向上抬升，在接近寒冷的山巅的过程中，温暖的水汽逐渐凝结，通常在山脉西侧坠落成雨，东侧的大盆地和大平原❶则干燥得多。另一方面，由于我们今天称为加拿大的北方地区没有横亘东西的山脉，北极的寒冷空气在冬天会长驱直下，深入大陆南部，而南北向的山脉则成为帮助冷空气通过的漏斗。与此相反的是，大多数欧洲和亚洲的山脉是东西走向的，比如阿尔卑斯山脉、高加索山脉和喜马拉雅山脉，这些山脉阻挡了北极冷空气的南下，让大陆南部的气候得以保持温暖。

到了夏天，北美洲的地理大漏斗则起到相反的作用。热浪可以穿过大平原，直抵加拿大，让气温飙升到90华氏度❷以上，并引发暴雨和龙卷风，这种极端的气候让北美大陆变得与众不同。许多刚从欧洲来的人会发现，北美冬天的寒冷和夏天的炎热程度都超过他们的家乡。

北美洲的气候以无数种方式影响了历史。大平原广袤而干燥，印第安人不得不掌握骑术以猎捕野牛；在草原上无法找到足够的木材用于修建篱笆，所以美国农民第一时间学会了使用带刺铁丝网，这永久地改变了大平原上的生存方式；由于阿巴拉契亚山脉的存在，进入美国中部对从加拿大南下的法国人来说更容易——只要沿着漏斗和其中的河流往下走

---

❶ 大平原，大概包括密西西比河以西、落基山脉以东、格兰德河以北的地区，总面积约130万平方公里。

❷ 约等于32摄氏度。

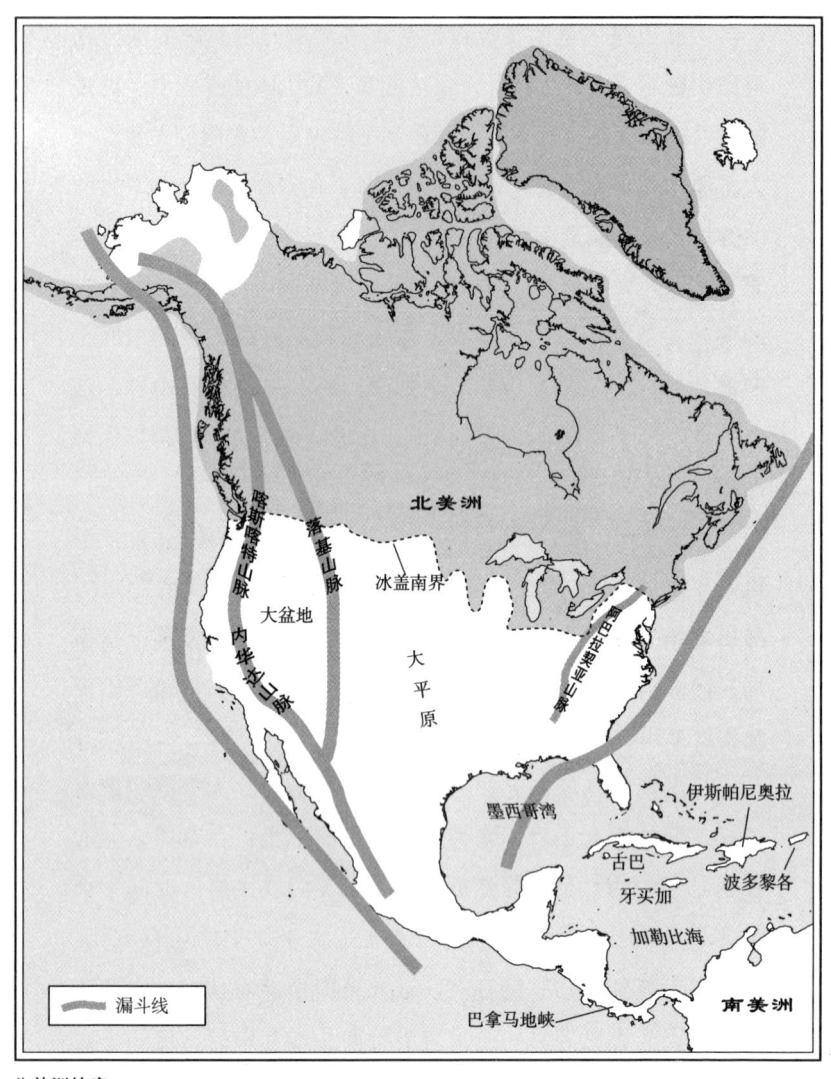

北美洲轮廓

就行了；暴风雪会阻拦试图翻越内华达山脉的大篷车队；南方的温暖气候让奴隶制更容易扩张，却只能占据这个国家的一部分，而不是全部。

这张地图上的另一处空间也值得留意，即加勒比海及其岛屿。这是一片广大的地区，古巴、伊斯帕尼奥拉、波多黎各和牙买加是其中最大的岛屿，共同组成大安的列斯群岛。仅古巴一岛，从东到西就有740英里。如果你把古巴放在美国地图上，一端放在纽约，另一端只差一点儿就能碰到芝加哥。虽然这些土地不会成为美国的一部分，但加勒比地区却是欧洲人和非洲人抵达美洲时通过的第一道大门。

关于空间的话题已经说得够多。从时间上看，这段历史跨越了差不多500年。对任何一个人而言，这都太过漫长。当历史学家讨论"世代"时，他们指的是从一个人出生到他（或她）能将另一个新生命带到世上这一段时间。假设一个世代是20年左右，那么纵观整个美国历史，已经有25代人到来和离开。

另一方面，与人类在北美洲的生存历史相比，500年又不过是弹指一瞬。人类首次踏上美洲大陆，是在大约14 000年前，现在加拿大的大部分地区在那时还被冰层覆盖，许多地方冰盖厚度超过两英里（地图中的虚线就显示了冰盖向南方延伸的极限）。如此巨量的水变成了冰，导致海平面下降，因此在美洲大陆的西北方——现在白令海峡的位置，出现了大片陆地。这一道大陆桥让初民得以踏上美洲大陆，进入一个全新的世界。

现在请你把手臂向一侧伸出，用眼睛看过去，把肩膀到指尖的距离想象成人类在北美洲生存的 14 000 年历史。这段历史的最后 500 年，也就是本书讲述的 500 年，从距离指尖大约 1 英寸❶的地方开始，而美国的诞生更是只发生在这 500 年的后半叶，也就是说，大概只有一个指甲盖那么长。

以这样的尺度观察时间，会让我们觉得自己太渺小。这 500 年就像是一张巨大的画布，我们在上面画出了自己的历史，而沿着你伸出的手臂看过去，一个指甲盖又实在微不足道。那么让我们更进一步，把一条手臂代表的 14 000 年放到北美洲诞生以来的 6 500 万年里观察——这是恐龙时代末期到今天的时间距离。6 500 万年前，一颗直径至少 6 英里的陨石坠落在今天墨西哥湾所在的位置，释放出相当于 100 万亿吨炸药的能量，给恐龙带来灭顶之灾。用一位科学家的话讲，这颗陨石造成的巨大撞击货真价实地"烤焦了美洲"。撞击使成千上万种动物和植物从地球上消失，开启了哺乳动物的时代。如果把这段历史也纳入我们的时间轴，我们需要保持胳膊伸展，然后让一位朋友站在你后面，同样伸出手臂，代表另一个 14 000 年，再让另一位朋友站在她后面，然后是下一位，再下一位……我们会得到一条由 4 500 个肩并肩伸出手臂的人连成的长龙，延伸到屋外，到大街上，直到 2.5 英里之外。这时请别忘了，我们将要讲述的历史——在接下来 300 余页里你将读到的一切——都发生在你的指尖上。

---

❶ 英寸，英美制长度单位，1 英寸等于 2.54 厘米。

第三章　众生于一

这是一个明媚的秋日，阿巴拉契亚山脉的缓坡上，阳光温暖宜人。暖空气形成上升气流，让鹞鹰得以在大地上空翱翔，搜寻地面的猎物。鹞鹰的视力极为敏锐，即使栖在60英尺[1]高的树顶，它也可以分辨出地面上一只像字母 i 一样大的小虫。

假如你是飞向南方的群鹰中的一员，你会看见些什么呢？大多数人认为1492年的北美大陆是一片广袤而未经开垦的荒野，也是野生动物的天堂。也许你偶尔会看到几个印第安人——他们要么正划着一条桦皮小舟穿越湖面，要么正骑在马背上追逐野牛，然而这样的画面与真实情况相去甚远。我们随手就可以指出其中一个细节错误：在1492年，北美洲的居民已经有13 000年没有见过马了。事实上，一些考古学家认为，最

---

[1] 英尺，英美制长度单位，1英尺等于0.304 8米。

早生活在北美洲的人类消灭了这片土地上的马,也消灭了其他许多大型哺乳动物,其中包括披着长毛的猛犸象和乳齿象、比长颈鹿还高的大树懒,还有 8 英尺高的狮子。

即便如此,姗姗来迟的欧洲定居者们仍然记述了他们在美洲看到的大量野生动物。那时候弗吉尼亚的河中游鱼密布,以至于当英国殖民者骑马涉过河中的浅水时,许多鱼丧生在马蹄下。纽约的渔夫只愿意捕捞 1 英尺长的龙虾,因为它们比那些同时被捉到的五六英尺长的龙虾吃起来更方便,因此更"适于摆上餐桌"。美洲野牛也不光在大平原上游荡——东至宾夕法尼亚和弗吉尼亚地区也能看到它们的踪影。天空中的旅鸽遮天蔽日,数量多到当它们停下来休息时,树枝会被鸽群的重量压断。因此,在 1492 年,我们确实能看到数不尽的野生动物。可即便如此,大量此类关于野生动物的故事仍然是有误导性的,如我们将在第五章看到,北美野生动物繁盛的部分原因竟是欧洲人的到来,虽然这听上去有点儿匪夷所思。

1492 年,北美大陆上生活着大约 800 万印第安人,这个数量不算多,尤其是就整个大洲而言,光是今天的纽约市,就聚集了超过 800 万居民。然而我们比较一下就可以知道,800 万这个数字也不算小。同一时期,不列颠群岛上只有 200 万到 300 万人;法国有 1 500 万人,已经是欧洲人口最多的国家;在亚洲,光是中国就有超过 1 亿人。这时如果让我们再次借用群鹰的眼睛来看的话,分布着 800 万印第安人的北美洲不会像我们先前认为的那样荒无人烟,不论飞到哪里,我们几乎都可以看到炊烟从地面升起。

如俗语所言：有炊烟的地方就有火。火对印第安人而言，作用远不止于烹食和取暖。在密西西比河上游，烟柱升起可能是因为有人在制造独木舟。人们用火把树干内部烧空，只剩外皮。阳光下的河面上，会有几十只独木舟闪闪发亮，每只可以坐40到60人。这些可不是什么小桦皮船！在战争或举行重大仪祭的日子，船员的脸会被涂成红褐色，许多人头上戴起白色的羽毛。一些印第安人跪着划桨，另一些人站在他们身后，持盾准备防御攻击。船尾会有一个遮篷，为船上的指挥官挡住阳光。

在大平原上，印第安人用火把野牛吓跑。在大盆地，印第安人用火烧掉草地，以将蜥蜴从地面赶走。有人在旷野上生火，让野蓝莓或向日葵更好地生长，也有人用火驱赶可怕的蚊群。在落基山区，火焰是印第安人的庆祝方式。他们会点燃整棵的冷杉，树枝绽出的火星会像烟花一样升上夜空。从大陆的一头到另一头，人们都把火当成一种工具，用来改造这片土地，以使它适应需求。

在其他方面，各个印第安族群之间的差异大得惊人。事实上，如果也用一句箴言来描述1492年的北美洲，它会与 E pluribus unum 正好相反：不是"合众为一"，而是"众生于一"——无数族群生活在同一片大陆上。跟随不同的鸟群，你会发现各地的印第安人适应环境的方式千差万别：有的印第安人聚集成小群，以狩猎和采集为生，有的印第安文明却拥有农田、纪念碑、神庙、城市、天文学家、高级祭司和统治者。

从北极圈西部出发的大雁会看到因纽特人（也被称为爱斯

基摩人）群落，他们乘坐"乌米亚克"捕鲸。"乌米亚克"是一种无篷小船，以拾来的漂木为骨架，再覆以海象皮。因纽特人的鱼叉十分锋利，可以刺穿鲸的厚皮。他们把鲸作为宝贵的食物来源，而鲸脂也是油灯的好燃料。因纽特妇女学会了用海豹肠衣和鱼皮缝制衣物，这种衣料更贴身，对居住在如此寒冷地带的人们来说更加暖和。

往南2 000英里，在现在我们称为俄勒冈的地方，同一群大雁会飞过威拉米特河谷。在它们下方，印第安人正在修补鱼栏——那是在激流的河床上并排插入的一排木棍。向上游洄游的鲑鱼只能从几个窄缝穿过，然后就会落入编织的篮子里。这里的气候温和得多，生长着大量海豹、水獭、蛤蜊、贻贝，有巨大的海豚，也有数不清的蜡烛鱼——这种鱼脂肪丰富，在晒干后可以点燃当作火炬。

更往南一些，在飞越今天亚利桑那州的索诺兰沙漠时，鸟儿会看到大地上被刻出一道道线条。那不是河流的分汊，因为太直了，这些线条是人力的产物。在公元300年之后的许多世纪里，当地的霍霍坎人为灌溉他们种植的豆子、南瓜和玉米，挖掘了总计600英里长的运河，其中一些超过60英尺宽。1492年飞过这里的鸟儿还能看到运河的遗迹，但霍霍坎人已不知所踪。稍后我们会回到这个问题，尝试解释他们消失的原因。

总之，北美洲的印第安人之所以差异如此明显，部分原因在于他们受到环境的驱使，创造出不同的生存方式。如果是在气候温和湿润的太平洋西北地区，谁会想到挖掘运河来浇灌作物呢？同样，沙漠地带的印第安人也不会发明挖空的独木舟，因为他们生活的地方根本没有大树。

环境的不同并非1492年的印第安人如此相异的唯一原因。在气候类似的情况下，面对相同的问题，不同的人会想出不同的解决办法。到1492年，人类已经在北美洲生活了成千上万年，有足够的时间发展出不同的信仰、习俗和文化。在大盆地这样的干旱地带，生存条件恶劣，印第安人分散成小群，每群由一名久经考验的猎人带领。居住在东南部的印第安群落则更为庞大，有着更复杂的政治体系，纳奇兹人就是一例。他们的社会分成不同的阶层，由国王和他的亲属统治。国王被称为"大太阳"，他的亲属们则被称为"小太阳"，在大小太阳以下是贵族阶层，被称为"光荣者"，再往下是人数更多的阶层——他们被称为"臭人"。从"大太阳"这个称号可以看出，太阳崇拜是东南地区印第安人宗教生活的重要内容。

1492年时，北美洲最发达的文明位于墨西哥谷地，这里的人们自称墨西加人，后来又被西班牙人称为阿兹特克人。他们的首都特诺奇蒂特兰建在特斯科科湖中的一座岛上，规模超过当时任何一座欧洲城市：独木舟在四通八达的运河上穿梭，商人从千里之外带来货物，在这里的市场出售。市场上可以买到鹦鹉、棉布斗篷、热气腾腾的巧克力、玉米薄饼、火鸡、兔子、兽皮、各种美丽的羽毛、用鹅毛管仔细包装的金砂。特诺奇蒂特兰甚至拥有动物园和种植着各种奇异植物的博物园。饮用水则通过水槽从远处的山上引入城市。和亚欧大陆任何文明的宗教和文化相比，阿兹特克人的宗教和文化同样发达而独特。

每个族群的文化背后，都有一部历史，即关于该文化中每个传统如何发源的故事。在现代美国,许多人爱穿饰有铆钉的蓝色牛仔裤。这就是一个传统,而且有其历史。事实上,是李维·斯特劳斯和雅各布·戴维斯这两个美国人在1873年想出了牛仔裤的点子。同样,如何制造更好的兽皮衣服,或是更锋利的长矛,甚至如何建立一个让"光荣者"得到更高社会地位的政治体系,必定都是某个或某一群印第安人想出的主意。然而,在北美洲的早期居民中,没有人发明书写,所以我们没有相关的历史记录,难以知道他们如何改进了人们的生活方式,也难以知道他们如何修建村庄和参与战争。

考古学家们把挖掘有文字记载的历史之前的故事引为己任,他们寻微探幽的工作取得了惊人的成绩,每年都会有新的发现,尽管如此,仍有无数谜题悬而未决。比如,修建运河的霍霍坎人到底出了什么事?1492年之前,亚利桑那的沙漠地区曾经养活了大量的印第安人,可能比墨西加帝国以北任何地区的数量都要多。为何这些运河被遗弃了呢?是因为气候变得更热更干,让生存条件恶化了?是人口数量超出了这个狭小地区的承载能力?还是霍霍坎人遭到了从北方迁徙而来的其他印第安人的攻击?关于这些问题的历史,我们一无所知。

在今天的美国境内,1492年前存在过的唯一一座城市——卡霍基亚——也是一个谜题。卡霍基亚位于密西西比河岸,现在圣路易斯市所在的地方。1050年左右,在一座130英尺高的人造土丘下方,卡霍基亚人建造了一个面积超过10个橄榄球场的中央广场。这座城市里生活着成千上万人,一共有超过120个这样的土丘。一些考古学家认为,印第安人修建这座城市的部分原因在于一道照亮夜空的强光引起的宗教崇拜。强光来源于一次超新星爆发，即恒星死亡时发生的大爆炸。这次超新星爆发在1054年曾被中国的天文学家观测到。然而这只是一种猜想而已。在哥伦布抵达美洲的年代，卡霍基亚已经变成了一座空城。由于没有文字记载，我们不知道这座城市的居民为什么遗弃了它。

从1492年10月开始，北美洲的历史开始有了文字记载。此时从圣萨尔瓦多岛上空飞过的鸟儿会发现，下方出现了一些从没见过的东西。炊烟仍然同往常一样升起，男人们也同往常一样，坐在独木舟里捕鱼。但这一天，有三条更大的船出现在这片广阔而蔚蓝的海面上，它们的桅杆上高高挂着历经风雨的船帆。这些船很奇特，而船上的人更奇特。人们躲在岛上的树下，观察哥伦布和他的船员们。他们一定受到了惊吓：船上这些人穿的都是些什么啊？长袜子绷紧在小腿上，上边是及膝的蓬松马裤，还有厚重的夹层上衣。这些人是谁？他们的到来意味着什么？

历史，或者说文字历史，终究来到了北美大陆。它有时候是潦草的日志，有时候是印刷的书卷，有时候被深藏在结实的书柜里，有时候只是被随便塞进衣兜。从此，一切都将变得和从前不同。

第四章　黄金时代，以及黄金的时代

到了今天，哥伦布的故事已经家喻户晓。很少有人设想，假如当初发生的事情出现一点点偏差的话，现在的世界会有什么不同。也许我们今天不会在10月12日纪念哥伦布日，而是会改为纪念1429年三宝太监郑和在加利福尼亚海岸下锚的日子，也许郑和会成为第一个在近代到达美洲的亚洲人。❶

听起来像天方夜谭？然而在15世纪，中国是人类文明的中心，整个亚欧大陆都需要来自中国的产品。虽然商人可以通过丝绸之路来往中国，但中国也曾派出过庞大的贸易舰队，七次横渡印度洋，最远抵达过马达加斯加和东非海岸。

两支舰队相比的话，哥伦布只有3艘船和90名船员，而三

---

❶ 此处为作者的假想。郑和在1405年至1433年七下西洋，但在1429年并未出海。英国作家加文·孟席斯认为郑和舰队于1421年至1423年到过美洲，但此观点不被主流历史学界接受。

宝太监郑和的宝船舰队的船只数量达到 200 到 300 艘之多。哥伦布最大的一条船长度为 85 英尺，而郑和舰队最大的船长达 400 英尺，有 9 根桅杆，船帆使用丝绸制成，每艘可以装载超过 500 人。郑和舰队中还有专门用于装载马匹和淡水的船。如果明朝皇帝没有放弃对此类航行的支持，也许我们今天读到的历史会是用汉语写成的。然而在那个时代，中国正受到来自北方的蒙古人的攻击，使得明朝皇帝无暇他顾。1433 年之后，宝船舰队被下令摧毁，大型船只的建造也被终止了。

当时的欧洲还远非文明世界的中心。大西洋沿岸的航海家们急切地向前航行。他们有着旺盛的精力，也可以说充满渴望——对名声、财富、权力和荣耀的渴望。即使哥伦布没有在 1492 年到达美洲，新大陆也会被其他某个欧洲人发现。

然而做到这一点的是哥伦布。哥伦布踏着浪花走上海滩时，他眼前的这个小岛宛如天堂。古代作家曾经描述过一个史前的黄金时代，那时"人们过着简单而淳朴的生活"，没有法律，没有争端。这座小岛上的人们看上去正处于这样的黄金时代。根据哥伦布的描述，"他们像刚出生时那样浑身不着寸缕"，性情又十分温顺而友好，"一心准备把他们所拥有的都送给基督徒"。哥伦布把这些岛民称作"印第安人"，因为他以为自己航行到了亚洲附近，到了被欧洲人称作"印度"的远东地区。他向岛民们分发红色的帽子和玻璃珠，"以求结成深厚的友谊"。他想"用爱，而不是用武力，让这些人改宗"他们"神圣的信仰"。他还写到他刚邂逅的这些人"适于被统治，适于劳作"，因此应该教导他们"穿上衣服，接受我们的习惯"。

哥伦布的记录预示了未来将要发生的一切。首先，这位虔诚的海军上将急于将这些"印第安人"改造成基督徒，同时他还希望他们为自己工作。作为"回报"，印第安人将学习西班牙风俗，穿着西班牙服装，接受西班牙人的"统治"——不论他们是否情愿。哥伦布对自己的想法很有信心，因为这些岛民几乎没有武器，而且似乎畏惧战斗。

当然，还有金子的问题。在哥伦布看来，让这些印第安人忙碌起来是对他的发现的一种回报，而找到黄金则是一种更好的回报，何况这些岛民对送出自己仅有的一点儿黄金本来就毫不犹豫。哥伦布开始在伊斯帕尼奥拉岛上寻找更多的黄金。伊斯帕尼奥拉岛是附近一座更大的岛屿，如今分属海地和多米尼加共和国。当时岛上生活着泰诺人，他们的村庄更大，拥有更多的金饰。泰诺人喜欢用金饰来象征他们信仰的灵魂之神塞米。当哥伦布带着有关稀有金属、肥沃农场和温和土著的故事回到欧洲后，成千上万的西班牙人扬帆驶向伊斯帕尼奥拉岛，寻找他们梦想中的财富。

事实上，哥伦布对建立殖民地并不是太感兴趣。他太喜欢争执，很容易树敌。于是他把伊斯帕尼奥拉岛抛在脑后，开始探索加勒比地区的未知地带。一天，他沿着一条海岸航行，夜幕降临时，洋流使他的船出现了奇怪的震动。哥伦布透过暮色，看到海面升起，"像一条宽广的山脊，跟船一样高……发出震耳欲聋的咆哮，朝我们迫近……直到今天，我仍能感觉到当时的恐惧"。人们发现，这道古怪的水流来自一条在此入海的大河——奥里诺科河。哥伦布意识到，这条河如此巨大，不太可能发源于一座岛屿。他在日记中写道："我相信这是一片迄今不为人们所知的大陆。"这条结论证明，哥伦布不仅发现了美洲，而且理解了这个发现的意义，因此他的成就毋庸置疑。除此之外，他还开拓了通往美洲的可靠航线，为他之后的欧洲人所用。

可是当哥伦布回到伊斯帕尼奥拉岛，面对的却只有一堆麻烦。他手下的殖民者们来到这里，满心期待可以"成堆"地搜刮黄金和香料，当现实让他们失望时，他们就开始大发牢骚。于是这位海军上将给他们找了另一条财路——他同意他们捕捉印第安人，运回西班牙卖为奴隶。性情温和的泰诺人也被他分配给这些人做苦工——除了名义不同之外，与奴隶没有两样。每个殖民者都有"两三个印第安人服侍，还有狗供其打猎"，哥伦布这样写道。

哥伦布的敌人在斐迪南国王和伊莎贝尔女王耳边说了许多关于他的坏话，于是这两位统治者派人把哥伦布抓起来，戴上镣铐，送回了西班牙。然而他设法重新获得了他们的信任，得到最后一次航行的机会。这最后的航行成了一次灾难：他的船被风暴打翻；充满敌意的印第安人攻击他的部下；疾病把他搞得神志不清；他的船体被白蚁咬得千疮百孔。当哥伦布再次回家时，已经是一个失败者了。

哥伦布自称"海军上将"，他的声名都来自他的航海技术。然而追随他足迹的其他西班牙人却有另一个称号——conquistadors，即"征服者"。尽管这个名号听来响亮，但它的第一个主人巴斯科·努涅斯·德·巴尔沃亚的权力之路却是从逃亡开始的。这个家伙藏在一个漆黑的木桶里上了船,这个木桶本该用来装补给物资,却成了他的匿身之所。巴尔沃亚曾经在伊斯帕尼奥拉岛上从事农业生产,却为此欠下了债务,于是决定悄悄溜走。他不仅想办法把自己装进桶里上了船,还带上了他最值钱的财产——那条身体强壮、有着红色皮毛和黑色鼻子的狗。他管它叫"莱昂西科",意思是"小狮子"。船长发现了巴尔沃亚,威胁说要把他流放到第一个看到的荒岛上。然而这位逃亡者为人友善,在船员中比船长更受欢迎,在船员们的要求下,他被留了下来。

这段逸事透露了许多有关巴尔沃亚性格和为人的信息。在西班牙殖民开拓早期,加勒比海诸岛是一个艰难而残酷的世界,成千上万的泰诺族印第安人死于战争、奴役、劳累和疾病。只有几个西班牙官员在当地维持秩序,而殖民者们通常对他们不予理会。殖民者们违反国王的禁令,掳掠印第安人为奴。如果印第安人拒绝工作或交出黄金,就会被他们恣意杀害。巴尔沃亚本人就十分残忍,他曾不止一次让"小狮子"攻击他的敌人,把他们撕成碎片。(与古埃及人和古罗马人等许多民族一样,西班牙人也将猛犬用于战争。)但巴尔沃亚也明白他的成功需要朋友的帮助,不光是西班牙朋友,还有印第安朋友。在探索巴拿马地峡的过程中,他征服了一个又一个印第安王国,但并没有随便把他的俘虏卖为奴隶,而是鼓励那些被他击败的印第安部族领袖加入他的队伍,为西班牙夺取更多土地。

许多印第安部族都同意了,毕竟,帮助这些怪模样的欧洲人征服自己的仇敌,总比让他们留在自己的土地上制造麻烦要好得多。有一天，一个名叫庞基亚科的印第安人看见巴尔沃亚手下几个军官正在为他们称量的黄金争吵，庞基亚科生气地打翻了他们的天平，说道："你们如此渴求黄金，不惜离开家园，来到别人的土地上制造事端。我倒知道一个地方，那里可以满足你们的欲望。"随后他声称，在"另一片大海"的海岸边有一个王国，那里的人们用纯金制成的杯子喝水。

巴尔沃亚的耳朵竖了起来：另一片大海？珍宝？他带上人马，披荆斩棘，穿过了狭窄的巴拿马地峡，来到了太平洋岸边，这时候是1513年。欧洲人终于明白，美洲由南北两块大陆组成，中间以一道狭窄的陆地桥连接。几年过后，费迪南德·麦哲伦的舰队横渡了太平洋的广袤水域，经由印度和非洲回到家乡，完成了首次环球航行，而麦哲伦本人却在菲律宾丧生。

巴尔沃亚，第一位征服者，通过利用印第安盟友的帮助征服其他印第安人的办法，攫取了大量的土地和财宝。另一位征服者埃尔南·科尔特斯同样采取了这个办法。和巴尔沃亚一样，科尔特斯也听到了关于内陆富饶帝国的传言。1519年，他率领大约600名部下，向海拔7 000英尺的墨西哥高原和墨西哥谷地进发。他寻找的帝国正是墨西加人（阿兹特克人）的国家，帝国的首都就是那座光彩夺目的岛上之城——特诺奇蒂特兰。

这次进军并不容易，数不清的印第安人居住在他们途经的路线上。其中一个叫特拉斯卡拉的部族和科尔特斯的部队发生了激烈的战斗，但没过多久，特拉斯卡拉的首领就改变了主意，决定支持西班牙人，而不是和他们作对。特拉斯卡拉人并不喜欢墨西加人，因为后者多年来一直强迫他们进贡自己的战士，并在宗教仪式上将这些人牲屠杀献祭。墨西加人信仰的神叫维齐洛波奇特利，根据他们的神圣教义，太阳的生命完全依靠这位神祇的工作来维持。太阳的光芒为一切人类、动物和植物带来生命，但它每天都被月亮和群星从天空中赶走。墨西加人相信，没有维齐洛波奇特利为太阳注入足够的生命能量，第二天太阳就不会返回天空，而获取这种生命能量的唯一途径就是人类鲜血的献祭。

墨西加人认为延续这种人祭是他们的责任。他们强迫被他们征服的部族每年进贡3 000到4 000人，并在神圣的金字塔顶将这些人杀死献祭。祭司们用黑曜石制成的利刃将人牲的胸膛切开，将跳动的心脏献给维齐洛波奇特利，使他能够拯救太阳。因此，不难理解特拉斯卡拉人为什么决定派出一支20 000人的部队，与科尔特斯一同进军。

然而，刚一抵达特诺奇蒂特兰城，科尔特斯就抛开了他的印第安盟友。他做出了一个大胆得近乎莽撞的决定，带着他的部下，沿着一条穿过特斯科科湖的狭窄堤道前进，这条堤道正通向那座岛上之城。这些西班牙人惊异于他们眼前的一切：热闹的市集和忙碌的商人、运河和独木舟、金匠、羽毛匠、澡堂和蒸汽浴室、火炬舞、花园、动物园……这座城市拥有"天底下的一切"，科尔特斯惊叹道。

此时的墨西加皇帝名叫蒙特苏马，他为这些陌生人的到来感到担忧和怀疑。这并非没有道理：这些人手中有利剑，还带来了奇特的马匹和凶猛的恶犬。然而，在目睹了"这座城市的规模和力量"后，科尔特斯意识到墨西加人完全有能力把他包围起来杀掉,自己"毫无自卫之力"。换作一个更谨慎的人,应该会选择撤退,科尔特斯却选择了加倍下注——他在蒙特苏马自己的城市里将这位皇帝掳作人质。他不允许蒙特苏马回自己的宫殿,只能在西班牙人驻扎的地方生活,如果蒙特苏马要在城里走动,必须有西班牙卫兵陪伴。科尔特斯花了8个月,尝试说服墨西加人放弃抵抗向他投降,然而随着时间流逝,墨西加人看到自己的君王像木偶一样被这些陌生人牵来牵去,变得更加愤怒,难以控制。最后,蒙特苏马同意向他的臣民发表讲话,寻求合作,但当他站上屋顶开口说话时,他的臣民用石块之雨回应,被砸伤的蒙特苏马在第二天咽了气。科尔特斯和部下尝试在深夜时偷偷溜出城去,却被墨西加人发现,陷入了一场战斗。科尔特斯在战斗中险些投湖,最终还是和他的士兵们杀开一条血路,逃离了这座岛上之城。

西班牙人的增援部队陆续从海边赶来。科尔特斯将特诺奇蒂特兰城包围起来,不让城里的人出来搜寻食物,然后他联合他的印第安盟友,一小块一小块地蚕食特诺奇蒂特兰城。墨西加人投降了,他们曾经辉煌的都城沦为了一片废墟。

令人悲哀的事实是,1500年左右的世界还是一片野蛮之地。当科尔特斯第一次跟随蒙特苏马走上金字塔的113级陡峭台阶,走向太阳神殿时,他看到许多骷髅,还有凝结着大块人血的祭坛,受到了不小的惊吓。然而这些西班牙"征服者"同样残暴,手上沾满鲜血。巴尔沃亚发现太平洋之后不久,就被一个心生嫉妒的西班牙总督砍了头,他的"小狮子"也被毒死。逮捕巴尔沃亚的低级军官弗朗西斯科·皮萨罗后来征服了位于南美洲的另一个文明——印加帝国，却也不能免于最终死在仇敌乱刀之下的命运。

这个新的黄金时代与传说中的黄金时代毫无相同之处。美洲的印第安人并非天性纯良，而是和西班牙人一样行事残忍。然而，尽管墨西加人有拿活人献祭的信仰，他们还是为世界创造了令人惊叹的文明，其中有战士，有诗人，有工匠，也有天文学家。西班牙人同样如此。尽管征服者们贪婪地追逐黄金，西班牙人还是在许多方面创造性地改变了美洲的面貌。

不过，在下一章，我们还有一位征服者需要认识，那是一个比巴尔沃亚、科尔特斯和皮萨罗加起来还要危险而致命的征服者。

第五章　世界分崩离析之时

有时候，蝴蝶扇动翅膀，也会引起一场风暴。当伊斯帕尼奥拉岛上的一名征服者从船上箱子里取出一双靴子穿上时，当一名女子抖开一张她从西班牙带来的毯子时，或者当一个非洲人坐在墨西哥湾附近的一所印第安房屋里咳嗽时，有谁会认为这样的事值得一提呢？然而这样的小事却造成了巨大的后果。

1492年之前，东西半球的两个世界几乎是独立发展的。正如哥伦布所言：美洲的树种"和我们的树种之间的差别，像白天和黑夜的差别一样大"。人们在南美洲发现了用放电来保护自己的鳗鱼，这在欧洲闻所未闻。欧洲的森林里也没有一种尾巴上带环纹、长着两个黑眼圈的动物，那是北美洲才有的浣熊。对印第安人来说也是如此——当他们第一次看到欧洲人带来的马和狗时，同样目瞪口呆。

让我们以那个正在抖动毯子的女殖民者为例。人们在准备旅行时,也许会有一两粒种子混进他们的行李,或者被泥浆沾在一双靴子上。到了美洲,这些种子可能悄悄掉落,随风飘走,然后落地生根,四处扩散。如今在美洲的田野里到处可以看到的蒲公英和蓝草,都是1492年之后从欧洲进入美洲的。殖民者们还从非洲带来了柠檬、柑橘、香蕉和无花果,从欧洲带来了甜瓜、萝卜和洋葱。西班牙征服者中有一位黑人,名叫胡安·加里多,他曾参与了科尔特斯征服特诺奇蒂特兰的行动,并在当地定居下来,成为第一个"在这片大陆上栽种和收获小麦的人"。

在横渡大西洋的过程中,被关在船舱内的马匹最为悲惨——当风暴来临时,西班牙人会在它们身下安装肚带,把它们四蹄悬空吊起来,以免公马暴跳,造成破坏;在热带海域,风平浪静并不代表没有危险,因为这些动物在黑暗狭小的马圈里挤成一团,随时可能死于可怕的高温。由于这个缘故,大洋上最危险的地带才被称为"马纬度"。作为征服者们应对饥饿的保障手段,欧洲的猪也来到了美洲,人们在行军路上放牧这些猪,用它们的肉填饱肚子。另外,征服者们还带来了狗。它们不仅是伴侣,还是战士,正如巴尔沃亚的"小狮子"那样。

美洲的动植物向东半球扩散的过程同样重要。西红柿是原产于美洲的果实,却在今天意大利的烹饪中不可或缺。西班牙人还从美洲带回了白土豆,那是印第安人在安第斯山脉的高地上种植的作物。到了19世纪,爱尔兰人的食谱已经完全依赖于土豆,以致当这种作物毁于疫病时,成千上万的农夫被饿死。美洲玉米不仅扩散到整个欧洲,也来到了亚洲各地。到今天,除了玉米棒、玉米面包和爆米花之外,还有成千上万种食品和饮料用玉米糖浆做甜味剂。玉米面不光成为家畜的食物，还成为鱼类养殖的饲料。印第安人5 000年前首先开始种植这种植物，把它称为"大刍草"。刚开始的时候，一穗玉米只能长到人的手指大小，经过许多个世纪的栽培，印第安农夫们让这种作物的果实变得越来越大。

植物的种子虽然细小，还是能被肉眼看见。然而另一种不速之客却是完全隐身的，那就是微生物——病原体。它们随一个名叫弗朗西斯科·德·埃吉亚的男子来到美洲。关于埃吉亚这个人我们知道得很少，只知道他是非洲裔，跟随征服者们前来。众所周知，当时的人们对看不见的病原体还一无所知。刚到中美洲不久，埃吉亚就被严重的咳嗽和高烧击倒了。他全身长满了被西班牙人称为"viruelas"的溃疡，这种溃疡由天花引起，而天花已经在欧洲肆虐了很多个世纪。到了1520年，大部分欧洲人在一定程度上已经可以抵抗天花感染，因为在接触这种病原体很多年之后，他们的身体产生了免疫力。

然而印第安人并没有欧洲人的免疫力，天花对他们来说是一种全新的疾病。一个墨西加人回忆说，罹患天花的人们"脸上、头上、胸上"都被溃疡覆盖，病人"无法移动，轻微的移动也不行，甚至不能改变姿势……只要稍微动一动，就会痛得惨叫"。父亲、母亲、兄弟姐妹都一起病倒，在痛苦中死去。在特诺奇蒂特兰，大批的人死于天花，以致人们常常将死者的房屋直接推倒当作坟墓。此外，由于病人身体太过虚弱，无法外出寻找食物，或是"走到泉边喝上一瓢水"，于是又有成千上万的人死于饥饿。

天花也是科尔特斯可以征服一座人口超过10万的大城的原因之一。虽然墨西加人从未在战争中面对过拥有大炮、战犬和暴怒战马的敌军，但科尔特斯手头拥有的此类武器和动物也不多，正是那位看不见的不速之客给他带来了好运，扭转了战争的局势。当胜利的西班牙人耀武扬威地进入特诺奇蒂特兰时，他们发现"街道、广场、房舍和庭院中尸体堆积如山，几乎无法通过。就连科尔特斯也因为刺鼻的臭气而感到恶心"。令人悲伤的是，天花仅仅是个开始。到1600年，中美洲地区遭遇了14次传染病，而南美洲至少被瘟疫席卷了17次。关于死亡人数，历史学家和考古学家只能做出非常粗略的估计。但是，各种来自欧洲的疾病，包括麻疹、伤寒、流感、白喉和流行性腮腺炎，再加上征服者们发动的战争，在中美洲和南美洲造成的死亡人数可能在5 000万到9 000万之间。人类历史上从未有哪一个世纪有这样多的人死于疾病。

刚开始的时候，北美地区得以幸免于这些致命的传染病，因为西班牙人发现这片土地征服起来要困难得多。这里的印第安人没有闪闪发光的城市，也没有建立庞大的帝国，他们的领地都很小，每一块领地上都有自己的酋长。即使是那些友善的印第安人，也觉得跟西班牙人打交道是件麻烦事——他们一来就是好几百人，除了索要金银，还索要食物，而且经常一住就是好几个月。胡安·庞塞·德·莱昂曾领导过好几次向佛罗里达的远征，每一次都被箭雨送了回来。弗朗西斯科·巴斯克斯·德·科罗纳多曾从太平洋海岸进入今天美国的西南部地区，他的一些部下成为第一批看见科罗拉多大峡谷的欧洲人。科罗纳多本人带着近3 000名士兵、妇女、奴隶和印第安盟友，一路上不断挑起战争，穿越了大平原，到达今天的堪萨斯附近。这些探索性的远征往往在西班牙人和印第安人之间造成两败俱伤的结局。每当征服者们怀疑受到了印第安人的欺骗，就会抓捕人质，放出恶犬撕咬俘虏，或者直接把他们杀掉。庞塞·德·莱昂死于印第安人的毒箭，而科罗纳多回到墨西哥时，不仅身负重伤，还破了产。

并非所有北美大陆的新来者都是恶棍，另外四个完全不同的征服者证明了这一点，也许是时候讲讲他们的故事了。这四个人参加了潘菲洛·德·纳瓦埃斯率领的佛罗里达远征行动。纳瓦埃斯本人和大部分征服者没什么两样，他的队伍为了寻找黄金，深入多个印第安人聚居地，时常遭遇战斗，逐渐食不果腹，境遇相当悲惨。最后，这些人开始制作简陋的木筏，为回到远在墨西哥的西班牙据点做最后的努力。队伍里的马匹也被他们一匹接一匹地杀掉，充作食粮。一天晚上，纳瓦埃斯在木筏上睡觉，却连人带筏被风吹进了墨西哥湾。其余的木筏很快也相继散架，消失在今天的得克萨斯海岸。

最后只有四个人活了下来：一个是远征队的财务员，瘦瘦的卡韦萨·德·巴卡；两个西班牙人，一个叫卡斯蒂略，一个叫多朗特斯；最后一个是和气的非洲人，大家叫他埃斯特瓦尼科，意思是"小史蒂夫"——他得了这么一个绰号，可能是因为他非同寻常的大块头。接下来差不多六年的时间里，这四个人沦为当地印第安人的奴隶，被迫挖掘块茎、打水、照看用来驱赶蚊虫的柴烟。他们最终逃了出来，开始徒步穿越得克萨斯，走得满脚水泡，双手时常鲜血淋漓，也没有御寒的衣物。在过去六年中，他们偶尔照料过一些生病的印第安人，而在跋涉途中他们发现，自己拥有治愈能力的故事已经在印第安人中传播开来。印第安人带着病人从各地赶来，请这四个陌生人治疗，还管他们叫"神圣的医者"和"太阳之子"，有时候，甚至有成百上千的印第安人陪同这四位旅行者走在路上。他们花了整整三年，横穿了得克萨斯，又翻过了西部的大山，终于来到太平洋海岸附近。此时他们已不再是征服者，不再寻找珍宝和财富。他们为印第安人治病，和他们一起劳动，合作无间。卡韦萨·德·巴卡心中产生了一个想法——让西班牙人和印第安人走到一起，和平共处，一起耕种。在那个时代，这样的想法非同寻常，它意味着完全不同的人群通过一种方式携起手来，而不是去争吵谁应该是主人，谁应该是奴隶。这是一个"合众为一"的梦想，在彼时不啻天方夜谭。

有一天，这几名旅行者发现一些西班牙人正骑马穿过原野。那些西班牙士兵看到四个几乎一丝不挂的陌生同胞和跟随他们的几百名印第安人时，目瞪口呆。卡韦萨·德·巴卡的胡须已经垂到了胸口，还长出了一头齐腰的长发。这几个人真的属于十年前消失的纳瓦埃斯远征队吗？这显然不可能！然而这却是真的。

悲哀的是，让西班牙人和印第安人和平共处是完全不可能的梦想。发现卡韦萨·德·巴卡的这些西班牙人是一群奴隶贩子。"我们和他们发生了激烈的争吵，"德·巴卡回忆道，"因为他们想把我们带来的这些印第安人掳做奴隶。"回到西班牙后，他请求他的君主将最早赐予纳瓦埃斯的那片土地赐给他，然而那片土地已经被查理五世许诺给了另一位冒险家——埃尔南多·德·索托。这位德·索托和在他之前的许多人一样，踏上了一次充满艰险的寻宝之旅，除了与印第安人发生的战斗外，几无所获。远征三年之后，德·索托精疲力竭，于1542年死在距离家乡万里之遥的密西西比河上。他的部下把他的尸体和石头包裹在一起，在夜深人静时沉入河水之中，以免印第安人得知这位征服者的死讯。

到那时为止，可以说欧洲人被北美大陆打败了。虽然西班牙人仍在边缘地带不停啃咬侵蚀，可终究没有一个欧洲人可以像德·索托那样进入这片大陆的核心地区。直到1682年，法国探险家拉·萨莱乘坐独木舟完成密西西比河大部分河段的漂流，直抵墨西哥湾。想象一下吧：从1542年到1682年，从德·索托到拉·萨莱，北美大陆核心地区这140年的历史竟是一片空白。如果从1860年到2000年的140年也是空白的话，美国内战、第一次和第二次世界大战，以及摩天大楼、飞机、计算机，还有无数其他事物的发明，都将不为我们所知。那么，从1542年到1682年，如今的美国领土上到底发生了些什么呢？

这两位冒险者在密西西比河上的经历迥然不同。德·索托的队伍不得不与密西西比河沿岸各个印第安王国不停战斗，才杀出了一条血路。河面上挤满了巨大的独木舟，每一只上都满载印第安战士。拉·萨莱顺流而下时，经过许多同样的河段，却只看到零零星星的小规模印第安定居点。为什么会有这样的变化？现在的历史学家们认识到，欧洲人带来的疾病并没有绕过北美地区。德·索托的远征队带上了几百头猪，其中一些逃进了森林，一些被印第安人偷走。可能正是这些猪在北美东南地区引起了致命传染性疾病的传播。罪魁祸首是不是这些猪已不重要，重要的是从大西洋另一边传来的疾病终究造成了严重后果。

还有另一个决定性的转折导致了这 140 年的空白。我们在第三章提到过，17 世纪来到美洲的殖民者们留下了关于北美地区拥有大量野生动物的记录：美洲野牛出现在东至弗吉尼亚的地方，溪流中鱼满为患，还有铺天盖地的鸟群。人们一直都以为那只是 1492 年之前北美地区生态状况的证明。然而，这些动物的大量存在很可能只是源于欧洲传来的疾病造成的灾难——如果在 1542 年到 1682 年，印第安人大量死亡，那么捕猎野兽、鱼和飞鸟的猎人数量也势必大大减少。野生动物的数量是否在这段时间里增长了呢？毕竟，德·索托在密西西比河上曾看到许多印第安人，却从未看到哪怕一头美洲野牛，而拉·萨莱却看到了许多野牛，和稀稀拉拉的印第安人。

长期以来，历史学家都把美洲称为"新世界"，以此区别于由欧洲、非洲和亚洲组成的"旧世界"。我没有使用这些概念，因为美洲对印第安人而言显然不是什么新世界——他们在那里已经生活了上万年。然而，在欧洲人和美洲人初次接触 200 年之后，北美洲和南美洲的大部分地区变"新"了，变得与 1492 年之前的那个世界截然不同。由于征服战争、天花病毒，也由于蒲公英、甜瓜、洋葱和柑橘的种子，美洲从此成为一个新世界。

第六章　救赎何在

1505年夏，就是年迈而颓唐的克里斯托弗·哥伦布坐下来写下遗嘱的那个夏天，一名21岁的学生正艰难地走在萨克森一条灰土弥漫的路上。萨克森是神圣罗马帝国的150个日耳曼小邦之一。走在这样一条路上，这名学生可能会邂逅一些在地里用镰刀割草的农夫，也可能看到几个在茅屋前抛羊拐骨——一种用羊骨玩的抓子儿❶游戏——的姑娘。正当他一路向前，天色暗了下来，雷雨云开始聚集，降下一阵瓢泼大雨。突然，一道闪电从空中击下，近在咫尺，将他击倒在地。"圣安妮❷，请救救我，"学生大喊起来，"我愿成为一名僧侣。"

对一些人来说，只要暴风雨过去，这样的誓言就可以抛在

---

❶ 抓子儿，历史悠久的儿童游戏，手抓子儿，反复掷接，以接得多者为胜。

❷ 圣安妮，圣母马利亚的母亲。马丁·路德是矿工的儿子，圣安妮是矿工的主保圣人。

脑后，只是会惊叹一个人竟然会被这种千钧一发的事吓得失去理智。然而年轻的马丁·路德——这个学生不会这样做。他放弃了法律方面的学业，矢志成为一生清贫的僧侣。

同那时候的许多欧洲人一样，马丁·路德对"信耶稣得永生"毫不怀疑，并相信等待未获救赎者的将是地狱的惩罚。罗马天主教廷为信徒的救赎之路设立了许多仪轨：洗礼仪式可以洗去幼童的罪，让他们不致夭折；向神父忏悔可以帮助成年人重回正路；在死者额上涂抹油膏的最终仪式则为他们指明通往天堂的道路。还有许多教堂保存着圣物——各种代代相传，号称与圣徒有关的遗物。马丁·路德后来来到维滕贝格居住，这里的王宫教堂骄傲地声称保存着基督之母马利亚的四根头发、婴儿耶稣睡过的摇篮里的一束干草，还有超过19 000片历代圣徒的遗骨。如果一名信徒前来礼拜这些圣物（并奉上一笔金钱），就会被告知，上帝会因为他的祈祷和供奉免去他犯下的许多罪。

加入教会，成为一名教堂僧侣，或是托钵修士，或是修女，意味着一条更加激进的神圣生活之路。路德还是一个小男孩的时候，曾经在街上惊奇地看到安哈尔特的威廉。威廉是一位王子，却放弃了他的世俗财富，成为一名沿街乞讨的托钵僧。"他瘦得皮包骨头，"路德回忆道，"任何人看到他，都会为自己的生活感到羞惭。"羞惭正是纠缠路德的问题，即使他放弃了世俗享乐之后，他仍然感到自己在上帝眼中是如此卑微。他祈祷、斋戒、参加弥撒，甚至远行到教皇所在的罗马朝圣，仍然无法相信自己的生活已经足够良善。相比之下，他为在罗马看到的教士们对信仰的漠然感到震惊。有一次路德和他们一起祷告，他还没有完成，一名教士就狂叫起来："Passa, passa!"（意大利语："快一点儿！赶紧！"）

经受了多年的煎熬，路德终于在《圣经》的一句经文中找到了慰藉——"义人必因信得生"。他确信，没有任何人能完成救赎所需要的那么多善行。基督徒只能通过信仰得救——信仰耶稣走过了完美一生，信仰他为世人的罪而死。同样重要的是，路德从此将《圣经》置于他宗教信仰的中心，拒斥了天主教会的许多仪轨。《圣经》可曾说过圣徒的遗物能让人升上天堂？如果没有，那么圣物在信仰中就没有立足之地。临终仪式和对神父的忏悔仪式同样没有保留的必要。他只遵守两条原则：一、"因信称义"，即信徒只因信仰得救；二、《圣经》，只有《圣经》，才是救赎之道。

据传，1517年，路德把他的观点写在一张纸上，钉在了维滕贝格王宫教堂大门上。这张纸上写着《九十五条论纲》，为那场世称"宗教改革"的革新运动拉开了序幕。

除路德之外，法国牧师约翰·加尔文也是最著名的宗教改革运动领袖之一。这两位改革家几乎没有什么共同点：路德平易近人，热情洋溢——他的面庞宽阔，笑起来焕发光彩，皱眉时阴云密布，似有雷声轰鸣；他讲话直来直去，比如他曾警告"罗马那些粗鄙无知的愚人"要么"离德国远一点儿"，要么"干脆跳进莱茵河，或是任何就近的河里，好好洗个冷水澡"。约翰·加尔文则完全不同——他为人冷峻，思维缜密，是个杰出的思想者；他的长脸棱角分明，胡须修剪成尖形，透露着他正遵循上帝之道的自信；他在阿尔卑斯山中的日内瓦城聚集起他的信徒。

加尔文梦想着一个由上帝的"选民"——得到上帝救赎的信徒和平统治世界的时代。他和追随他的改革者们在日内瓦积累了足够的影响，建立起一个以新教教义为基础的神圣共同体。这个城市的一些法律在今天看来未免过于琐细和严苛：在教堂里，信徒互相传递烟草或是发出响声都会遭到罚款；人们不能用天主教圣徒的名字为孩子命名，因为新教不承认凡间的教会有封圣的资格。加尔文推行这些严格法律，意在让这个不完美的世界变得更好。为了看看这样一个神圣共同体是否能够成功，宗教改革者们纷纷涌向日内瓦。

在一部美国史里，花这样长的篇幅讨论万里之外的欧洲发生的事情，可能会显得有些奇怪。同一时间里，科尔特斯正在尝试征服墨西加帝国，为什么我们要大谈路德和他的《九十五条论纲》？当德·索托正在密西西比河上探索时，为什么我们要转头去看远在日内瓦的加尔文？事实上，人的思想和蒲公英的种子是有相似之处的：一颗细小的种子可以沾在探险者的靴子上跨过大西洋，一种保存在人头脑中的思想同样也可以。只需要几百年时间来生长和传播，一株蒲公英就可以改变美国的面貌。因此，只要给一种思想同样多的时间，万里之外的大陆也会变得彻底不同。我们将看到路德和加尔文的思想为美国带来改变。

植物会随着时间发生改变，思想也一样。路德相信《圣经》是人们通向救赎的唯一指引，这种想法的革命性到底在哪里？在中世纪，《圣经》经义的最终诠释者是教皇和公会议，而不是普通人，路德却希望人人都能阅读《圣经》。"基督徒必须自己做出判断"是他的信念。《圣经》应当能被使用不同语言的普通人阅读，而不应仅印制只有受过教育的人才能理解的拉丁文版本。于是路德将《圣经》翻译成德语。成千上万本德文《圣经》被印刷出来，无数人开始阅读，并可以自由判断经义。加尔文的"神圣共同体"思想同样意义非凡——许多新教徒来到美国，正是怀着建立互助社区、增进"共同福祉"❶的理想。加尔文的"共同福祉"概念并非仅指金钱意义上的财富，还包括精神上的财富。信徒们比邻而居、相互支持，便是这种精神财富的源泉。

自己做出判断、建立神圣共同体，这是两座思想的高山。它们将在美利坚民族性的塑造中产生巨大的影响。然而，当新来者如潮水一般涌入美洲，开始尝试自己做出判断时，却发现，关于一个神圣共同体应该是什么样子，人们有着千差万别的理解。

在欧洲，围绕宗教改革新思想的争论几乎第一时间就爆发了。天主教会的神职人员要求路德放弃他的信念，他拒绝了："这是我的立场，我别无选择。愿神帮助我。阿门。"他坚持自己身负"以鲜血和生命保卫真理"的责任。而天主教会的反应同样强烈，年轻的神圣罗马帝国皇帝查理五世坚信："一名僧侣孤身对抗千年以来的基督教信仰，他不可能是正确的。"在听到路德的陈述后，他宣布："我将赌上我所有的土地和亲友，还

---

❶ 共同福祉（common wealth），即"共同体"（commonwealth）的本义。

有我的身躯、鲜血和灵魂……我将以异端的罪名追究这个臭名昭著的家伙。"在当时的欧洲,异端——传播错误宗教思想的人——会被烧死在火刑柱上。这是一种可怕的刑罚,会带来剧烈的痛苦,比起被黑曜石利刃挖出心脏也毫不逊色。路德是幸运的——查理五世没能实现他的誓言,然而在许多国家却有成千上万的异端被烧死,其中包括一位在日内瓦被加尔文的共同体判处死刑的学者❶。宗教改革点燃的这场论争使欧洲陷入了长达一个半世纪的宗教战争,新教徒和天主教徒彼此殊死搏斗。

如果在一个国家里有一半人信仰新教,另一半人仍是天主教徒,他们的君主有可能容许这两个群体自由选择信仰吗?在路德的时代,没有几个统治者会这样做,大多数君主只允许与自己的信仰相符的那个教会存在。对此有不同意见的臣民要么保持沉默,加入国家允许的教会,要么冒着被逮捕、监禁甚至送上火刑柱的危险,秘密坚持自己的信仰。在西班牙、葡萄牙和意大利等国,天主教拥有压倒性的优势,而在英格兰、苏格兰和荷兰等国,新教徒却占了上风。很快我们就将看到宗教战争之火从欧洲一直蔓延到美洲大陆。

这对信仰天主教的西班牙来说是个麻烦。当墨西加帝国的黄金和珍宝逐渐枯竭的时候,一批新的探险者又在墨西哥和南美

---

❶ 指米格尔·塞尔韦特,阿拉贡王国(今属西班牙)神学家、医生和人文主义者,是欧洲第一位描述肺循环的学者。塞尔韦特参与了宗教改革,后因反对"三位一体论",同时被天主教和新教控以异端之名,最后被新教加尔文派的日内瓦市政委员会以异端的罪名处以火刑。

洲的山区发现了大量银矿。其中最大的一座在波托西❶，海拔13 000英尺，位于安第斯山脉中，那里空气稀薄，令人呼吸困难。但这并不要紧：到了1600年，已经有超过15万人在波托西工作，使它成为南北美洲最大的定居点，规模甚至超过了西班牙本土任何一座城市。印第安人被迫在幽深的矿洞里劳动，洞中的粉尘使他们患上尘肺病并走向死亡。（印第安人把这个地方叫作"噬人山"。）他们用矿车从洞中运出了3万吨白银，用熔炉提纯后运往西班牙、菲律宾和中国。西班牙的势力和财富得以飞速增长。

西班牙人也航行到了北美海岸，但当时并没有在那里建立永久殖民地。在一份古老的地图上发现的潦草笔迹为我们提供了一个很好的解释。那行字是"No hay alla de oro"，意思是"那里没有金子"。另一方面，那些满载珍宝离开中美洲和南美洲的船队就像磁石一样吸引着西班牙的敌人——来自法国海盗的袭击十分频繁，几乎让西班牙损失了一半的白银。因此，当几百名法国新教徒在佛罗里达建起一座要塞后，西班牙人很快把它摧毁，在废墟上建立了一座新的城市——圣奥古斯丁。

英国新教徒同样追逐着西班牙人的财富，那些采取行动的人被称为"海狗"，意思是在海洋上追求声名与荣耀的冒险者。然而"海狗"不过是"海盗"的一种比较客气的叫法罢了。这些冒险者中有一位名叫弗朗西斯·德雷克，他不仅在加勒比海上劫掠西班牙财宝，还大胆地绕过南美洲进入了太平洋——那里一向是由西班牙人独占的后花园。德雷克的船满载着白银，

---

❶ 波托西，今属玻利维亚。西班牙国王凭借波托西银矿得以在欧洲大陆实行反宗教改革运动。

在太平洋中一直向北航行到了加利福尼亚,然后折向东半球,横穿太平洋,最后回到家乡。伊丽莎白一世女王取走他带回来的一半战利品,封他为爵士。

数年之后的 1585 年,一支受到德雷克的友人沃尔特·雷利资助的远征队在今天北卡罗来纳州的罗阿诺克岛登陆。雷利此举很可能是想把这个新的据点当作对西班牙人发动进攻的中转站。根据当时的一份报告,罗阿诺克的印第安人"非常温和、友爱和忠诚……似乎恪守着黄金时代的传统"。(这些话听起来是不是有点儿耳熟?)然而正如从前的西班牙征服者们一样,来到罗阿诺克的英国人也和印第安人发生了争执。其中一位英国指挥官是理查德·格伦维尔爵士,他喜欢向人展示自己的彪悍。在喝上三四杯酒后,他会"把酒杯放到嘴里,用牙齿咬碎,吞下肚去,他的嘴里因此常常冒出鲜血"。在这样暴戾的家伙的领导下,罗阿诺克的殖民者们差点儿被活活饿死。

此后数年,再没有英国人有办法带着补给和更多的殖民者来到这里。1588 年,西班牙派出它庞大的"无敌舰队"进攻英格兰,被更加灵活的英国舰队击败。此后救援队回到罗阿诺克,然而救援者们眼前只有一片废墟:几件生锈的盔甲,还有一棵树上刻着的一个词——"克罗托安"。

那些留下来的英国人去了哪里?是去了一个叫"克罗托安"的地方吗?没有人知道答案。曾经的罗阿诺克殖民地就这样消失了。西班牙人终于可以稍微放松一下,喘上一口气。然而他们仅仅只有几十年的时间而已——英国人没有放弃美洲,还会卷土重来。

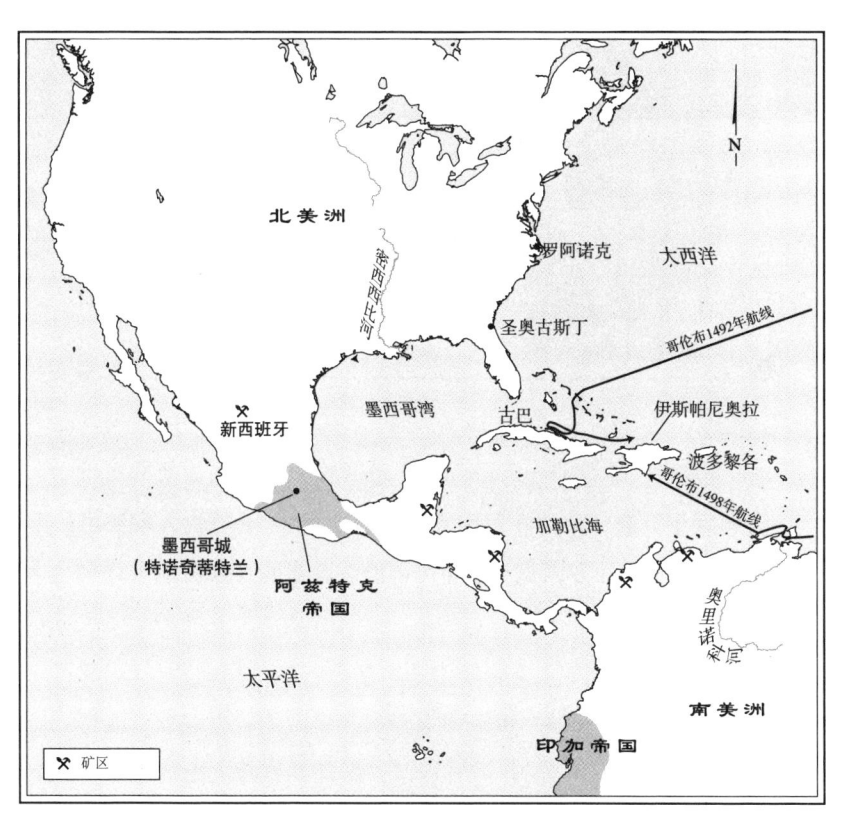

黄金时代，1492—1600。欧洲人在加勒比地区首次接触北美洲。从伊斯帕尼奥拉岛、古巴岛和波多黎各岛开始，西班牙人分头向大陆进发。他们到达的地区后来被称为"西班牙大陆"。将近100年之后，英国人才开始挑战西班牙人运送财宝的庞大船队。

第七章 圣徒与陌生人

1620年11月的一天，五六个瑙塞特印第安人正朝科德角海滩走去，他们的狗在前面带路。当看到16个陌生人朝他们走过来时，印第安人没有停下来寒暄，而是转身就跑，同时吹起口哨让狗也跟上来。

这些陌生人是一支探路小队，来自一群"朝圣者"。这群人的领导者之一威廉·布拉德福德也在这支小队中，正是他将自己率领的这群人称为"朝圣者"。跟随瑙塞特人的踪迹，朝圣者们最终来到了一条溪流边，"我们高兴坏了，赶紧坐下来，啜饮来到新英格兰❶后喝上的第一口水"。他们穿过树林时，遇到了一个印第安人制作的捕鹿陷阱——一个隐藏的绳圈，周围撒着橡子。布拉德福德走过去，陷阱"突然发动，立即捆住了

---

❶ 新英格兰，今美国大陆东北角濒临大西洋、毗邻加拿大的区域，包括缅因州、新罕布什尔州、佛蒙特州、马萨诸塞州、罗得岛州和康涅狄格州。

他的腿"。那是一个"相当精巧的装置",一名朝圣者评论说。

当然,在朝圣者们来到新英格兰的1620年之前,来自西班牙、法国和英国的船只已对这片海岸探索了差不多100年,因此对当地印第安人来说,看见欧洲人并不新鲜,他们只是些需要提防的外来者。那些瑙塞特人逃走,是因为害怕朝圣者们又是一群前来攻击他们的欧洲人。可朝圣者们并没有在科德角停留,他们继续向西航行,来到一处更加隐蔽的海湾,在一块如今被称为"普利茅斯石"的岩石附近卸下了行囊。第二年春天,一个名叫斯匡托的万帕诺亚格印第安人出现在他们中间,用英语欢迎他们,这使朝圣者们喜出望外。

朝圣者们在北美度过了一个艰难的冬天——他们来不及播种,一半人因此死去。斯匡托向他们演示如何种植印第安人的玉米,如何施肥——在播下的每粒种子上覆盖一条死鱼。这和那个捕鹿陷阱一样,又是某种印第安传统技艺吗?恐怕不是。几乎可以肯定斯匡托是从欧洲人那里学来了把鱼当作肥料的方法。在朝圣者们到来之前6年,斯匡托被一个英国人掳走,带到西班牙的奴隶市场上出售。然而他设法来到了英格兰,并学会了英语,最终回到了北美。令人悲伤的是,他也见识了欧洲人带来的疾病。在他离开的几年里,瘟疫席卷了他的家乡。根据布拉德福德的回忆,印第安人大批死去,以致"没有办法安葬。他们留下的头骨和其他骨头暴露在地面上,俯拾皆是……令人睹之神伤"。

众多新教徒怀着建立神圣共同体的梦想来到新英格兰,朝圣者们是他们中的第一批。对这些希望能更好地遵循《圣经》

之道的宗教改革者而言，"旧"英格兰远非纯洁。没错，英格兰教会是新教教会之一，然而它的信徒们（被称为"安立甘"）仍在庆祝圣诞节和各个圣徒纪念日。《圣经》中何曾提到过这些节日呢？这个教会被一群穿着漂亮丝质法衣的大主教领导，而改革者们坚信，真正的牧师应当穿朴素的长袍，根据"最初教会的那些简单仪轨"来举行仪式。他们被英格兰教会的信徒们嘲笑为"清教徒"，这个称呼从此成为他们的标签。

尽管清教徒们认为英格兰教会偏离了《圣经》的教诲，他们仍然愿意留在教会里，帮助它变得更好。另一些新教徒则选择了彻底逃离。这些被称为"分离派"的人中包括几百名斯克鲁比小镇的居民——朝圣者们就来自这些人。他们因为信仰而被邻居嘲笑，被政府罚款和迫害，只好离开英格兰，前往低地国家荷兰，因为那里的法律允许他们按自己的方式信仰上帝。然而，在荷兰人中生活了12年之后，他们开始思念家乡，思念英格兰的生活方式，对自己的前途产生了怀疑。于是，在1620年，他们登上五月花号，前往北美洲的英国殖民地弗吉尼亚——国王詹姆士一世允许他们去那里定居，条件是他们"不再滋事"。不幸的是，海风让五月花号偏离了航向。虽然朝圣者们有一份由国王颁发，规定他们可以做什么的特许证，这份文件里却没有说他们可以在别处定居。

在船上，五月花号的乘客们做了一个了不起的决定：他们要创建自己的政府，组成一个"公民政治团体"，"制定公正而平等的法律"以促进本殖民地的利益。这份史称《五月花号公约》的协定并没有不列颠法律赋予的效力。然而国王的官员远在3 000英里之外，想来也对此无能为力。于是，在普利茅斯种植园这块新殖民地上，人们开始每年举行选举，由自由人推选出一名总督和若干助手，管理殖民地的各种事务。

管理者由被管理者选举产生，这也成为后来美国开国元勋们的核心理念。然而在1620年，这种想法并不寻常。随着臣民们发出的声音越来越大，国王们开始感到不安——他们居然"自己做出判断"，正如路德所倡导的那样。这也是詹姆士一世不喜欢清教徒和分离派的原因之一。这位国王曾经抱怨说："这些杰克、汤姆、威尔和迪克们会聚在一起，随心所欲地批评我和我的朝臣，还有我们做的所有事情。"其实朝圣者们并不想反对国王，他们认同詹姆士一世是他们的统治者。让他们更担忧的是船上的其他人，那些被布拉德福德称为"外人"的家伙。事实上，船上102名乘客中，朝圣者的人数还占不到一半，剩下的是另一群英国人。朝圣者们和这些人同船，只为他们可以分担一些费用。

对剩下的乘客而言，朝圣者们才是外人。当他们中的一些人发现五月花号并没有驶向弗吉尼亚时，他们指出朝圣者们没有"命令他们的权力"，毕竟他们才是多数。布拉德福德认为这些人"十分不满，几近哗变"，但他没有无视他们的想法。《五月花号公约》指出，所有自由人都能参与殖民地的管理，而不仅限于朝圣者。

只要没有人来指手画脚，北美殖民地的朝圣者们就已经足够满意了。然而新英格兰的第二个神圣共同体有着更高的目标。朝圣者们登陆北美10年之后，近1 000名定居者接踵而至，开始在普利茅斯以北40英里的地方建设马萨诸塞湾殖民地。航程中,马萨诸塞湾殖民地总督约翰·温思罗普对乘客们发表了讲话,认为他们的共同体将被上帝作为典范。他说:"我们必须相信,这个共同体会成为一座山巅之城,它将令所有人仰望。"只要这个殖民地遵循上帝的律法,"人们就会对之后的种植园抱以期望——愿上帝让它变得和新英格兰那些种植园一样"。正如日内瓦的约翰·加尔文,这些清教徒不仅矢志成功,还坚信自己将开创历史。

不出数年,马萨诸塞湾殖民地的规模就超过了普利茅斯种植园。大部分加入这次清教徒"大迁徙"的人都是携家带口而来,他们或是在人口稠密的波士顿,或是在海湾周边其他村庄定居下来。一名农夫可以在村镇之外拥有许多英亩❶土地,却居住在村镇之中,每天步行往返,这种传统形成了许多联系紧密的社区。和路德一样,他们中那些受过良好教育的人希望人人都能阅读《圣经》。来到马萨诸塞的这些人里,每10名男子中约有6人能够阅读,这个比例是英格兰地区普遍水平的两倍。女性中能阅读者的比例则低一些,约占十分之三。(你应该会对其中的原因感到好奇,后文中将有更多的讨论。)不仅如此,几乎每个新英格兰村镇都为男孩们建有一所公立的初等学校,许多女孩则在被称为"女士学校"的地方学习阅读。

从第一天起,清教徒们就感受到了创建一个神圣共同体的艰辛。他们的教会到底应该"纯净"到什么程度?跟英格兰教

---

❶ 英亩,英美制地积单位,1英亩约等于4 046.86平方米。

会的信徒们不同，清教徒们认为教会成员应仅限于得到救赎的人，而不是社区中的所有人。所有殖民者都被要求参加礼拜，连非基督徒也不能例外。但是一个人要成为正式的教会成员，就必须说明个人的宗教体验——是什么让自己在圣灵中获得新生，简而言之，自己是如何"皈依"为清教徒的。为了保持殖民地的纯洁，马萨诸塞湾殖民地政府公开偏袒清教徒，只有教会成员才能在选举中投票，这一点与普利茅斯的朝圣者殖民地有所不同。在马萨诸塞湾，任何"导致灵魂毁坏"的思想的传播者都会被逐出殖民地。如果这些不受欢迎的人回到殖民地，继续散播错误的信仰，人们就会用烙铁在他们的舌头上打洞，甚至绞死他们。（不过说句公道话，英格兰的法律中列出了更多适用绞刑或火刑的罪名。）

即便在清教徒内部，关于信仰人们也莫衷一是：一些清教徒认为马萨诸塞的政府太过严苛，于是在康涅狄格建立了自己的殖民地哈特福德❶；另一些人则认为马萨诸塞做得还不够，于是在康涅狄格的另一个地方建立了纽黑文❷；此外还有一些定居者根本不希望跟宗教扯上关系。托马斯·莫顿是个生性粗鲁的毛皮贩子，自行建起了一处被称为梅里芒特的定居点，离普利茅斯不远。莫顿喜欢跟印第安人打交道，学会了他们的语言，常常抱怨朝圣者们的餐前祷告太过冗长，以致"肉都凉了"。莫顿和他的商人朋友们会请来印第安人，一起围着一根 8 英尺高

---

❶ 哈特福德，康涅狄格州首府。
❷ 纽黑文，康涅狄格州第三大城市，耶鲁大学坐落于此。

的五月柱❶跳舞唱歌、欢聚饮宴。五月柱用一棵高大的松树制成，顶上钉有一对鹿角，竖立在梅里芒特最高的地方。朝圣者们被这种毫不虔诚的狂欢吓坏了；当得知莫顿还用枪支与印第安人交换毛皮时，他们变得更加愤怒。他们把莫顿抓起来，强迫他离开了新英格兰——"山巅之城"是一回事，在山上立一根怪诞的五月柱则完全是另一回事。

渎神的商人被赶走了，朝圣者们是否太过分了呢？清教徒和朝圣者们都发现，用规则强迫别人保持虔诚会遇到许多意料之外的困难，这与威廉·布拉德福德在科德角树林里穿行的经历有些类似——前一刻也许还在享受着美妙的清晨漫步，下一刻你的腿就被一根套索捆住，怎么也解不开。

终于，一位名叫罗杰·威廉斯的牧师意识到，强迫他人保持纯洁是个问题。威廉斯是个友善而慷慨的人，言辞温和。但是在乘船来到波士顿时，他心中却渴望着成为圣洁者中的最圣洁者。当地一个教会邀请他做他们的牧师，他拒绝了，因为他是个分离派，而这个教会却不肯大声谴责英格兰教会，根本不够纯洁。威廉斯搬到了普利茅斯——那里的分离派视英格兰教会有如寇仇。然而那里的一些朝圣者有时会回英格兰，还在那边参加英格兰教会的仪式，依然不够纯洁！他又回到了马萨诸塞，继续宣传他的观点。他大声疾呼：真正的基督徒不应和未获救赎的人一同祷告，哪怕这些人是你的妻儿。马萨诸塞湾当局打算约束威廉斯，不让他传播那些与众不同的看法，他却转

---

❶ 五月柱，人们庆祝五朔节时围绕其跳舞狂欢，五月柱有时是异教文化的象征。

而谴责这块殖民地上的牧师们。他还没来得及将这些清教徒排除在纯洁的信仰之外，就被他们驱逐出境了。他在一场呼啸的风雪中仓皇离开，来到万帕诺亚格印第安人中间过冬，印第安人收留了这个陌生人。

威廉斯在这里发生了惊人的转变。他仍然和从前一样虔诚，但转而相信：在一个不完美的世界里，教会没有能力确认一个人是否真正纯洁。他决定从此将"和所有愿意前来的人一同祷告"，无论他们是罪人还是得到救赎的人，或是介于二者之间。除此之外他还宣告：政府不应介入宗教事务。如果人们不愿去教堂，当局无权强迫他们，也无权决定谁是危险的异端。他说，以某种方式强迫别人敬神，是会让"上帝闻到臭气"的做法。因此，政府行为应与教会保持距离。

于是，在威廉斯建立的定居点，教会与政府之间有了一条清晰的界线。这个地方后来变成了罗得岛殖民地。罗杰·威廉斯掌握了一条重要的真理：强制每个人相信同一种信仰，并不能让一个国家实现"合众为一"的理想。更好的方式是"和所有愿意前来的人一同祷告"，并抱有希望。

第八章　勃兴之地

　　1620年,五月花号被风吹偏了航向,没能抵达朝圣者们的目的地弗吉尼亚,这也许是他们的幸运。那时,不幸的弗吉尼亚殖民地已经在绝望中挣扎了十多年,仅仅是为了维持下去。不过,一些弗吉尼亚人逐渐找到了繁荣起来的秘诀。朝圣者们不会喜欢弗吉尼亚人的办法,他们只想建立起神圣共同体,然后安静地耕种。弗吉尼亚却正在变成一个蒸蒸日上、喧嚣扰攘的地方。

　　要让一片土地迅速兴旺起来,需要各种条件。第一条就是要有某种人人都想得到,却又不容易得到的东西。只要在什么地方发现了这种东西,人们就会蜂拥而至,渴望着拥有它、出售它,并赚上一大笔钱。让我们回想一下那些被西班牙征服者们带回家乡的金银吧。到了1620年,波托西已经成为南北美洲最大的定居点,因为它的地下藏着一座银矿山,这就是勃兴之地的典范。然而人们追逐的不只是黄金和白银。还记得那些经由丝绸之路而来的亚洲香料吗？或者想一想非洲的咖法人种植的那种红色果实——经过烘焙，可以用来制作一种饮料。欧洲人很快就学会了如何享用它。土耳其人管这种东西叫"卡乌"；荷兰人从土耳其人那里了解到它，管它叫"科啡"；为了饮用它，英国人特意开设了一种叫咖啡馆的地方。清教徒们喜欢这种饮料，因为它能让人清醒，与酒精饮料不同。一位清教徒诗人写道："咖啡来了。它是沉郁而有益身心的酒，能治疗胃病，亦能让才思焕发。"

不过，造成最大经济繁荣的食品是蔗糖，一种我们现在司空见惯的甜味剂。在中世纪，蔗糖非常难得，常被当作治疗咽喉疼痛或胃病的药品，只有富有的贵族们才能买得起。西班牙人和葡萄牙人先是在非洲沿岸的岛屿上种植甘蔗，后来又把加勒比地区和南美洲变成了主要的蔗糖产地。人们在被称为种植园的大型农场里栽种甘蔗，往往需要几十人甚至几百人来收割这些高高的茎秆，送往蔗糖工厂。甘蔗榨出的汁液经过蒸馏，变成蔗糖和糖浆，后者主要用来制作朗姆酒。到17世纪早期，成千上万吨来自美洲种植园的蔗糖和糖浆源源不断地进入欧洲。黄金、白银、蔗糖、咖啡、香料、茶叶……总之，你需要拥有某种稀有而人人都想拥有的东西。现在我们可以得出结论：地理大发现时代不仅让东西两个半球连接起来，也在世界各地造就了许多勃兴之地。

出于让这块新殖民地兴旺起来的目的，一批英国商人和士绅各自拿出一笔钱，合资成立了一家现在被我们称为"股份公司"的企业。弗吉尼亚的气候太冷，不适合栽种甘蔗或是咖啡。1607年，新成立的弗吉尼亚公司派出了105名殖民者，到切萨皮克湾定居，他们对这项计划有很高的期待。然而他们期待的并非"山巅之城"，而是找到"藏金之山"。在一条流入切萨皮克湾的河流上，殖民者们建立起詹姆斯敦❶。

可惜，这里没有金子，也没有山。如果不是约翰·史密斯上尉的话，詹姆斯敦可能像罗阿诺克一样，就此湮没。史密斯是一名追逐财富的军人，在加入弗吉尼亚公司之前曾四处闯荡，走遍欧洲的每个角落。此人的自信心有如他那一脸浓密的大胡子一样蓬勃。不过，远征队那些出身高贵的绅士并不喜欢这个下等人，有一次他们几乎要将他绞死，而且使用的罪名相当荒谬，包括企图"谋杀"殖民地领导者和"自立为王"。凭着一副伶牙俐齿，史密斯终于让自己逃脱了这次危险。在弗吉尼亚待了几个月之后，由于大量殖民者死于"高烧"，而且几乎所有人都对原来的领导者们心怀不满，史密斯取得了管理权，让所有人都劳动起来。他不允许有不愿工作却白吃白喝的殖民者存在。

在一次溯河而上购买食物的旅程中，史密斯被印第安人抓住了。切萨皮克湾一带生活着大约两万名土著，在一位名叫波瓦坦的酋长的领导下结成松散的联盟。波瓦坦召开了一次会议，最后决定用战杵打碎史密斯的脑袋。酋长年轻的女儿中有一个名叫波卡洪塔斯，她在此时挺身而出，请求放过这名英国上尉——以上是史密斯在多年后讲述的。史密斯讲故事很有一

---

❶ 詹姆斯敦，英国在北美大陆上设立的第一个永久殖民地。

手，而除他之外没有人提到过此事。如果波瓦坦真的威胁要取他性命，也很可能只是想吓吓他，让这些不速之客明白在切萨皮克湾谁说了算。此后，英国殖民者举行过一次"加冕"仪式，他们让波瓦坦跪下接受一顶王冠，成为英国的封臣。他们"费了很大的力气"，"靠在他的肩上用力下压"，才成功地让波瓦坦下跪。

假如史密斯一直留在弗吉尼亚，大概也需要用力把每个人的肩膀往下压，才能让这个殖民地维持下去。然而，一天晚上，他正在睡梦中，一桶火药燃烧起来并发生了爆炸，史密斯被严重烧伤。火药很可能是计划谋杀他的敌人点燃的。不管怎样，史密斯回到了英格兰，剩下的殖民者则继续在争吵和挨饿中度日。十年后，詹姆斯敦已经败落得不成样子。一名新总督从英格兰来到这里，发现只有几所房子还没有倒塌，要塞的围墙也破了，"桥梁崩塌，水井被污染，教堂……用一间仓库顶替"。整座镇子毫无生气，甚至有植物在"市集和街道上"生长。

在这幅颓败不堪的画面中，有一个不寻常的细节。那些长在街道上的东西，并不是因为路面疏于维护而长出的野草，而是人们种植的作物，叫作烟草。它就是能让弗吉尼亚殖民地勃然兴盛起来的东西。这些定居者急于挣钱，在每一个能找到的露天角落里都种上了烟草。詹姆士一世认为抽烟这种习惯"睹之可厌，闻之欲呕，有害头脑，损坏肺脏"。几百年之后，科学证明了这位国王在最后一点上的先见之明，然而当时却有无数英国人热衷于这种来自美洲的新奇时尚，乐意出高价购买。

种植烟草的过程艰苦而乏味。首先需要一名男子清除一两英亩土地上的灌木。（这个活儿有时也会由一个女人完成，并非没有女性参加烟草种植。）土地开垦完成后，你需要给每一株烟苗弄一个土堆。办法是伸出自己的腿，用"镢头"在腿周围拢起土来，直到"差不多齐膝的高度，就像一个鼹鼠丘"，再把腿抽出来，"把土堆的顶部轻轻拍平"，然后把烟苗插进去。接着是下一个土堆……再下一个……再下一个……总共需要栽种大约8 000株烟苗。在炎热的夏季，你需要时时给烟田锄草，还得把啃食烟叶的虫子一条一条捉下来。到了8月，就可以摘下一片片烟叶，挂起来风干。待到烟叶干燥以后，你需要把它们装进大桶，滚到河边，送上去英格兰的货船。

这是一项能让人累断腰的劳作，但是收入要比在英国农场里工作高出5倍到10倍。上面说的还只是一个人能完成的任务，假如有10个或者20个雇工替你干活儿的话，那收入还会增加10倍甚至20倍。成千上万人开始涌入弗吉尼亚，烟草繁荣的时代到来了。

同其他大多数经济繁荣一样，种植烟草需要下巨大的赌注，而且有很高的风险。对那些新来者在弗吉尼亚第一年的生活，当地人常用一个词来形容："熬炼"。如果你挺过了头12个月，就算是"熬炼出头"了，这意味着你已经适应了这片新土地上的各种危险和气候，有更大的机会生存下来。由蚊子传播的疟疾让许多新移民丧生，而水中的细菌会带来伤寒和痢疾。也有些人被印第安人杀死——用来种植烟草的土地是从印第安人手中夺走的，这让他们感到愤怒。即使到了17世纪30年代到50年代，殖民者的死亡率仍然居高不下。

由于成年人大量死亡，弗吉尼亚出现了许多年幼的孤儿。阿加莎·沃斯的父亲在她两岁时就死了。她的母亲改嫁后，她有了一个继父，然而继父也很快死去了。几年之后她的母亲也去世了，把她留给了她的叔叔詹姆斯。詹姆斯也没能活多久。最后抚养阿加莎的人只剩下她的姑妈伊丽莎白。来到弗吉尼亚的英国移民的平均寿命只有35岁到40岁。当时在英格兰，一个人的预期寿命是60岁左右，而新英格兰定居者的平均寿命能达到70岁。

这并不是说当时的弗吉尼亚是一片只有死亡、疾病和劳苦的土地。早期弗吉尼亚人的生活的确艰难，但他们也常能让生活充满乐趣。一些幸运者成为烟草种植园主。由于来到这里的移民家庭比去往新英格兰的要少，于是弗吉尼亚的移民主体就成了一些希望在冒险中寻找机会的年轻的单身男子。弗吉尼亚与新英格兰还有一个差异：这里的移民很少居住在村镇里，而是分散开来，在流入切萨皮克湾的各条河流沿岸建起农场和种植园。此外，与清教徒们不同，弗吉尼亚人对普及教育缺乏兴趣。"感谢上帝，这里没有免费学校，也没有印刷厂，"弗吉尼亚总督威廉·伯克利写道，"希望未来一百年内都不会有这些东西，因为知识只会带来反叛和异端。"到了1632年，人们又在切萨皮克湾北部地区建起了另一块殖民地——马里兰。

以烟草种植为主的殖民地的生活几乎是与世隔绝的，但是各县的居民每个月都可以在"开庭日"聚集一次，地点通常是某个富有的种植园主的客厅。法官会在这一天审理各种诉讼，包括偷猪、继承权纠纷和孤儿抚养报告等种种案件，观众们可以在"法庭"附近的田野里赌马。到了选举日，每个县的男人们会推举两人参加被称为"市民院"的立法机构。地方官员会对每个投票者发问："你投谁的票？"而投票者可能回答："我投约翰·克洛普顿。"此时那个叫克洛普顿的人就会向投票者鞠躬致谢。

随着时间推移，弗吉尼亚和马里兰逐渐变得宜居起来。烟草仍是此地种植最多的作物，这就带来了最后一个值得讨论的问题：每个勃兴之地都需要工人，一个种植园主控制的工人越多，付的工钱越少，他就会越富有。在初来弗吉尼亚的人中，出身有钱人家还是贫苦人家，会有很大的不同。多数移民只能作为合同雇工来到弗吉尼亚。雇工需要签署"契约"文件，同意为雇主工作4年到7年不等，而雇主则会为他们支付前往美洲的费用和在那里生活的开销。签署这些契约的人大部分都穷困潦倒，有一些被迫离开了英格兰的农场，流离失所，另一些则是从救济院被赶到大街上的孤儿。到了弗吉尼亚，如果一个雇工足够幸运，在7年契约期满时仍然活着，就会拿到一份"自由补偿"，包括一套新衣服、一些工具，还有50英亩土地。

弗吉尼亚勃然兴盛起来，人们在这里辛勤劳作，但他们的故事还没有讲完。曾经有一名年轻人在1621年来到这块殖民地，他撑过了第一年的"熬炼"，在1622年印第安人发动的一场大规模袭击中死里逃生，又活了差不多50年，得享在弗吉尼亚不多见的高寿。法律文书上他的名字是安东尼·约翰逊，初到这里时他叫安东尼奥，那也并非他的本名。他的本名到底是什么我们已不得而知，我们只知道，在乘客名单上，他的名字是"黑人安东尼奥"。

也许你会认为他是一个奴隶，但我们并不能如此确定第一批非洲裔移民的情况。早期的弗吉尼亚没有关于奴隶制的法律。安东尼奥和他的妻子玛丽为一名白人种植园主工作，也许作为奴隶，也许作为雇工，无论如何，他们最终获得了自由。安东尼奥把名字改成了更像英国人的安东尼·约翰逊。到他去世的时候，他已经拥有数百英亩土地、一群牛，还有了几个奴隶。在切萨皮克湾生存也许并不容易，但是在1650年，这里还不是一个广泛蓄奴的地方。大约13 000名定居者中，非洲裔只有300人左右，其中一些人已经获得了自由。约翰逊曾这样告诉他的一位邻居："我了解我的土地。我想工作时就工作，想休憩时就休憩。"

也就是说，在早期岁月里，弗吉尼亚和马里兰并不存在制度化的蓄奴。直到下一个世纪，规定一个奴隶可以做什么和不可以做什么的法律才逐渐被制定出来，这也造成了可能是美国历史上最奇特的现象：自由解放理念的兴起与蓄奴制度的大面积扩散居然在同一个时代发生。这个现象在美国的历史上太过重要，必须用专门的一章来讨论。

第九章　平等与不平等

人人生而……什么？

也许每个美国人都能把这句话补充完整，然而在托马斯·杰斐逊起草《独立宣言》之前100年，没有几个人相信这种理念。贵族出身的弗吉尼亚总督伯克利会为"没有免费学校，也没有印刷厂"散播这种"无稽之谈"而感谢上帝，也就一点儿也不奇怪了。

"平等"是一种需要被创造出来的观念，这种观念只能一砖一瓦地慢慢搭建起来，历程长达数十年。也许你不相信，要理解平等，我们首先需要了解不平等的历史。来自不列颠的北美殖民地居民只消环顾四周，就能说服自己：这个世界本来就是不平等的。在1700年，新英格兰的小农、商贩和店主们很容易就能接受约翰·温思罗普在70年前表达过的观点：在这个上帝创造的世界里，"必然会有一些人富有，另一些人贫穷；

一些人高贵显要……另一些人卑微顺从"。而在弗吉尼亚和马里兰，烟草种植者、小农和合同雇工同样看到一个不平等的世界：在立法机构里，只有出身优越的绅士才能代表他们所在的县；在教堂，种植园主们会在门外闲聊，直到所有"下等"人都进了门，这些"上流"人士才会一同举步而入。到了1730年，北卡罗来纳和南卡罗来纳加入了这些早期南方殖民地的行列，几年之后，又有了佐治亚。在南卡罗来纳，以查尔斯镇（即后来的查尔斯顿）为中心的沿海泽地极不适于人类生存，却非常适合稻谷生长。

在南北英国殖民地中间的地带，不平等仍然占据着主流。但也正是在这些中部殖民地上，出现了最早的社会平等迹象，如同春天里的第一点绿色萌芽。

英格兰一开始并没有把这些殖民地放在心上，这导致了另两个国家的移民——荷兰人和瑞典人——悄悄流入。在特拉华河沿岸，几百名瑞典移民用原木修建粗糙耐用的木屋，建起了新瑞典❶。这项木屋修建技术后来被美国人派上了大用场，然而瑞典人却没能待下去。在他们以北100英里的哈得孙河沿岸，荷兰人已率先建成了新尼德兰殖民地。这些荷兰人决意证明他们比瑞典人"更平等"❷，于是袭击了新瑞典。瑞典人投降了，交出了他们的要塞。荷兰人在瑞典人口中塞上步枪子弹，强迫他们离开。这个举动是为了提醒失败者：只要荷兰人乐意，就

---

❶ 新瑞典，17世纪瑞典在特拉华河流域建立的殖民地，包括今特拉华州、宾夕法尼亚州和新泽西州部分地区。

❷ 更平等，出自乔治·奥威尔的《动物农场》，意为"更优越"。

有能力把他们全部枪毙。

这些胜利者的实力非常雄厚。在 17 世纪，他们的祖国荷兰成了强大的贸易帝国，势力遍布全球。荷兰人在东亚买卖香料，从非洲掳掠奴隶运往美洲。在南美，他们强迫这些奴隶生产蔗糖，提纯之后运回欧洲出售。哈得孙河沿岸的新尼德兰则是荷兰帝国的一块小小拼图，商人们在这里从易洛魁印第安人手里收购河狸皮。此外，在曼哈顿岛上的新阿姆斯特丹周边，也有农夫从事耕种。

同五月花号上的朝圣者们一样，荷兰人在自己的殖民地上并不占多数，"外人"的数量超过了他们。像安东尼·范·萨利这样的人也住在那里。此人从前是名摩洛哥海盗，现在变成了农场主，人人都管他叫"土耳其人"。安娜·范·安哥拉则是一名守寡的非洲裔农妇。开店的阿塞尔·莱维和亚伯拉罕·德·卢塞纳都是犹太人，前者来自波兰，后者来自巴西。挪威人、意大利人、法国人、瓦隆人❶、波希米亚人、莫霍克印第安人和蒙托克人❷也在新阿姆斯特丹的大街上来来往往。这座城镇最北端的一道土墙边是"瓦尔街"，300 年之后，这里成为华尔街金融帝国的中心。当年的那些荷兰商人如果看到这一幕，一定会垂涎欲滴。

新尼德兰也有英国人的身影。有虔诚的安妮·哈钦森——她因为宗教信仰的缘故被逐出了马萨诸塞，也有脾气暴躁的西蒙·鲁特——他的一只耳朵在酒馆斗殴中被人削掉。荷兰人并

---

❶ 瓦隆人，主要分布于比利时南部的瓦隆尼亚地区。

❷ 蒙托克人，纽约州长岛地区的一支印第安人。

不信任英国人。一名新尼德兰居民曾抱怨说，这个民族"天性过于高傲，认为一切都理应属于自己"。他没有说错。英国人在1664年攻击了新尼德兰，这次轮到荷兰人被赶走了，虽然在他们投降时，英国人并没有往他们口中塞枪弹。英格兰国王查理二世把新征服的土地赐给他的弟弟约克公爵。这块殖民地被重新命名为纽约（New York），而新阿姆斯特丹也从此被称为纽约市。

一些英国移民在毗邻纽约的新泽西殖民地定居下来，更多的新来者则涌向了特拉华河沿岸的土地，那里后来被称为宾夕法尼亚，在拉丁语中的意思是"佩恩森林"。这块土地也被查理二世送了出去，赐给了他的朋友威廉·佩恩。（这位国王非常喜欢赏赐朋友，何况，用枪从一群欧洲人手里抢走土地，无须考虑在那里住了许多世纪的印第安人的想法，这让人容易变得大方。）佩恩开始在英格兰和欧洲宣传他的殖民地，用法语、荷兰语和德语印了许多小册子。不到20年，就有15 000名定居者来到了费城一带。这座新城市名字的意思是"兄弟友爱之城"。

和国王不同，佩恩并非那种认为一切都应属于自己的英国人。他从印第安人手中购买土地，出价比大多数看中什么东西就抢过来的欧洲人公道得多。佩恩像清教徒一样，把自己的殖民地视为一种"神圣的实验"。使他如此与众不同的部分原因可能在于他是一名贵格会信徒。在当时大部分英国人眼中，这个教派往好里说是"古怪"，往坏里说是"危险"。

贵格会信徒们把他们的教会称为"教友派"。他们在祷告

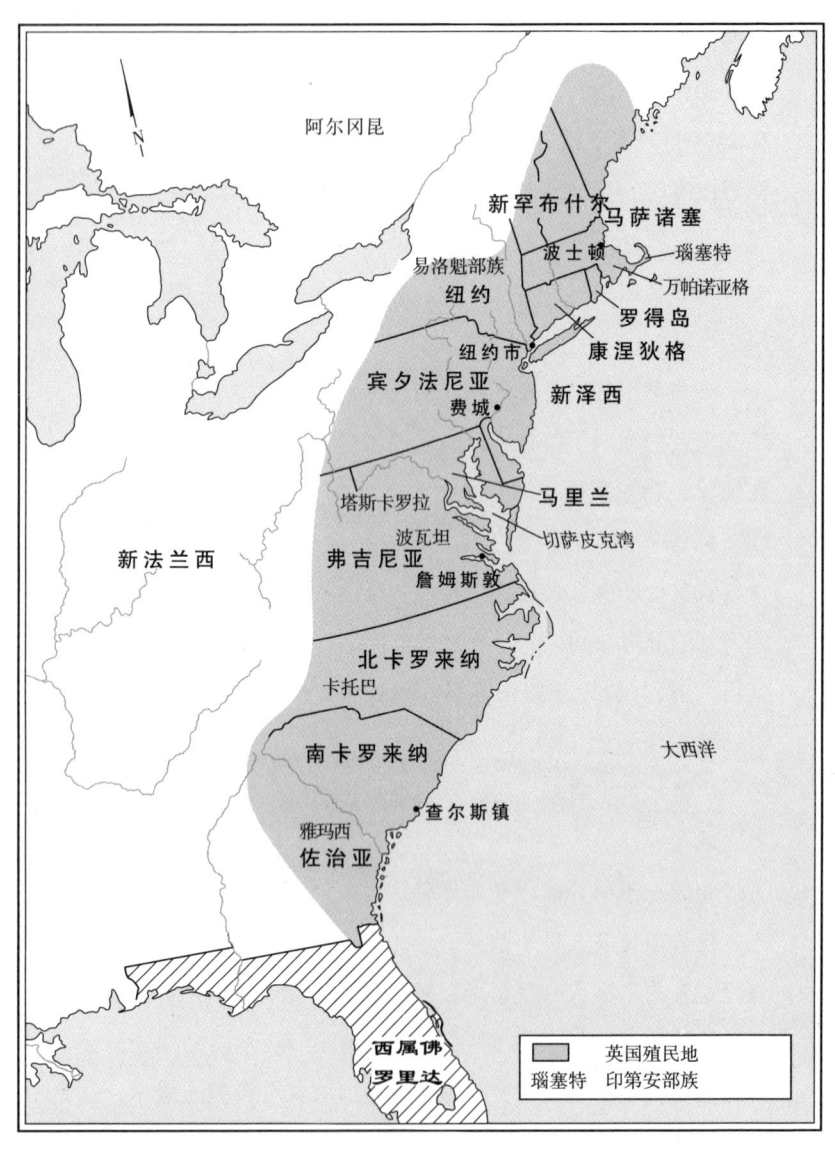

18世纪初北美的英国殖民地。阴影区域仅为英国移民的大致定居范围。这些区域内仍有印第安人居住；此处仅列出部分部族。

中感受到被圣灵充满时，有时会全身震颤，因此被他们的敌人冠以"贵格"❶之名。贵格会运动起源于17世纪40年代，当时的英格兰正因为议会与国王之间的战争而变得四分五裂：英国人相互残杀；各路军队在英格兰国土上来往纵横；查理一世被砍了头。在这样的乱世中，各种有着奇特理念和怪异名字的团体纷纷涌现，有平等派、浮嚣派、掘地派、第五王国派和马格尔顿派等等。早期的贵格会信徒们扰乱教堂仪式，挑战牧师和神父们的教诲，但是他们表达出来的想法比他们的所作所为更加令人担忧，因为，直到查理二世恢复王权统治，大多数贵格会信徒也都变得平和之后，人们仍然对他们的观点念念不忘。

和路德一样，贵格会相信基督徒要靠自己做出判断，但他们更看重上帝的圣灵的直接启示——教会指派的牧师有什么理由对信徒指指点点呢？贵格会不把他们的"聚会"称为教堂仪式，聚会时也没有神父引领，只要受到"内心之光"的感召，每个人都可以自由发言。贵格会信徒经常遭到敌对者的殴打和监禁，因此他们认为战斗都是不道德的，并拒绝加入任何军队。他们相信在上帝眼中所有人都是平等的，因此他们不穿华丽的衣裳，不对贵族和国王鞠躬，在见到绅士时也不脱帽致礼。这种念头可怕而又危险——至少当时大多数英国人会这么想。人和人之间怎么可能平等？毕竟，不平等的现实明明就摆在眼前，从早到晚，须臾不曾消失。

为什么这样说？很简单，社会地位决定着人们的穿着。在

---

❶ 贵格，意为"震颤者"。

马萨诸塞湾，如果你不是大地主，那么穿戴华丽的花边、银纽扣、丝质围巾和大皮靴就是违法行为。普通人没有资格模仿比他们高等的阶层，哪怕他们节衣缩食，攒够了购买这些奢侈品的钱。餐桌上的位置同样由阶层决定。长条的餐桌中央会有一碟盐，社会地位较高的人才能占据"盐上方"的位置，其余人只能在"盐下方"就座。到了礼拜日，地位尊崇的人家总是坐在教堂里最好的座位上。大学生们在街上遇到教员时必须脱下帽子。如果对方是院长，他们在50英尺之外就必须脱帽；如果是教授，这个距离就是40英尺；讲师则只需25英尺。在大学里，不平等的程度可以用尺子量出来。

种种关于合宜行为的规范在礼仪手册上都会明文列出。在弗吉尼亚，一名叫作乔治·华盛顿的男孩为了学习，就曾抄下其中一些段落：

> 与高贵者交谈时，站姿不应歪斜，也不应直视对方；不得过于靠近他们，至少要保持一大步的距离。
>
> 与比自己高贵者同行时，除非对方提问，否则不应开口说话。应答时当站直身体，摘下帽子，简短回答。

在这样一个世界里，选择不脱帽的贵格会显得多么怪异！

如果你是一名女子，就会有更多的机会体验到这个世界的不平等之处。约翰·温思罗普深爱他的妻子玛格丽特。然而，根据《圣经》的教诲，他认为自己是"她的主人"，而她应"臣属于他"。法律规定：如果玛格丽特想要出售什么财物，必须由约翰替她完成。她不能在法庭上提出诉讼，也不能签署合法的契约，只有她的丈夫才拥有这些权利。类似的法律在各个殖民地间有所不同。在新尼德兰，女性结婚后仍然可以保留原姓，也可以签署契约，这让她们更容易参与生意。西班牙女子可以自行买卖土地，也可以在法庭上代表自己。一部分英国人，比如贵格会信徒，也认为女性可以同男性一样在宗教仪式上发言。

奴隶自然是这个不平等的世界上地位最低的阶层。我们也不应忘记，在北美殖民地早期，大部分奴隶并非生来为奴，而是被强迫成为奴隶的。这些男人、女人和孩子在遥远的异国被绑架，开始了从自由人沦为奴隶的旅程。他们经过漫长的跋涉，从一个王国走到另一个王国，最后被带到大海边。他们被欧洲人的船运到万里之外的种植园，被迫在那里劳动。你也许读过一些非洲捕奴的故事，然而同样的故事也曾在美洲上演。截至1715年，有3万到5万名印第安人被掳走，往南运到加勒比海诸岛，或是往北运到中部殖民地和新英格兰，繁盛一时的殖民定居点查尔斯镇就是这种贸易的中心。后来法国人在墨西哥湾也效仿了这种做法。1715年之前，从美洲运出的印第安奴隶比从非洲运入的黑人奴隶还要多。

随着欧洲人对弗吉尼亚烟草和南卡罗来纳稻米的需求日渐增长，对奴隶的需求也开始膨胀起来。北美和南美的种植园开始争夺劳动力，导致从非洲运入的奴隶数量开始飙升。当我们讨论来到美洲的移民时，我们通常会想到清教徒、英国种植者、西班牙征服者（比如德·索托），甚至像安东尼·范·萨利那样的"土耳其人"。但是在1492年到1820年，沦为奴隶来到

73

美洲的非洲人数量是同期所有欧洲移民的 5 倍。在 1700 年之后的 100 年中，这种贸易——这种不平等——还在稳定地增长。在整个奴隶贸易历史里，超过 1 200 万非洲人走上了横渡大西洋的苦难之旅，100 多万人在抵达终点之前死去。对活下来的人而言，叵测的前途则成为他们恐惧的一部分。奥劳达·埃奎亚诺❶是为数不多的把这种经历记录下来的人之一。他回忆起当看到大西洋的辽阔，看到那些中空的巨大木船在海面漂浮，看到那些似乎只生活在船上的怪人时，自己是如何目瞪口呆。上船之后，他看到一只沸腾中的巨大铜壶，以为自己会被这些长相可怕、有着红脸膛和乱糟糟头发的白人吃掉，吓得晕了过去。在噩梦一般的旅程中，许多被掳者拒绝进食，想要结束自己的生命，然而看守会撬开他们的嘴，把食物灌进去。有的非洲奴隶死于舱底的高温，有的死于感染，还有的人死于绝望。鲨鱼会尾随这些横渡大西洋的奴隶船，等待吞食时常被抛下船的尸体。这条从非洲到美洲的"中途航程"❷不啻真正的地狱。

上千万戴着镣铐来到美洲的奴隶中，有 90% 被送往南美和加勒比地区，只有不到 4% 被直接运往北美，即便如此，蓄奴仍然逐渐成为北美殖民地生活的重要内容。到了 1730 年，南卡罗来纳的非洲移民及其后代的数量已经达到白人殖民者的 2 倍。南部殖民地拥有的奴隶最多，但即使在纽约市，到了 1740 年，

---

❶ 奥劳达·埃奎亚诺（约 1745—1797），又名古斯塔夫斯·瓦萨，非洲裔英国作家、废奴主义者，生于今尼日利亚，幼时被掳为奴隶，辗转多地，后获得自由，定居伦敦。他的自传《非洲人奥劳达·埃奎亚诺或古斯塔夫斯·瓦萨的生平趣闻录》对英国废奴有重要影响。

❷ 中途航程，历史上欧洲—非洲—美洲三角贸易航线中的非洲—美洲航线。

每 4 个劳动者中也有 1 个是非洲裔。新英格兰的商人们则通过奴隶贸易发了大财。这些铁一般的事实向我们证明，在这片土地上，几乎没有人会认为"人人生而平等"，因为奴隶制就是最强大的反面证据。

看吧，"平等"和"不平等"，如同两名格格不入的舞伴，踩着并非出自本意且无法完全理解的舞步旋转。在接下来的许多章节中，我们都将继续讨论这个问题。也许关于它们的讨论永远无法结束，因为这个世界从来变动不居，而它们的舞步也不会停止。

第十章　启蒙与觉醒

在殖民者、雇工和奴隶如潮水般涌入北美英属殖民地的同时，两场非凡的运动正如火如荼地进行，以截然不同的方式，给北美殖民地社会留下了深深的印记。首先是大觉醒运动，它是人们寻找确定性和信仰的宗教努力。其次是启蒙运动，与大觉醒运动正相反，它的关注焦点是质询与怀疑。我们先从怀疑和启蒙运动开始，回到1723年，此时一名逃跑的学徒正徒步前往费城，让我们跟上他的步伐。他的两腋下各夹着一根蓬松的面包，"衣袋被衬衫和袜子塞得鼓鼓囊囊"。这名少年的名字是本杰明·富兰克林[1]。

雇工和奴隶中常有人逃跑，这种行为正展现了他们的怀疑精神——至少他们质疑了不平等。他们的主子声称："我尊贵

---

[1] 本杰明·富兰克林（1706—1790），美国开国元勋，《独立宣言》的起草者和签署者之一，曾任美国邮政局长、驻法公使、宾夕法尼亚州州长，发明了避雷针。

于你，你应听从我。"而逃跑者对此表示怀疑，穿上一双靴子，转身离去，寻求比现在更平等的生活。夹着面包奔向费城的年轻人富兰克林正是这样做的。本杰明的哥哥詹姆斯在波士顿开了一家印刷所，本杰明在这家印刷所里做学徒工。到了17岁，他厌倦了这种被束缚、被呼来唤去的生活。

　　本杰明是他父母17个孩子里最小的一个。他的父亲打算把这个孩子献给教会，让他受训成为牧师，但是小本杰明并不喜欢教堂。他一有机会就逃课，还抱怨每顿饭前的祷告仪式。这后一条与朝圣者们那位邻居托马斯·莫顿如出一辙——在他那个热闹的定居点梅里芒特，莫顿也曾发出同样的抱怨。本杰明曾对父亲建议：如果他一次对着半头牛的肉做祷告，而不是在每餐前都对一小盘牛肉这样做，富兰克林家就能省下许多时间。

　　印刷所是可以接触到各种各样思想的地方。本杰明在哥哥的作坊里工作时，常常借阅欧洲启蒙运动思想家们的著作。这些思想家也相信上帝，其中许多人自称"自然神论者"，但他们的上帝和那位分开红海帮助摩西逃离埃及的上帝不同，和那位把他的儿子耶稣送到人间，让他在水上行走并复活的上帝也不同。自然神论者们宣称：上帝通过自然法则管理世界，并称上帝为"至高的建筑师"或"自然之神"。这样一位上帝不需要创造奇迹。自然神论者相信人类理性是发现自然法则的钥匙。著名的英国科学家艾萨克·牛顿就曾极大地增进了人类的知识：他使用数学方法计算出行星在天上运行的轨道，并发现了万有引力。

　　和自然神论者一样，年轻的富兰克林也接受了苏格拉底的思想方法。那位古希腊哲学家总是提出各种问题,而富兰克林提的问题也很少有别人能够想到。在他还小的时候,他曾观看朋友们放风筝,并开始好奇天上的风到底有多强。于是他也放起风筝,然后拉着风筝跳向了旁边的池塘,同时让朋友把他的衣服带到池塘对岸。他成功取回了衣服,也成功证明了风力足够把他和风筝带过池塘。多年之后,为了证明闪电是一种放电现象,他进行了一次著名的实验,在雷雨中又放起了风筝。他曾设计过一种用于房屋取暖的炉子,效果比敞开的壁炉要好,还发明了双焦眼镜以帮助近视者。他支持进行"各种能让人明白事物之理的实验"。

富兰克林的强烈兴趣集中在现实世界,而非来生,这种态度至关重要。我们可以称他为世俗主义者(secular)。这个词来自拉丁语 saecularis,意思是"关于世界的"。如他所言:"我喜欢朋友的陪伴,喜欢闲聊、大笑,喜欢来上一杯酒,甚至哼起一首歌。"在费城创立了他自己的印刷所后,富兰克林和一些朋友组成了一个叫作"共读社"的俱乐部,每周五晚上在一家小酒馆聚会。除了闲聊和饮酒,他们的聚会内容还包括争论各种严肃话题,比如当政府剥夺一位公民的权利时,这位公民是否应该反抗。和贵格会一样,富兰克林怀疑那些被人们视为理所当然的传统。为什么绅士们要有各种花哨的头衔,比如"安东尼爵士"或"鲁宾逊大主教"?《圣经》中的大人物可从来没有被称呼为"摩西大人"或是"亚伯拉罕阁下",富兰克林这样评论。"不,根本没有过的事。他们只是些平凡"而正直的人。头衔这种东西有什么必要存在呢?

富兰克林 42 岁时,已经从他的出版事业中挣到了足够的财富，于是他把大部分时间都投入公共事业。他推动费城建立了一家"图书馆公司"以帮助那些没钱买书的人，还成立了一家医院为穷人提供服务。他组织了一支志愿消防队，并在任职邮政局长期间改善了从新英格兰到佐治亚的邮政服务。尤为重要的是，他对政治学也甚有兴趣——如果自然法则是可以被发现的，那么政治上的自然法则同样值得考察。

关于政府如何产生，英国启蒙哲学家约翰·洛克曾有论述。男女君王们声称"君权神授"，而洛克却提出了疑问：国王的"神圣权利"由何而来？他认为，在许多个世纪前，处于自然状态的人们为了自卫而联合起来，就形成了最早的人类政府。如果统治者是国王，那不是因为上帝授予了他权力，而是因为人们建立的是君主政体。洛克也明确反对国家教会，认为既然各种宗教都声称代表真理，那么假设政府可以决定哪一种正确未免荒谬。与其陷入让欧洲纷争数百年的宗教战争，不如宽容所有信仰。洛克的政治学思想将对富兰克林和其他北美人产生影响，帮助他们认识政治体制应如何产生，为何教会事务与政府事务应当分离，为何宗教信仰自由如此重要。

接下来是另一场重要的运动——大觉醒运动。同富兰克林一样，第一个发起这场运动的人在许多方面也像是一名自然研究者。1723年，也就是富兰克林从印刷所逃出来的那一年，20岁的乔纳森·爱德华兹向英国的科研组织——皇家学会提交了一篇论文。在文章中，爱德华兹记录了他对蜘蛛织网和"从一棵树飘荡到另一棵树"的观察。（事实上，蜘蛛利用蛛网来飘荡，和富兰克林用风筝把自己拉过池塘，是一样的原理。）爱德华兹在大学里也读到了约翰·洛克和艾萨克·牛顿的著作，但他没有选择科学生涯，而是成了一名牧师。与富兰克林不同，他"天性极不适合世俗事务"。

爱德华兹的教堂位于马萨诸塞的北安普敦，在那里，他为了让镇上的年轻人在基督中"重生"，费尽了心力。他希望这些年轻人走上皈依的旅程，而不是一整晚一整晚地嬉闹、聚会和饮酒。到了 1735 年，他的劝导突然开始取得进展，年轻人纷纷涌来参加礼拜，倾听牧师的布道。爱德华兹提醒他们，皈依是一种极为美妙的状态，"令人愉悦而惊喜"，并充满"惬意的平静"，与此相反，拒绝皈依的罪人将面对可怕的命运。他以蜘蛛为例，但不是那只轻快地在树间飘荡的蜘蛛，而是一个即将"坠入烈焰"的生灵，这样的烈焰无从抵抗。"若不悔悟并飞向基督，那就是你们将在地狱面对的命运。"爱德华兹布道时"声音并不洪亮，头和手也没有过多动作"，眼光只是望向教堂后部的钟绳。但可以肯定的是，他描述的场景无疑令听众们心生极大的恐惧。

不出几个星期，北安普敦的宗教复兴就"在全镇蔓延开来"，并传播到邻近的村庄。然而 5 年后爆发了更大规模的宗教觉醒，令这一次运动相形见绌。一位名叫乔治·怀特菲尔德的英国布道者来到了美洲。从缅因一直到佐治亚，都有他布道的身影。怀特菲尔德的布道往往是在户外，吸引了成千上万的听众。大家携家带口匆匆赶来，或是乘车，或是骑马，甚至步行，只为能看到这位布道者。他成了美国第一位真正的明星。怀特菲尔德在北安普敦拜访了爱德华兹，并让当地的听众"几乎个个泪流满面"。爱德华兹开始思考：这样的觉醒会是一场更大的复兴运动的序曲吗？《圣经》曾预言基督将在千禧年（审判日之前，圣人们为王的一千年）回到人间。这是令人费解的预言，然而也有无数的牧师在思考它的含义。通过阅读，爱德华兹相信：2016年将是"万民"觉醒之时。

当怀特菲尔德到访费城时，大觉醒运动最有名的布道者终于和美国启蒙运动的领袖会面了。本杰明·富兰克林对救赎没有什么兴趣，但他还是出席了怀特菲尔德的一场布道，并表演了一次科学实验。他早已听说这位牧师的嗓音雄浑，可以传出很远，于是，当怀特菲尔德在费城法院的台阶高处布道时，富兰克林"沿着街道步步后退"，直到他无法听到怀特菲尔德的声音。然后他开始计算所有可用的空间，最后得出结论：怀特菲尔德的布道"可以同时让超过3万人听到"。富兰克林用理性寻求答案，怀特菲尔德则用情感请求他的听众慷慨解囊，在佐治亚修建一座孤儿院。富兰克林对此表示怀疑，认为这项工程不太可能实现。随着怀特菲尔德的演讲，富兰克林的态度"开始软化"，他决定捐出口袋里的几分钱。怀特菲尔德继续讲下去，富兰克林开始为自己的吝啬感到"羞愧"，又掏出了几枚银币。到布道结束时，他不仅捐出了他所有的零钱，还加上了几枚金币。这位充满怀疑的启蒙主义者竟也被怀特菲尔德的感染力打动了，最后，两人友好地互道再见。

两个对立阵营之间的关系并非总是如此友善。爱德华兹和其他复兴主义者警告自然神论者说，他们将和那可怜的蜘蛛一道坠入永恒的火焰。而像富兰克林这样的自然神论者，甚至还有一些牧师，都批评大觉醒运动过于依赖情感，却忽视了理性。无论如何，这两场运动都对美国社会产生了深远的影响。

大觉醒运动的支持者们希望通过灵性的复兴让世界变得更好。如爱德华兹所言，他们将约翰·加尔文的神圣共同体和约翰·温思罗普的"山巅之城"视为"《圣经》中多次预言的光荣时代之先声"，当那个时代到来，福音将传遍整个世界。在接下来的岁月中，这信仰之火将引燃对抗蓄奴制和酒精泛滥的战争，也会掀起为妇女争取权利的运动，而且不限于此。然而在根本上，这场运动的目的在于让不信仰者觉醒和皈依。复兴主义者们认为，只要做到这一点，其他的改变就会自然地发生。

启蒙主义者们对大觉醒运动高涨的情绪报以怀疑，他们选择用理性和科学来解开自然的秘密。在政治学上，启蒙思想家们也不相信所有人分享同一信仰的神圣共同体是让国家联合起来的办法。他们更多思考的是，一个有效的政治体制该如何让拥有不同信仰的人们在其中共存？

就这样，这些英属殖民地不断成长起来，不论它们的居民是得到了启蒙还是觉醒。这些居民中的大多数对他们的统治者没有太多的反感。然而，怀特菲尔德穿越殖民地的脚步停下之后没有多少年，战争就爆发了，并且沿着一条完全不同的道路，席卷了整个北美殖民地。这场战争将创造一个几乎超出所有人想象的崭新国家。

第十一章　祸福相依

　　泥泞的战壕、呼啸的炮火、上百万军人在欧洲相互厮杀……这是1914年开始的那场战争。然而第一场真正让各国交战之火燃遍全球的世界大战并非发生在1914年，而是发生在1754年，从几十名蜷缩在俄亥俄谷地荒野中的士兵开始。战端由一名来自弗吉尼亚的22岁中校引发，35年后，他将成为美国的第一任总统。然而在这个5月的清晨，乔治·华盛顿正蜷伏在一块突出的岩石上，俯瞰下方的一处法国人营地。他的身边有大约四十名士兵，还有十多名由一位易洛魁酋长率领的印第安战士。在"一个漆黑的大雨之夜"，这位人称"半王"的酋长把华盛顿带进了这条峡谷。最后一场骤雨刚刚结束，法国人正从他们用树皮搭的单坡顶窝棚里钻出来，开始准备早餐。

　　这个地方无论怎么看，也不像是一场世界大战的发源地，然而北美各殖民地正是在这一年被卷入了一场纷争。这场纷争将从美洲蔓延到欧洲、非洲，甚至亚洲，将欧洲列强对北美控制权的争夺推向顶峰，史称"七年战争"。要理解这场战争的来由，我们必须先了解西班牙、法国和众多印第安部族之间的竞争是如何愈演愈烈的。

此时距离哥伦布第一次踏上加勒比海诸岛的土地已有整整两个半世纪，北美大陆的很大一部分已经被位于其边缘地带的欧洲殖民地包围起来。在南方，由于方济各会士们的努力，从亚利桑那到佛罗里达一带已经出现了数十个西班牙传教站和一些市镇。这些托钵僧所在的修会对征服者们追求的金银财宝不感兴趣。僧侣们只穿简朴的袍子和便鞋，用绳子做腰带。《圣经》中的预言使他们相信世界末日已经近在眼前，他们需要在耶稣再度降临之前让印第安人皈依。他们的希望在这一点上落空了，但是到了1754年，西班牙帝国的这一北部边缘地带已经有大约15 000名西班牙人定居。除方济各会的传教站之外，这里还有一些被称为presidios的军事要塞。阿帕奇印第安人时常侵袭这些居住在北方的西班牙居民，攻击他们的农场和羊群。而大平原地区的新来者科曼奇人则给阿帕奇人和西班牙人都带来了不少的麻烦。

法国人很久以前就被西班牙人从佛罗里达赶走，但他们通过一道北方的后门又回到了北美大陆。在加拿大的森林深处，圣劳伦斯河蜿蜒穿行。法国探险家沿河而下，在魁北克和蒙特利尔建起城镇，开辟了新法兰西殖民地。法国商人还在更西边的五大湖区出没，用斧头、刀具和铜器从印第安人手中换来河狸皮。这些皮子在法国被用来制造时尚的皮帽，利润丰厚的大规模河狸皮贸易随之发展起来。在法语中，这些贸易者被称为coureurs de bois，意思是"林间的奔跑者"。他们使用印第安人的工具来加快旅行的速度——在温暖的季节乘坐桦皮舟，在冬天则穿生皮制成的系带雪鞋。跟随"奔跑者"们的足迹，和方济各会士类似的耶稣会传教士们也来到了这一地区。

令人遗憾的是，毛皮贸易带来的不仅仅是一顶顶帽子，还带来了人称"河狸战争"的冲突，让这一地区陷入了混乱。法国人满载河狸皮的独木舟在圣劳伦斯河上顺流而下时，新尼德兰的荷兰人也鼓励他们的印第安同盟易洛魁人把毛皮带到哈得孙河来。易洛魁是由五个部族组成的联盟，其内部长期保持着和平，但他们不会对居住在西方更远地区的印第安人留情。装备着荷兰人的火枪，易洛魁战士们袭击了休伦人和另一些部族。同时，天花也在这片土地上传播，造成成千上万人死亡，而活下来的人还面临饥馑和寒冬的死亡威胁。直到荷兰人向英格兰投降并交出新尼德兰，河狸战争才逐渐平息下来。

在这段时间里，法国商人、传教士和探险家继续向这片大陆的心脏地带推进。正如我们在第五章里看到的，拉·萨莱乘坐独木舟沿密西西比河而下，直达墨西哥湾。法国人在这片地区建立起路易斯安那。到1754年，法国人的前哨已经像项链上的珠子一样连缀起来，从密西西比河河口的新奥尔良到圣劳伦斯河入海口的新斯科舍，串联了整个北美大陆。跟大西洋沿岸那100多万英国邻居比起来，85 000名法国殖民者就好像一桶水里的一小滴。然而这并不要紧——谁控制了北美大陆上的大河，谁就掌握了这片大陆的钥匙。河流让旅行更加便捷，让商

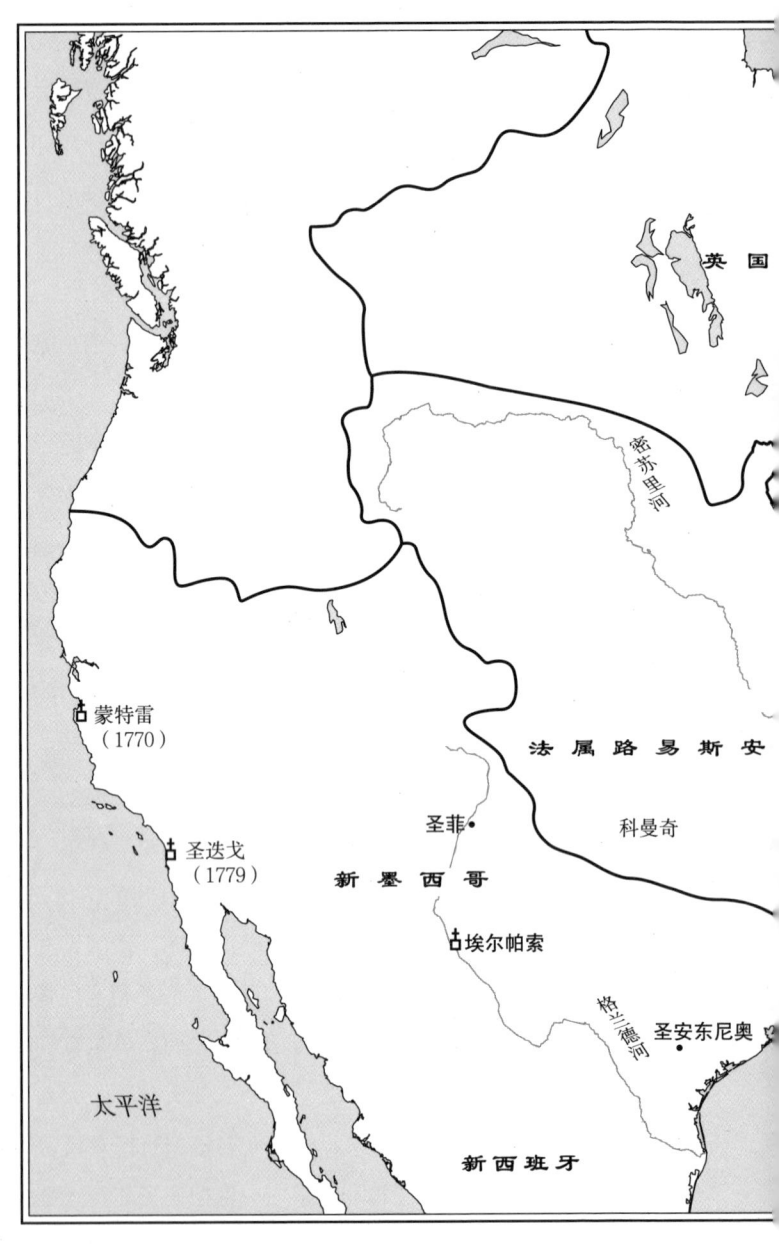

七年战争时期的北美地区。法国、英国和西班牙均在北美大陆占据了大片土地。从佛罗里达到新墨西哥,西班牙人用传教站和军事要塞划定了自己

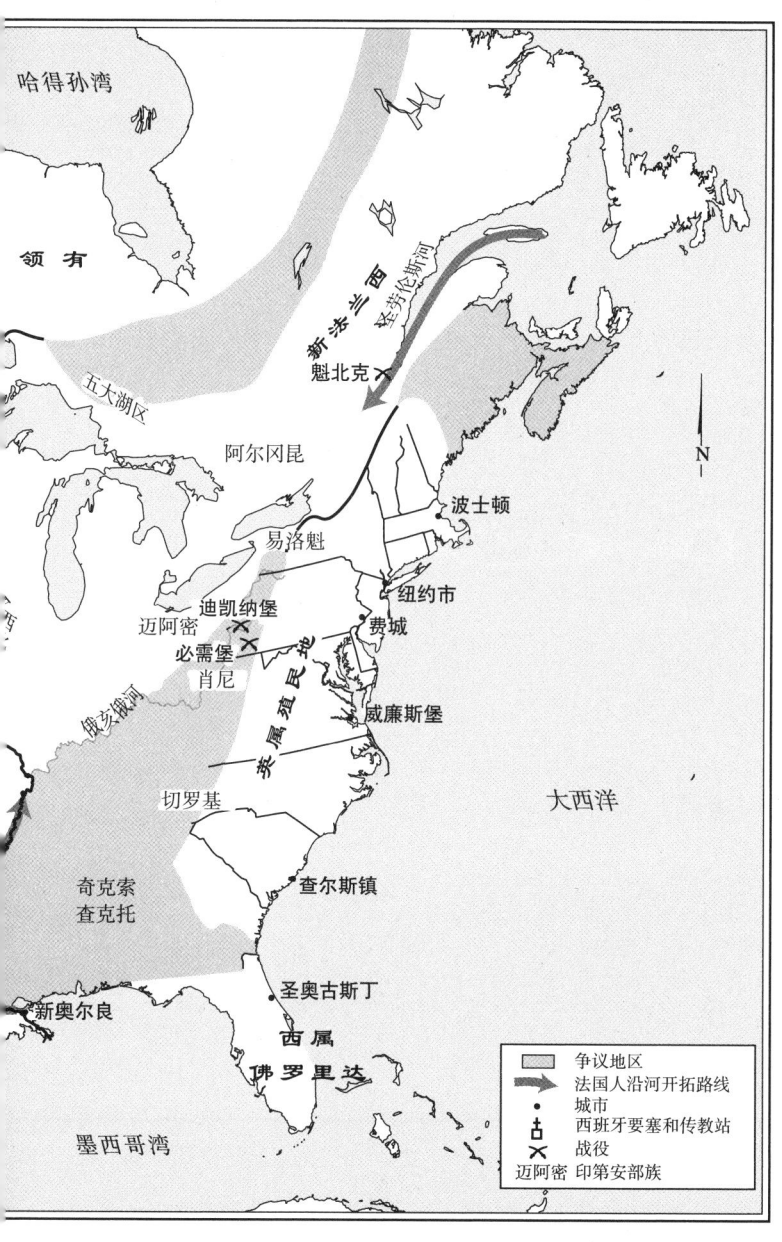

的地盘。法国人则利用"后门",沿圣劳伦斯河、密西西比河和俄亥俄河进入了这片大陆。各印第安部族仍掌握着北美大陆的大片土地。

品流通更快，而能自由地溯圣劳伦斯河而上，或是顺密西西比河而下的，不是英国人，而是法国人。

俄亥俄河位于这条项链的中部。它发源于阿巴拉契亚山脉，注入密西西比河。俄亥俄谷地有丰茂的森林、大量的猎物，还有可垦作肥沃农场的青翠草地。因为残酷的河狸战争，这片地区变得荒无人烟，却仍让所有人——印第安人、法国人和英国人——垂涎不已。在两条支流汇入俄亥俄河的地方，英国商人建起了一座要塞。

新法兰西无法容忍这样的举动。殖民地总督❶发出命令："把英国人从我们的土地上赶出去！"1 000名法国士兵赶走了英国人，就地开始修建迪凯纳堡。这座要塞还未完工，乔治·华盛顿中校和他的弗吉尼亚士兵们奉弗吉尼亚总督之名，已经开始跋山涉水向它进军。法国人得知了华盛顿部队赶来的消息，派出了几十名士兵，打算警告华盛顿立即调头。易洛魁"半王"在峡谷中发现的营地正属于这一支法国小队。他希望在跟英国人的交易中获利，于是主动请缨，把华盛顿带到了这里。

不到15分钟的火枪对射之后，华盛顿取得了胜利。峡谷中留下了14名受伤的法国人，包括他们的指挥官朱蒙维尔少尉在内。朱蒙维尔大声呼喊，表示他是为和平而来，身上还有长官托付的信件。华盛顿不懂法语，无法明白朱蒙维尔的用意，于是转身去找他的翻译。

此时，真名为塔纳赫里森的易洛魁"半王"走到负伤的朱蒙

---

❶ 指梅纳维尔侯爵米歇尔 – 安热·迪凯纳（1702—1778）。下文的迪凯纳堡即以他的名字命名。

维尔身边。在这场赌注高昂的赌局中，易洛魁人有自己的想法。无疑他们不希望看到法国人的势力继续留在俄亥俄谷地，因为法国人从未支持过他们。这名少尉声称为和平而来，这可不是什么好事。于是"半王"塔纳赫里森对朱蒙维尔说道："父亲❶，你还没有断气啊？"然后举起斧头迅猛一击，劈开了这名法国军官的脑袋。接下来他按照仪式，伸手挖出法国人的脑浆，用来擦洗双手。这样一来，跟易洛魁人作对的那些印第安部族可得好好想想法国人的实力是否值得信赖了。

看到"半王"的行为，年轻的华盛顿无疑惊呆了，说是吓坏了也不过分，因为随后他眼睁睁看着"半王"的部属将其他法国伤员杀了个干净，却没有做出任何反应。之后，华盛顿和他的弗吉尼亚士兵们向后撤退了7英里，回到他们称之为"必需堡"的营地。面对前来报仇的700名法国人和他们的印第安盟军，这座仓促搭建起来的要塞几无防御之力。弗吉尼亚人在大雨中被包围在"必需堡"内，他们的火枪也被雨水淋湿从而失去作用，只能任由敌军射击。他们再也没法守住阵地，除了投降，华盛顿别无选择。1754年7月4日，法国人同意让华盛顿带着他精疲力竭的部下离开。这群弗吉尼亚人离开时"衣不蔽体……几乎没有谁的鞋袜和帽子还是齐全的"。以英国人的这场惨败为开端，战争爆发了。

第二年夏天，爱德华·布雷多克将军打算从法国人手中夺回迪凯纳堡。他对自己那些在欧洲训练的"正规军"士兵过于

---

❶ "父亲"一词意在讽刺法国人以印第安盟友的保护者自居。

自信，认为他们可以打败任何敌人。他的部队接近迪凯纳堡时，遭到藏在树林中的法国人和印第安人的伏击。"他们悄悄潜近，像猎杀一群野牛或是野鹿一样猎杀我们。"一个北美人痛苦地回忆当时的场景。布雷多克骑着马来回奔驰，试图让他的部队在枪林弹雨中保持队形，却被一颗子弹击中。其他许多军官也和他一样阵亡，英国人不得不沿着来时的小路往回逃窜。（在这场伏击中，华盛顿骑乘的两匹马都被打死。）随着战事的扩大，纽约北部乔治湖和尚普兰湖地区的诸多英国要塞都被法国人攻陷。

直到一位名叫威廉·皮特的杰出政治家接管了英国战事的主导权，战争形势才得以扭转。皮特曾拒绝接受封爵，因此也被人们称作"伟大的庶民"❶。这位政治家坚毅而雄辩，也有些喜怒无常。他常因数月不断的剧烈头疼或是痛风造成的关节刺痛而情绪消沉，却仍怀有强大的信心，曾宣称"我相信我能挽救这个国家，也只有我能挽救这个国家"。法国必须被击垮——不仅要把他们从北美赶出去，还要在全世界所有地方进攻他们。英国军队开始向欧洲、加勒比海和西非进发，对法国的各处前哨发动攻击。为了实现他的意图，皮特拒绝考虑成本：英国海军不堪重负，力量变得薄弱——那就造更多的船，征召更多的士兵；北美殖民地提供了给养和部队，却因为没有得到报酬而愤怒——那就给他们丰厚的报酬，不要废话。议会批准了英国有史以来最为庞大的预算。

---

❶ 伟大的庶民（Great Commoner），源自英国下议院（House of Commons，意即庶民院）。威廉·皮特曾担任下议院议员多年，此处据上下文取"庶民"义。

1759年，英军将领詹姆斯·沃尔夫指挥了对魁北克的法军要塞的进攻。这座要塞高高矗立在圣劳伦斯河岸的断崖之上。高烧和医生的放血疗法（当时的常见治疗手段，弊大于利），使沃尔夫病入膏肓。他决定：与其因徒劳无功而成为笑柄，不如光荣战死。英军中有一名水手曾在魁北克待过一段时间，知道有一条崎岖小路可以登上断崖，直达魁北克要塞墙外的平地。没有人会想到英国人能从那里爬上来。于是在一个漆黑的深夜，沃尔夫带领部队，以两人一排的队形登上了断崖。到了黎明时分，4 000多名身穿红色军服的士兵出现在要塞外的平原上，让法军将领蒙特卡姆侯爵路易–约瑟夫大吃一惊。蒙特卡姆命令他的部队在阵雨中出城迎战，而沃尔夫则命令士兵们就地卧倒以缩小目标。英军的选择相当大胆，因为法军的炮弹或是呼啸而过，或是到处弹射，摧毁着一切阻住它们去路的障碍。然而，等到法国人足够接近时，英军士兵们站了起来，冷静地射击，令敌人四散奔逃。沃尔夫和蒙特卡姆均在战斗最激烈时中弹负伤，最终不治身亡。

到了这个时候，可以说英国人已经取得了北美战场的胜利，但皮特仍不满足。英军此前已经袭击了法国人在印度的贸易点，皮特又派出一支新的部队，全速向西班牙人在菲律宾群岛的马尼拉殖民地进军。此时英国国王乔治三世刚刚即位不久。这位年轻的国王提出了反对意见：英国已经背负了沉重的债务，而且根本没有跟西班牙开战。皮特愤怒地辞去了职务。然而西班牙随后还是对英国宣战了。很快，英国人不仅从他们手中夺取了马尼拉，还抢走了加勒比海上的西属哈瓦那。

欧洲列强此时已经被战争消耗得精疲力竭，急于达成和平协议。法国放弃了其在北美的全部领地，而英国却允许法国保留其盛产蔗糖的岛屿、在非洲的奴隶贸易港和在印度的贸易点。皮特绝不会这样慷慨，但此时他已不是内阁成员。他的腿因痛风而残疾，不得不用毛毡裹起来以缓解疼痛。他让仆人将他抬进议会，在拐杖的帮助下爬到他的座位上，花了整整三个半小时大声抗议这项协议，却徒劳无功。尽管如此，英国仍然取得了一场了不起的胜利。

这真的是英国的胜利吗？没错，北美的英国殖民者们正点燃篝火、敲响教堂的钟、鸣放礼炮以庆祝胜利。迪凯纳堡更名为皮特堡，最终成为今天的匹兹堡。然而同历史上许多战争一样，这场战争几乎掏空了胜利者的家底。英国政府将如何偿付其欠下的累累债务？又将如何管理它刚刚获得的北美土地？那些地方的居民全是法国人和印第安人，尚未习惯听从英国人的命令——尽管北美的英国殖民者们已经像潮水一样开始翻越阿巴拉契亚山脉，准备在俄亥俄谷地定居下来。

这的确是一场辉煌的大胜仗。然而，让我们记住那一句谚语：当心祸福相依。

第十二章　不只是争吵

上议院里寂静无声，空空荡荡，只有一名值守的哨兵。铅框的窗户离地很高，还有一张描绘着英国击败西班牙无敌舰队故事的暗色壁毯，令屋内阴影更加深浓。然而厅中的王位仍然一眼可辨，那是国王乔治三世的专属座椅。来自宾夕法尼亚的年轻医生本杰明·拉什❶目不转睛，觉得自己"正走在神圣之所"。他注视着那张光彩夺目的椅子，一阵冲动令他脱口询问自己是否能坐上去。哨兵犹豫了，但拉什不会被拒绝所阻拦，他最终还是在那张王位上坐了下去，"坐了好一会儿……各种念头一齐涌入脑海"。此刻他身处伦敦，这是大英帝国的心脏；此刻他身处议会大厦，这是帝国权力的中心。看哪！这里有上议院，有下议院，还有让国王君临天下的庄严宝座。

---

❶ 本杰明·拉什（1746—1813），美国开国元勋，《独立宣言》签署者之一，曾任大陆军总医官。

七年战争结束后，大多数北美英国殖民者对国王的情感都和拉什没有两样。然而在此后的短短十多年里，北美英属殖民地发生了太多变化，让包括拉什在内的许多北美人不再想跟英国议会或是国王有任何关系。这种改变如此深远，以至于我们将其称之为革命。正如这个词的字面含义[1]所示，革命意味着一种转变，意味着完全颠覆旧有的方式。1776年之前到底发生了什么，竟让这么多忠诚子民的立场彻底反转？

第一个原因就是，七年战争欠下的债务到了偿付的时候。威廉·皮特的冒险令英国背负的债务翻了一番，也使英国在北美的驻军数量增加了一倍多。一部分英军士兵回到了家乡，然而其余的人还得留下来对付渥太华族酋长庞蒂亚克率领的起义。在七年战争中，许多印第安村镇和田地被摧毁；天花在印第安人中传播恐惧；蜂拥而至的英国殖民者又夺走了印第安人的土地。战争结束后，广阔荒野上到处都有印第安人对殖民者定居点发动攻击。英国当局试图平息事态，发布了《1763年公告》，禁止殖民者在阿巴拉契亚山脉以西地区定居。然而英国军队仍在这一地区驻扎，殖民者们也大多对公告不理不睬。

此时英国议会首领是新首相乔治·格伦维尔。格伦维尔认为北美殖民地应该为他们得到的保护承担一部分开支。"如果北美希望得到大不列颠的保护，就应该让我们有能力保护他们。"一位议员如是说。而另一位议员——艾萨克·巴雷——却对这种论调不以为然。巴雷是一名爱尔兰老兵，曾参加魁北克

---

[1] 革命（revolution）一词派生自 revolve，意为"旋转"。

战役并中弹负伤,导致一只眼睛失明。难道这个议会比我更瞎眼吗?巴雷心想。他立刻站了起来:

> (殖民者们)受到你们的保护?这不是事实!难道不是你们的压迫,让他们在北美生根发芽?难道不是你们的暴政,让他们逃离到那个彼时尚属蛮荒、不宜生存的荒野……
>
> 你们的宽容让他们成长起来?恰恰相反,他们是因为你们的忽视才成长起来的。如今你们打算重视他们了,而重视的方式是派人过去统治他们?……
>
> 你们的武器保护了他们?是他们英勇地拿起武器,帮助你们保卫自己……相信我,记住我今天告诉你们的,那曾经驱动这些人的自由精神不会离开他们……(他们)和国王的其他子民一样忠诚,但他们更是一群渴求自由的人。

在巴雷周围,"整个下议院因为震惊而一时陷入沉默。议员们表情严肃,没有人做出回应"。

但乔治·格伦维尔决意要募集这笔资金。在新英格兰,酿酒商们用糖浆制造朗姆酒,然后出售赢利。英国向进口糖浆的殖民地商人征收关税已有数十年之久,却收益甚微,因为大多数商人的糖浆是通过走私方式进口的——他们贿赂海关官员,让他们高抬贵手。通过《食糖法案》,格伦维尔要求商人们为所有进口货物填写申报文件,以强化这一征税机制。议会还通过了《印花税法案》,要求北美殖民地在所有事务中都要使用特制的印花纸。如果你需要留遗嘱,必须留在印花纸上。报纸、年鉴，甚至扑克牌，都需要用印花纸印刷。英国人已经在缴纳印花税了，所以格伦维尔认为北美殖民地也应该分担这笔税收。

于是各殖民地的立法机构立刻爆发了抗议。在弗吉尼亚的市民院，一名愤怒的年轻议员——他的名字是帕特里克·亨利❶——站了出来，使用"极为不堪的语言"讥讽国王委派的弗吉尼亚总督。新税法的反对者们自称"自由之子"，这一称号正来自艾萨克·巴雷的演讲。"自由之子"们组织游行，呼吁北美人抵制英货，并对支持格伦维尔法案的人发出威胁。在波士顿和纽波特，民众把当局印花税官员的肖像挂上了绞刑架，更有骚乱者闯入那些显赫的新税法支持者家中——纽波特的一名商人即遭此厄运——"拆毁他的家具，不由分说砸碎他所有的瓷器、镜子和其他东西"，然后又进入他的地窖，"痛饮并糟蹋他的葡萄酒和其他酒类，还把剩下的全部搬走"。

这些殖民地的不列颠人曾为国王和国家感到无上骄傲，为何现在会有如此愤怒的反应？也许，这种反应恰恰源自他们不列颠人的身份。他们要求和英国人享有同样的"权利和自由"。英国人可以选举他们在下议院中的代表，从而能对是否应被征税表达意见。虽然当时并非每个人都有投票的权利，但至少每个郡都有一些有产者可以投票。与此不同，北美人则无法选举他们的代表进入议会。正如帕特里克·亨利所言，"不列颠式自由的杰出之处"就在于：有权向人民征税的只应该是"他们

---

❶ 帕特里克·亨利（1736—1799），美国开国元勋，曾任弗吉尼亚州州长，有名言"不自由，毋宁死！"。

选出来代表他们的人——只有这些人才知道人民可以承担何种税负"。

北美人并没有完全否定议会的权威。1765年，在纽约召开了一次印花税会议。在会议上，来自9个殖民地的代表认同英国议会有权管理大英帝国不同地区之间的贸易，但旨在搜刮金钱的法律不在此权限之内。他们坚持认为，征税的权力应归北美立法机构。英国议会废止了《印花税法案》，危机暂时渡过了，似乎和平即将重新到来。然而，关于《印花税法案》的争吵已经为未来开启了一种新的模式。英国议会从未怀疑过自己的征税权，很快就想出了另一个办法：北美人不是说议会有权管理他们的贸易吗？很好，那么议会将对油漆、铅、玻璃、纸张和茶叶征税。这一系列新税法被称为"汤森法案"，全部针对进口商品，这不正是对贸易进行管理吗？这些法案还赋予海关官员权力，若任何商人被指控违法，海关官员有权没收他的船只和货物。这导致一些腐败的关税税吏捏造罪状，逮捕商人，从中大发横财。

没有代表，却被征税，抗议再次爆发了。"自由之子"们再次组织了对英货的抵制运动。这一次他们身边还多出了"自由之女"——她们用纺车制造土布，拒绝购买英国的毛料。争吵整整持续了3年，最后议会再次妥协，废除了"汤森法案"，但为了确认其权威，保留了其中一项内容——茶叶税。北美人虽不愿承担这项税负，但他们又不喜欢本土出产的茶叶。接下来的几年，殖民地和不列颠之间的关系稍有缓和。

然而，到了最后，连茶叶也带来了麻烦。1773年，英国议会决定救助衰落中的东印度公司——英国最大的茶叶进口商。根据新的《茶叶法案》，东印度公司首次可以向殖民地商人直接销售茶叶，不需通过中间商。这项新机制实际意味着茶叶价格的下降，但茶叶税仍然继续征收。

此时，每个人都提高了警惕。如果接受这笔小小的税负，那将来用什么阻止议会通过更沉重的征税方案呢？当装载着第一批东印度公司茶叶的船只抵达波士顿时，"自由之子"们早已做好了准备。组织他们的是坚毅的本土政治家塞缪尔·亚当斯❶。亚当斯有着圆脸庞和蓝色眼睛，皮肤苍白，具有极强的决心。他的口头禅是"让你的对手犯错，并让他保持错误"。当国王委派的马萨诸塞总督坚持船上的茶叶必须卸下来时，在波士顿老南教堂里，亚当斯站在一群手捧蜡烛的民众面前，说出了一句秘密的暗号："这次集会再也无法拯救这个国家。"很快，一群化装成印第安人的波士顿暴动者涌进了海港，砍开船上装茶叶的箱子，把茶叶倒入冰冷的海水中。

这一次议会没有妥协。作为惩罚，它下令关闭波士顿的所有贸易港口，并禁止召开市镇会议，以免他们谋划和抗议。这一系列"强制法案"，连同其他的高压政策，让北美殖民者们感到他们需要重新聚集起来，以发出统一的声音。1774 年，第一届大陆会议❷在费城召开了。

这个关于印花、税赋和茶叶的故事讲到这里，看上去更像

---

❶ 塞缪尔·亚当斯（1722—1803），美国开国元勋，曾任马萨诸塞州州长。

❷ 大陆会议，指北美 13 个英属殖民地在 1774 年至 1789 年组成的联合议会，是美国国会的前身。

是一次争吵变成了一场抗争，一场抗争变成了一场暴动。你们必须纳税。我们不纳税，有本事就强迫我们。英军士兵此前早已进入了波士顿和纽约，以看管这些不听话的北美人，这让愤怒的本地人和"龙虾背"们（身着红色军服的英军士兵）之间起了冲突。在过去，作为地方武装的民兵们会定期聚集，组织游行，然后一起吃吃喝喝找找乐子，现在他们开始作为"即召民兵"接受训练，成为一支支招之即来、随时可以投入战斗的队伍。他们开始搜集弹药，藏匿在远离英军视线的安全处所。

其中一个秘密弹药库位于马萨诸塞的康科德，距离波士顿21英里。一天夜里，英军部队开拔出城，准备收缴这些火药和枪弹。但是这片乡野早已收到了有关英军即将来袭的警报。发出警报的有好几个人，其中有一个名叫保罗·里维尔的银匠。他骑马从一个村庄跑到又一个村庄，传播警讯。1775年4月19日清晨，大约70名民兵聚集在列克星敦的公共广场上阻击英军。没有人能确定是谁开了第一枪，但双方终于交火了。战斗导致8名北美人阵亡，随后英军继续前进。几个小时之后，他们在康科德遭到数百民兵袭击，到了下午更有几千人赶来。民兵们躲在树木和石墙后向英军开火，英国人只得匆匆撤回了波士顿。这场由争吵演变而来的暴动终于升级为一场全面的叛乱。

然而这仍算不上一场完全意义上的革命。要叛乱，你只需要战斗；要革命，你还必须思考。这场争吵迫使北美人开始思考他们一直视为理所当然的观念。在1765年，大多数北美人还认可英国议会的管理权，虽然它不能征税。但接下来议会又通过了"驻军法案"，要求北美人利用空置的农场建筑和住宅为英军提供营房,并按需提供床褥和食物。这些法律初看起来只是管理条文,但对北美人而言,却无疑是强制他们提供驻军补给的一项税负!"强制法案"不是征税法案,但它们专横不公。于是大陆会议的代表们开始提出:英国议会对北美殖民地没有任何管辖权。

这样一来,还有什么能将北美殖民地和大英帝国维系在一起呢?只有国王——马萨诸塞律师约翰·亚当斯这样写道。他是大陆会议的一名代表,也是那位煽动者萨姆❶·亚当斯的堂弟。亚当斯指出:大英帝国内部有许多的省份和属地,"马萨诸塞是属地之一,纽约也是属地之一",正如爱尔兰、英格兰和苏格兰一样,而"大不列颠国王是所有这些属地的君主"。只要陛下合宜地审视,他就会阻止议会的僭越行为。遗憾的是,国王站在了议会一边。乔治三世宣布:这场叛乱的领导者是"一群邪恶而无法无天的家伙",他将会"把他们绳之以法"。

1775年夏天,第二届大陆会议在战火中召开了。前文提到的那位坐上王位的医生本杰明·拉什也是代表之一。同其他思索着革命出路的北美人一样,拉什也开始思考从前不可想象的东西。北美没有国王会怎么样呢?拉什坦承:"我自小受到的教育告诉我,(国王)几乎是政治秩序中不可或缺的一环,如同太阳之于我们这个星系。"他考虑为此写一篇文章,但一想到自己建议北美可以不要国王时会被别人抓到把柄,就"颤抖"着退缩了。

但拉什无畏的朋友托马斯·潘恩承担起了这项任务。他是

---

❶ 萨姆,塞缪尔的昵称。

一名贵格会信徒之子,前一年刚刚从英格兰来到费城。在成为编辑和作家之前,他教过书,也缝纫过紧身胸衣,几乎尝试了各行各业。潘恩是一位自由的思想者,认为基督教的教诲大多数都是迷信。在拉什的建议下,他写了一本小册子,起名《朴素的事实》。在写作过程中,他曾向拉什大声诵读其中的片段。拉什很欣赏书中的观点,但是建议潘恩将标题改为《常识》。这本小册子于1776年1月出版。

潘恩没有含糊其辞。他早就准备好把这位国王——和其他国王一道——从政治的星系中扔出去。潘恩宣称所有采用君主制的国家都被这种政体"毒害"了,并特别将乔治三世称为"大不列颠的暴君"。他认为,"一个正直的人在上帝眼中胜过历史上所有头戴王冠的恶棍"。《常识》一经出版,6个月内在北美就售出了10万册之多。这本小书令许多读者相信,北美人应该抛弃他们的君主,和英国切断一切联系。

但这种思想却带来了更大的问题。多年以来,北美殖民者一直骄傲地宣示他们的权利和自由,这一宣示却基于他们英国人的身份。如果北美人不再是英国人,他们如何为自己如此珍视的权利辩护?

就在大陆会议对独立问题展开辩论之际,另一位作者出现了。他来自弗吉尼亚,是一位安静的年轻人,也是第二届大陆会议的代表。在费城市场街和第七街交角处的寓所中,这位年轻人膝上放着一张写字台,对革命之路展开了思索。他的名字是托马斯·杰斐逊。

杰斐逊将笔尖浸入墨水瓶,蘸上墨水,开始书写……

第十三章　平等与独立

在人类事务的发展过程中，当一个民族必须解除其与另一个民族之间的政治联系，并依照自然法则和上帝的旨意，接受同其他国家一样的独立和平等的地位时，出于对人类舆论的尊重，他们必须把不得不独立的原因公之于众。

我们认为这些真理是不言而喻的：人人生而平等，造物者赋予他们若干不可剥夺的权利，其中包括生命权、自由权和追求幸福的权利。

第二届大陆会议最年轻的代表写下以上字句时，年方33岁。杰斐逊有着沙红色的头发和突出的下颌，出生在蓝岭山麓的浅丘地带，对家乡怀有深厚的感情。当他开始建造自己的种植园蒙蒂塞洛时，他选择的地点是一处山顶。这不是一个合理的选择，但用他自己的话来说："这样我可以骑马来到风暴之上，俯瞰自然的工坊。无论她是创造云霞、冰雹、风雪、雨水还是雷霆，我们都可以在自己脚下一览无余！"对杰斐逊而言，那是自然之神依据自然法则在进行工作。

同富兰克林和潘恩一样，杰斐逊也是一位启蒙主义者和自然神论者。他曾劝诫他的外甥"以理性为信仰筑基"。他赞同约翰·洛克的观点，认为自然状态下的人类生而"平等且独立"，甚至在《独立宣言》第一稿里引用了洛克的话。洛克还认为"人皆不应侵犯他人的生命、健康、自由或财产"。杰斐逊去掉了其中的"健康"，并替换了"财产"，改为主张"生命权、自由权和追求幸福的权利"。

这就是能将叛乱变为革命的字句。诸联邦的人民并非作为英国人在宣示国王赐予他们的权利，甚至也不是作为北美人在宣示大陆会议赋予他们的权利。所有人生来就拥有这些权利，即所谓的"自然权利"。《独立宣言》的其余部分解释了北美殖民地与英国之间的争论，也列出了北美人的控诉理由，但树立起一种理想的却是这份文件开篇的几句话，这种理想将在未来几个世纪中鼓舞人们进行斗争。80年后，亚伯拉罕·林肯意识到，在"一个民族争取其独立的斗争的压力下"，杰斐逊能在《独立宣言》中道明一条关乎所有人的真理，是何等惊人。林肯阐述道：这个国家的开国元勋们意在将平等奉为一种"标准"，它"应被所有人熟知，被所有人尊重……值得所有人为之努力。即使得来的平等从不完美……其影响也应当不断被传播、被深化"。

当然，并非人人都得到了平等的对待，证据随处可见。阿比盖尔·亚当斯在给她丈夫约翰·亚当斯的信中曾写到,她知道代表们正在起草一部新的"法典"。"不要忘记女士们,"她坚持说,"如果女士们付出的特别关心和照料得不到回报,我们将决心燃起一场叛乱。任何不能代表我们,不能为我们发声的法律,我们都不会遵守。"她是在开玩笑,同时也在严肃、认真地表达她的感受。至于杰斐逊,他是乘着马车抵达费城的,有三名奴隶随行服侍。杰斐逊是否相信理查德、杰西和朱庇特(他的三名奴隶)也是生而平等的呢?

一些人认为,美国的开国元勋们都有两副面孔。他们一面竭力宣扬平等,一面却蓄养奴隶;一面让妻子们相信女性是生活的真正主人,一面却如约翰·亚当斯一样,向其他男性吐露他们的看法:女性因"柔弱"而不适于承担投票或是"管理国政"这样的大事。另一些人则认为,即使伟人也只是他们时代的产物,他们的后来者才能完全认识到,黑人和女性同样应该享有平等权利。

当然,随着岁月的流逝,我们关于平等的理解也在不断加深。实际上,亚当斯可能只是在和阿比盖尔开玩笑,因为他绝无胆量命令她成为自己的臣仆。换作约翰·温思罗普倒真有可能这样做。关于奴隶制,杰斐逊曾在《独立宣言》第一稿中坦承:将非洲人当作奴隶,是窃取了他们"神圣的生命和自由权利"。当然,他这样说只是为了指责乔治三世对奴隶贸易的鼓励。大陆会议将这一段内容从《独立宣言》的最终定稿中删去了,这无疑是因为:一群奴隶主指责国王支持奴隶贸易,听起来未免太过荒谬。

诚如林肯所言，表达何种观点和将它付诸实际是两件不同的事。杰斐逊一生都为奴隶制所困扰，却从未困扰到真的给他的奴隶们自由。他曾将对自由的追求视为责任，也曾希望奴隶制逐渐消失，但我们在后面会看到，他在这两点上都有所倒退。不过，尽管杰斐逊有诸多明显的不足，他毕竟将平等的理念置于《独立宣言》的中心，并因此将一场叛乱升华为革命。这场革命带来的改变从未停止，一直延续到了今天。

1776年7月4日，大陆会议发表《独立宣言》之际，其军队已与英国人作战超过一年。乔治·华盛顿是这支军队的指挥官——所有人都认为他是这一职务的不二之选。他身高6英尺❶，站姿笔直而庄重，腰侧挎着宝剑，靴子上钉着银质马刺，他也是参加过七年战争的北美军官中唯一相对年轻的人选。在那个年代，一名将军需要有娴熟的骑术，而华盛顿在马背上向来勇敢，可以"越过最高的栅栏，也能极速奔驰"，同时"不让他的坐骑失控"。他在战斗中向来身先士卒，而不是躲在他们身后，他也从不会失去理智，做出孤注一掷的决定。不幸的是，他指挥的这支军队往好里说，不过是一群乌合之众。民兵们最初的表现倒是可圈可点。在列克星敦和康科德战役之后1个月，他们发动了一次大胆的进军，在半夜登上一座山丘。那里居高临下，可以俯瞰波士顿城中的英军。（他们原计划登上邦克山，实际抵达的是布里德山。）第二天，英军重新夺回了这座小山，却也造成了重大的伤亡，因为叛军躲在前一天晚上

---

❶ 约等于1.83米。——编注

临时修起的矮防护墙后向他们开火。"除非你能看清他们的眼白，否则不要开枪！"伊斯雷尔·帕特南将军大声咆哮。

民兵有了不起的勇气，却也有巨大的弱点。帕特南如此咆哮，是因为他的这些部下一摸到扳机就管不住自己的手，也缺乏训练。（还记得魁北克战役中的英军是如何等待时机的吗？）没错，当英军开进他们的村庄时，他们也会蜂拥迎敌，但敌人一离开，他们就会回到自己的农场和商店。华盛顿就曾抱怨：这些人"今天还在这里，明天就跑光了"。他很清楚，如果不组织一支纪律严明的军队（即后来我们所知的大陆军），如果士兵们不能连续投入训练和战斗超过6个月，他就永远无法赢得这场战争。作为一位弗吉尼亚士绅，他期待平民能接受比他们优秀者的领导，而这些新英格兰的士兵给他的第一印象却是"出奇地肮脏又讨厌"。为什么会这样？因为这支部队的军官都是士兵们推选出来的。士兵和军官可以大开玩笑，甚至还让军官给他们刮脸！带着这么一大群吊儿郎当的家伙，想打胜仗无异于做白日梦。

这一年的大部分时间里，华盛顿一边训练他的士兵，一边设法把英军困在波士顿城中，还要时刻担忧敌人发现那个重大而可怕的真相——他的军队实际上已经耗光了火药，也几乎没有火炮可用。所幸，火药正在一点一滴地输送进来。伊桑·艾伦和本尼迪克特·阿诺德夺取了远在泰孔德罗加的英军要塞后，在隆冬季节将重达12万磅❶的迫击炮弹和火炮装在42架

---

❶ 磅，英美制质量单位，1磅约等于0.453 6千克。

巨大的雪橇上，送到了波士顿。在一个漫长的月夜里，士兵们把这些大炮拖上了多切斯特高地。第二天一早，英军指挥官威廉·豪将军被眼前的景象惊呆了："上帝呀！让我的部队干上3个月，也赶不上这些家伙一晚上做成的事！"他只好命令自己的部队乘船离开。

威廉·豪的打算是：为什么要在这些顽固的波士顿叛军身上浪费时间呢？在更南方的纽约，依然效忠国王的人要比这里多得多。威廉·豪率领32 000人在长岛登陆。这些人里包括8 000名黑森佣兵——乔治三世雇佣来为英国作战的德意志人。无论在武器数量还是战术上，华盛顿和他那1万多缺少训练的新兵都完全无法与之相比。整个1776年秋天，绝望的溃退一场接一场地发生。英国人拿下了纽约，将华盛顿和他的大陆军不断向南驱赶。他们穿过新泽西，渡过特拉华河，一直逃到宾夕法尼亚。当他们登上河岸时，已经精疲力竭。一名目睹他们上岸的宾夕法尼亚民兵有如下描述："一个人走出队列，朝我走过来。他所有的衣衫都不见了，裹着一条又脏又旧的毯子，胡子老长，满脸伤口……直到他开口说话，我才认出他是我的兄弟詹姆斯。"

华盛顿的绝望程度比他的士兵们毫不逊色。他需要一次大胆的进攻，向英国人证明大陆军士兵不是只会撤退；他需要让平民们振作起来——一旦叛军面临失败，这些平民很可能变成"保王党"，转而忠于国王；最重要的是，他需要向部下证明他们可以打胜仗。在圣诞节前夜，他带领这些人冒着冰雹和雨雪，穿过顺流而下的旋转浮冰，重新渡过特拉华河，突袭了

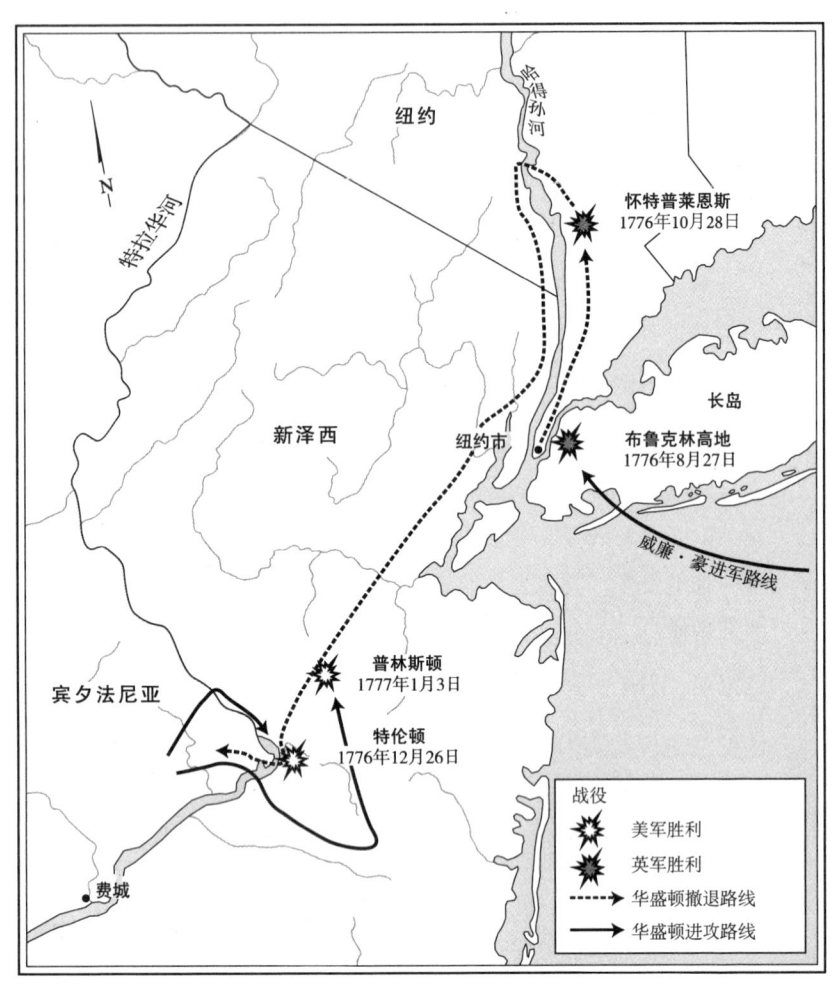

华盛顿的撤退和进攻路线。1776年秋天,威廉·豪将军将华盛顿的军队逐出长岛和纽约市,并一路追击,渡过哈得孙河,纵贯新泽西。华盛顿在宾夕法尼亚重新集结部队,两次渡过特拉华河,取得特伦顿和普林斯顿两场胜利。

位于新泽西特伦顿的一个黑森佣兵兵营。此胜之后，他没有撤退，避免了落入震惊后开始追击他的英军之手，而是继续前进，在普林斯顿俘虏了更多英国人。

现在就认为战局已得到扭转未免高兴得太早——还有差不多5年的仗要打。第二年夏天，豪将军夺取了大陆会议的所在地费城。约翰·亚当斯抱怨说，会议代表们"像一群山鹑一样"四散奔逃。华盛顿感到挫败，但他转而意识到，就算他不能取胜，英国人同样无法赢得战争，不论他们攻下多少座城市。他指出："只要我们的军队还在战场上，他们即便占据再多城镇，所得也有限。"因此关键就在于避免让大陆军被击溃或是被俘获。这意味着，在确认英军落入圈套之前，大陆军需要回避大规模战役。

同一时期，英军打算控制从纽约到奥尔巴尼的哈得孙河河段，以实施将新英格兰同其他叛乱地区分割开来的计划。约翰·伯戈因将军率军从加拿大南下，与从纽约北上的豪将军部队会师。"绅士约翰尼"❶信心十足，曾在其伦敦的社交俱乐部下注50个畿尼，赌自己将"从美洲凯旋"。在与茂密荒野丛林的艰苦搏斗中，这位绅士将军发现自己的部队已经疲乏不堪——他带了太多辎重，而且高估了自己的能力。萨拉托加战役的溃败使他被迫率全军投降。得知这一消息，乔治三世"陷入了极大的痛苦"，因为这场胜利戏剧性地改变了这场战争的形势——不仅在美洲，也在欧洲。此时本杰明·富兰克林已被

---

❶ 绅士约翰尼，约翰·伯戈因的绰号。

派往巴黎，向英国的老冤家法国寻求帮助。法国人起初犹豫不决，无法确定这些突然出现在舞台上的北美人是否能真正挑战英国的力量，然而萨拉托加大捷说服了他们，法国加入了北美大陆军一方。这次结盟成为令战争天平倾斜的最重砝码。

法国人的庞大海军令英国不得不向美洲派出第三支部队，以保护其位于加勒比海的那些盛产蔗糖的宝贵岛屿，其余部队的主要精力则投入了南部各殖民地。与他们夺取北方诸城如出一辙，英军在南方攻占了萨凡纳和查尔斯顿，然而真正的冲突却发生在乡村。乡村地区仍有大量忠于国王的保王党。叛党和保王党经常互相劫掠对方的农场，焚烧对方的房舍，甚至残忍地杀害对方的成年男女和儿童。对英国来说糟糕的是，一些最野蛮劫掠的实施者正是英军。一名保王党曾悲哀地承认："在从前只有一个敌人的地方，大不列颠现在有了一百个敌人。"

英国人也没能利用好另一个可用的兵源。在特拉华和佐治亚之间，有三分之一的人口是非洲裔，其中绝大部分是奴隶。官员们曾多次许诺：为英国作战的奴隶都可以获得自由。也许有近10万奴隶曾尝试为赢得自由而加入战争的一方，但是大多数英国人不喜欢让奴隶对他们的白人主子开战这个主意，白人保王党们同样如此。因此，许多投奔英军阵地的奴隶遭到无视，甚至被卖到加勒比海诸岛，再次戴上镣铐。大陆军方面，直到陷入兵源枯竭的绝境，大陆会议才开始征召非洲裔士兵。北方诸州派出了一支5 000人的志愿军，由希望赢得自由的黑奴组成。

与此同时，在南卡罗来纳和北卡罗来纳，大陆军在速度和智谋上都跑在了查尔斯·康沃利斯将军前面。只有在确认占据优势时，他们才投入战斗。康沃利斯厌倦了这种追逐游戏，率军北上，进入弗吉尼亚，在约克敦半岛驻扎下来。他的营地距离1607年第一批英国殖民者的登陆点詹姆斯敦只有几十英里。当时华盛顿还在纽约城外，得知弗朗索瓦·约瑟夫·德·格拉斯中将率领的法国舰队正从加勒比地区北上后，华盛顿立刻抓住了这个围困康沃利斯的机会——如果德·格拉斯能及时赶到约克敦，就能阻止康沃利斯从海上逃跑。华盛顿率军沿着特拉华河匆匆南下时，另一位大陆军军官惊奇地看到，这位通常表情严肃的将军一手拿着帽子，一手挥舞手帕，满脸笑意，隔得老远就冲他大喊："德·格拉斯来了！"话音中"满是喜悦"。法国人来到了切萨皮克湾，胜利唾手可得。

1781年10月19日，被陆海两面围困的康沃利斯率领全军投降。英军乐队奏起一支名为"世界已被颠覆"的乐曲，士兵们放下了武器。

胜利终于到来，而功劳归于大陆军，是他们将英国人彻底推翻。华盛顿曾认为这些士兵"肮脏又讨厌"。然而，率领他们在7年中历经百战之后，他以"最令人动容的方式"请求他们延长服役——一名军士回忆说。仍有一些弗吉尼亚人对新英格兰士兵不以为然，但华盛顿纠正他们说："我不相信还有哪个州的士兵比他们更出色，也不相信有人能成为比他们更优秀的军人。"

美国最初的真正统一感，所谓的"合众为一"，就来自大陆军。这些士兵中,有"60岁的老翁,有14岁的男孩,也有老老少少的黑人,大部分人都衣衫褴褛"。一名英国军官不屑地描述道:"这是一支天底下最奇形怪状的军队。"然而大陆军的战士们已经认识到,他们不比任何人逊色。通过漫长而艰难的战斗,他们为自己,也为这个崭新的国家,赢得了完全的独立。

第十四章　更完善的联邦

美国人通过思想走向了革命，通过战斗赢得了独立，然而他们是否能保持统一呢？战争结束之际，议会❶发布了合众国官方大纹章❷，正面图案是一只雄鹰，还有那句箴言：E pluribus unum——合众为一。它如何能够实现？

在第一届大陆会议上，帕特里克·亨利认为统一已经实现了。"我们是一个天然统一的国家，"在对代表们的发言中，亨利宣称，"你们的界碑在哪里？殖民地间可有边界？……弗吉尼亚人、宾夕法尼亚人、纽约人和新英格兰人之间的区别已不复存在。我不是一名弗吉尼亚人，而是一名美国人。"

真实情况是，各殖民地间远非如此统一。还记得《独立宣

---

❶ 议会，1781 年，《邦联条例》获 13 个殖民地全部批准，第二届大陆会议结束，更名为邦联议会。

❷ 合众国官方大纹章，纹章正面的图案后来成为事实上的美国国徽。

言》上的话吗?"这些联合一致的殖民地从此是自由和独立的国家,并且按其权利也必须是自由和独立的国家(States)。"它们确实是联合的,但却只是一个由各自独立的州组成的邦联。约翰·亚当斯仍然把马萨诸塞当成他的"祖国"(country),杰斐逊的"祖国"则是弗吉尼亚。一次,华盛顿要求他的新泽西新兵向合众国效忠,却遭到拒绝。新兵们抗议说:"新泽西才是我们的祖国!"事实上,"诸联邦"是一个近似于今天联合国的邦联。每个州各自派出代表团参加议会,正如今天每个国家派出代表团参加联合国大会。一个国家在联合国大会中只有一票,当时的一个州在议会中也只有一票。

《邦联条例》中规定了新政府的组织方式。在条例的起草过程中,议会力图避免之前引发独立战争的种种问题。很显然,美国将没有国王。有了托马斯·潘恩和他的《常识》,这个决定非常容易做出。《邦联条例》也禁止设置各种贵族头衔,不会有什么华盛顿大人或是亚当斯男爵。不仅如此,条例甚至连一个执行法律的合众国总统职位也没有设立,邦联将通过一个有13票的立法机构来管理。议会拥有宣战和签署条约的权利,也可以任命军官,正如大陆会议对华盛顿的任命。它还可以发行硬币和纸币,并保留与印第安部族签订协议的权力。

然而这些是相当有限的权力。议会可以任命军官,却不能组建由这些军官指挥的军队,只能请求各州提供士兵。议会不能通过向美国人征税来支付它的开支,只能向各州索请资助。它也无权管辖13个州内部及对外的贸易。这些限制在美国人眼中非常合理——他们与远在天边的英国议会开战,正是因为它对他们征税，管辖他们的贸易，在他们的家园驻扎军队。哪个州会希望一个远在费城的新立法机构凌驾于它们之上呢？在《邦联条例》中，美国从未被当作一个国家，只是一个"友好的联盟"。

不幸的是，这些"友好"的州开始争吵起来。首先，较大的州和较小的州都不信任对方。帕特里克·亨利宣称自己是美国人而不是弗吉尼亚人，是因为他认为像马里兰和特拉华这样的小州拥有过多权力。和弗吉尼亚一样，它们在议会中同样拥有一票，但弗吉尼亚的人口却多得多。他指出："在我的家乡，人人都知道有些殖民地没有我们这么多人，也没有我们富裕。"难道弗吉尼亚不应该拥有向议会派出更多代表的权利吗？另一方面，马里兰这样的小州则担心大州由于其规模而获得太多影响力。弗吉尼亚声称自己的领土一直延伸到密西西比河，那是1783年时美国的西部边界。这样它就能将土地出售给定居者，获得大量资金，从而降低弗吉尼亚的税率。而马里兰并无西部土地可卖，只能提高税率。

漫长的争吵之后，大州同意放弃西部的土地。随着这些土地逐渐被开发，它们将被划分为"属地"，并逐渐成为新的州，与原来的13个州平起平坐。第一个争议解决了，但许多州仍然自行其是，不把国家政府放在眼里，有时有些州甚至懒得向议会派出代表团。在远处旁观的欧洲人甚至怀疑这个邦联将会四分五裂。

各州的政府同样缺乏执行力。在马萨诸塞，上千农民揭竿而起，因为马萨诸塞州议会无视他们在艰难时刻提出的援助请求。在参加过列克星敦和康科德战役的老兵丹尼尔·谢斯的率领下，暴动者们在一段时间内关闭了几个地方法院。谢斯叛乱被镇压下去了，但许多美国人因这一暴力事件而震惊。宾夕法尼亚州代表詹姆斯·威尔逊❶不无哀伤地回忆起帕特里克·亨利在1774年说过的话："不再有弗吉尼亚，不再有马萨诸塞，也不再有宾夕法尼亚……"各州非但没有结成一个强大的联盟，反而"内耗"了，变得软弱无力。代表们认为《邦联条例》亟须修订。1787年夏天，来自12个州的代表❷再度在费城会合。

　　没有人比来自弗吉尼亚的种植园主詹姆斯·麦迪逊更为这个孱弱的邦联感到焦虑了。麦迪逊身高5英尺4英寸❸，身材纤细，头发稀疏，有一双黑色的眼睛。他不像华盛顿那样伟岸，还有些腼腆。一位曾见过他的女士认为麦迪逊是"一个忧郁而拘谨的家伙"。但他非常善于倾听，思维也极为敏锐。作为一个启蒙派，他对政治学有浓厚的兴趣。什么因素导致了一个国家走向成功或是失败？政府如何才能赋予其首脑以恰好的权力，使他们既具有高效的执行力，又不至于成为独裁者？为了解决这些疑问，麦迪逊不仅博览群书，并且作为弗吉尼亚州议会成员和后来的邦联议会代表，每一天都参加政治实践。他认识到，大多数美国人不会同意接受一个更强有力的政府，除非有德高望重的领袖们支持它，于是他多次拜访乔治·华盛

---

❶ 詹姆斯·威尔逊（1742—1798），美国开国元勋，《独立宣言》签署者和美国宪法起草者之一，曾任最高法院大法官。

❷ 罗得岛州未派出代表参加制宪会议。

❸ 约等于1.63米。——编注

顿。这位将军不愿离开他在弗农山庄的家，但他也同样认为邦联就像"一座着火的房子"，有"化为灰烬"的危险。于是，华盛顿来到了制宪会议。本杰明·富兰克林也来了，此时富兰克林已是82岁高龄。一位拜访者将他描述为"一个身材矮胖、拄着拐棍的老人"，虽然当时富兰克林每天仍用一副杠铃锻炼身体。

55名代表选举华盛顿为会议主席，接着做出了一个大胆的决定——他们不仅仅要对《邦联条例》进行修补，而是要开始制定一部全新的宪法。麦迪逊和弗吉尼亚代表团已经准备了一份方案。这份方案建议设立一个全国性的立法机构。与邦联议会不同，它将由两个议院组成。下议院的代表将由选民投票产生，其席位数量与各州人口成正比：人口越多的州，拥有的代表数量也越多。上议院成员则由下议院从各州议会提交的名单中选出。根据弗吉尼亚方案，新议会将拥有更大的权力，不仅可以对公民征税，还可以否决任何与联邦政府权力相抵触的各州地方法律。政府的第二个分支，即行政机构，将成为法律的执行者。第三个分支为司法机构，通过一个法院系统对有关联邦法律的争议做出裁决。

小州们不喜欢麦迪逊的这个方案，对其中提出的比例代表制尤为不满。他们希望像从前一样，每个州只有一票。新泽西州据此提出了另一个方案，但大多数代表都认为它赋予联邦政府的权力太少。人们开始对弗吉尼亚方案进行修订，以使它能为更多代表所接受。

从零开始创建一个全新的政治体制，意味着要对数以十计甚至数以百计的细节进行抉择。大多数代表认为设立一个负责执行法律的行政机构是必要的，但哪一种形式更好呢？任期四年的总统制在今天看来理所当然，但那却源自制宪会议代表们的选择。为什么不采用"三总统制"以代表国内的不同区域呢？这正是当时的建议之一。为什么不限制每位总统只能有一次六年任期呢？这样他既能有足够的时间确保政策的实施，又不至于因为连任的诱惑而浪费许多精力。总统是否应有权力否决议会通过的法案？为了这些问题和其他更多的问题，代表们争论不休。

面对如此多的选择和如此多的不同意见，妥协成了必须。立法机构的组成方式引发了最多的争论。争论不仅发生在大州和小州之间，也发生在北方州和南方州之间。在1787年，北方各州和南方各州的人口大致相当，但南方人口增长更快。于是南方代表们，包括麦迪逊在内，希望基于人口数量决定代表人数。与此相反，北方则拥有数量更多的小州。如果每州拥有一票，北方各州可以轻易地在投票中压倒南方，哪怕南方人口更多。

奴隶制的问题则让争论变得更加复杂。如果每州的代表人数基于其人口数量，那奴隶是否应该被计入人口呢？北方各州对此说"不"，因为他们的奴隶比南方少得多。奴隶不能投票。你们这些南方人把奴隶当成财产，而代表人数怎么能由财产数量决定呢？我们北方人有很多牛和马，但我们不会因此要求更多的代表人数！南方代表则回应说，奴隶应被计入，因为财产越多的人在社会中的投入就越大，缴纳的赋税也越多。"金钱就是力量，"南卡罗来纳的代表声称，"各州在政府中的重要性应与它们的财富水平成正比。"

最终,一个以本杰明·富兰克林为首的委员会提出了一系列妥协方案。各州在众议院(即下议院)中的代表人数将由人口决定,如弗吉尼亚州所建议的那样,这成了大州的胜利。而小州同样满意,因为参议院(即上议院)席位数与人口无关,限定为每州两席。参议员不由人民选举产生,而是由各州议会选出。奴隶可以部分计入各州人口(当然不能投票),这是南方州的收获,但在人口统计中每个奴隶只计为五分之三人。"五分之三妥协"并没有让北方人满意,但南方代表不愿做出更多让步。

如何才能让这13个独立的州感到彼此属于同一个整体,这是制定宪法最大的困难。政府研究者们已经习惯于认为主权——一个国家的根本权力——只能在一个地方存在。那么这个新的国家政府是一个主权政府吗?是所有权力的来源吗?还是说每个州各自拥有主权,保留对联邦政府说"不"的权力?制宪会议的代表们开始认识到,主权是可以被分割的。在他们创建的这个联邦主义政体下,国家政府在某些领域拥有最高权力,而各州将在另一些领域保留最高权力。同时国家政府将其权力分为三个分支:行政权、立法权和司法权。每个分支都有制约其他分支权力的办法,这是一个防止某个分支偏离正轨的保险机制。

9月,宪法起草完毕,只待提交给各州批准通过。宪法的支持者被称为联邦党人,他们对反联邦主义者发出的批评进行了反击。波士顿的塞缪尔·亚当斯是反联邦主义者中的一员。

帕特里克·亨利也是一样,他声称"感觉其中有鬼",为此没有参加制宪会议。反联邦主义者最强大的论据是宪法里没有包含有关权利的法案,没有提出言论自由、信仰自由和由陪审团审判的权利等保障措施。在得到将补充《权利法案》❶的保证后,一部分州才投票赞成这部宪法,而《权利法案》随后确实也被制定出来并加入宪法。到1788年6月,有9个州批准了宪法,达到宪法生效所需的票数。罗得岛州坚持到了最后,直到1790年才加入联邦。

"那么,博士,我们究竟得到了什么?共和国还是君主制?"当富兰克林在制宪会议后离开时,一名女士向他提问。富兰克林答道:"一个共和国——如果你们能保住它的话。"他的回答中既有期待,也有警惕。"我们合众国人民,为建立一个更完善的联盟……"这是美国宪法的开篇,这个联盟当然比《邦联条例》更加完善,但还远未达到最完善的程度。一个包含了那么多妥协的联盟,怎么可能是最完善的呢?此时的富兰克林已经余年无多,但他清楚:妥协才是唯一的出路。"我承认,在这部宪法中,有几个部分我在此时无法赞同,"他对代表们说,"毕竟,当你为了集体智慧的优势而将一群人集合起来时,不可避免地,你也将同时集合他们所有的偏见、情感、谬论、地方利益和自私的考虑。这样的集会不可能产生一个完美无瑕的结果。"即便如此,富兰克林仍然对宪法表达了支持:"因为我没有抱过高的期望,也因为我无法确认它是否是最好的结果。"

---

❶《权利法案》,美国宪法前十条修正案的统称,保障了多项个人自由和权利,限制了政府权力。

随着时间的推移,这个新的政府框架也需要改变。它也的确发生了改变,因为制宪会议的代表们为宪法留下了修订的可能性。然而1789年仍是一个重要的开端。这一年,由13个"自由而独立"的州组成的邦联被一个更强大、更完善的联盟取代。这个联盟的最高权力——主权——的要义包含在三个关键词当中,这三个词不是"我们各州",而是"我们人民"(We the people)。

第十五章　华盛顿的担忧

华盛顿步出马车时，两列士兵夹道相迎。他走在他们中间，拾级而上，走向纽约城中那座粉刷一新的联邦大厅。在大厅第二层，也就是新参议院开会的地方，新当选的副总统约翰·亚当斯引领华盛顿将军来到一个阳台上宣誓就职。这是1789年4月的一个下午，街道上的人纷纷抬头仰望。华盛顿宣誓"忠实地履行总统职务"并"维护、爱护和捍卫宪法"，然后转身入内，向国会发表了简短演讲。他看起来并不高兴。"这位伟人焦虑而尴尬，比他在面对炮口或是瞄准自己的火枪时更甚，"一位观察者注意到，"他在颤抖，有好几次险些无法念出他的演说词"。

华盛顿的担忧，在大多数美国人看来也许会觉得奇怪。从他在弗吉尼亚的种植园到联邦临时首都纽约，这位当选总统一路上获得了天神般的荣耀。他所到之处，教堂鸣钟，炮声震耳,少女们在他的路上撒下花瓣,费城人甚至将一名男孩悬在他头顶,为他戴上一顶桂冠。华盛顿为这种热烈的关注苦恼不已,以致第二天一早,在一队骑兵前来护送他之前一小时,他就偷偷溜出了城外。然而他无处可逃。一条40英尺长的游艇将他送回了纽约城。成千上万人前来围观,"像等待收割的玉米穗一样",把河岸挤得水泄不通。

"我的同胞们会对我抱有过高的期待。"华盛顿十分担心。他这样说并非仅仅出于谦逊,而是来自他对历史的了解。他很清楚一个共和国的延续有多么艰难。古罗马的将军们相互争斗,暗杀对手,最后将他们的共和制度变成了皇帝的独裁。英国内战的领袖们砍掉查理一世的脑袋,建立起一个清教徒的共和国,却只延续了不到5年。今天我们对华盛顿的担忧不以为然,那是因为我们知道这个故事的结局。华盛顿在他宣誓就任10年之后去世,临死之前他仍然不能确定合众国是否能延续下去。

华盛顿的当选获得了无异议的全票,尽管他不是由全民直接选举产生的。宪法制定者们并未将直选的权力交给人民。一个马萨诸塞的农夫如何能判断一个南卡罗来纳的候选人是否适合成为总统?在这片没有广播,没有电视,也没有互联网的土地上,宪法转而要求各州推选出一些经验更丰富的选举人,这些人更有可能对各个候选人有个人层面的了解。总统和副总统人选即由这些人组成的选举人团确定。

为了帮助华盛顿履行他的职责,国会创建了一些行政部门,其长官由总统任命。这些官员整体上被称为内阁。"内阁"这个词的本义是用于学习或休憩的私密小房间,而实际上,内阁会议一开始也的确在华盛顿家中举行。每位内阁成员对一个政府部门负特别之责。华盛顿内阁中最重要的两位成员分别是国务卿托马斯·杰斐逊和财政部长亚历山大·汉密尔顿。

宪法中没有关于内阁的内容，更完全不曾提及政党。大家都认为在这个新政治体制中不应有政党的存在，因为如麦迪逊所言，国家领导人都应当追求"国家的真正利益"。在当时的英国，政党主要是一些在议会中共谋的团体，其目的在于让对自己和朋友有利的法律获得通过。他们被人们不屑地称为"朋党"。杰斐逊就曾说过，如果有人告诉他必须加入政党才能上天堂，他宁可放弃天堂。

当然，人们总是憧憬一个所有异见都会消散、所有人都能和谐共处的时代。它或是哥伦布所说的"黄金时代"，或是约翰·温思罗普期盼的神圣共同体，或是乔纳森·爱德华兹等待的千年和谐。这个新生共和国的领袖们同样对和谐一致抱有很高的希望，这正是他们不喜欢政党的原因。然而这种希望几乎从一开始就破灭了。任何国家都会有千差万别的人群和利益诉求：贩卖衣物的商人与种植小麦的农夫的需求不同；放债者看待事物的方式和借款人也不同。英格兰人、非洲人、德意志人、苏格兰人、爱尔兰人、荷兰人，还有其他许多不同的族裔，为美国带来了各种不同的传统、信仰和习惯。要让这个新国家里的"众"合而为"一"，这个政府必须面对这种差异，而不是期待它们在一个崭新的黄金时代里奇迹般地消失。对他将面临的一切，华盛顿的担忧并非没有道理。

毫不意外，第一场争吵与金钱有关：如何才能偿付革命期间欠下的债务？新任财政部长亚历山大·汉密尔顿希望立刻展开行动。汉密尔顿干劲十足，办事果决，性格坚毅，在战争期间就担任华盛顿的助手。他建议国家应该全额承担这笔债务，并将各州尚欠的债务也承担起来。许多拥有国家债券的投资人都是有影响力的人。汉密尔顿认为："所有社群都分为少数人和多数人，前一种富有而出身优越。"他希望让这些人"在政府中长期占有显著的比重"。至于多数人，他们"躁动而善变"，永远无法完全信任。

然而现实形势更为复杂。借给政府钱的人不光是富有的上层人士，还包括许多平民。农夫给军队送去粮食，得到的是借据；木匠随军出征，收到的军饷一部分也是借据。到1789年，这些欠款已经多年未付。在艰难的时候，急需现金的人觉得，能从被欠的每个美元里拿回几分钱，总比血本无归要好，因此他们将这些借据以远低于面值的价格卖给债券投资者。杰斐逊和麦迪逊据此认为：借据的原始拥有者只拿到几分钱，而新投资人却可以拿到全额，这样并不公平。漫长的争论之后，他们不情愿地接受了汉密尔顿按面值全额偿付的建议，条件是换取汉密尔顿对永久性国家首都兴建计划的支持。这座首都将位于弗吉尼亚和马里兰之间。

从海外传来的消息引起了第二场争论。华盛顿就任总统这一年，一群法国暴动者攻陷了一座名为巴士底狱的监牢，以释放被国王路易十六关押的囚犯。法国的改革者们还要求国王同意将政府变得更加民主。美国人为这个消息欢呼，毕竟在他们争取自由的斗争中，法国人曾是他们的盟友。不过，几年之后法国革命开始滑向暴力。国王、王后和数以千计的贵族被处死，随后法国陷入了与英国和其他欧洲国家的战争。敌国的国王们担心，如果法国公民处死国王和贵族的做法得到允许，他们自己的人民可能也会做出同样的事情。许多美国人，包括汉密尔顿和约翰·亚当斯在内，感情上更倾向英国而非法国革命者；另一些美国人则支持法国。杰斐逊就曾高兴地宣称：平等之花将开遍整个欧洲。尽管出现了暴力，但在许多个世纪的王权暴政之后，那只是实现民主的小小代价。

华盛顿努力尝试协调这些争论。他宣布美国将在法国与英国的战争中保持中立。然而在他的内阁中，争论并没有停歇。汉密尔顿和亚当斯常常劝说他站在他们一边。杰斐逊和麦迪逊则认为，如果想要取得任何进展，必须有更多与他们观点相同的人被选入国会。一年春天，杰斐逊和麦迪逊前往纽约州和新英格兰度假，据称是去钓鱼和搜集稀有植物。用他们的话来说，是去"做植物研究"。然而他们对钓选票和搜集政治同盟同样感兴趣，由此踏出了创建政党——杰斐逊曾誓言不与之同上天堂的怪物——的第一步。杰斐逊和麦迪逊的支持者群体开始被称为民主共和党人，或被简称为共和党人。（这个共和党与今天的美国共和党并无关系，后者的建立是在半个世纪之后。）汉密尔顿的支持者们则借用宪法支持者的声名，自称联邦党人。

联邦党人在新英格兰获得最多支持，因为贸易在这里有重要地位，这里和英国的联系也最紧密。联邦党人相信，如果政府鼓励工商业的繁荣，美国就能走上富强之路。他们赞同汉密尔顿的金融计划，支持成立国家银行。在汉密尔顿的推动下，国会同意了国家银行的建立。同汉密尔顿一样，联邦党人们认为"更优秀的人"应当得到支持，而普通人则应该受到管理，这对他们更有好处。与之相反，民主共和党人则担心联邦政府会获得过多的权力，也不能完全信任商人和银行家。他们认为农夫和种植园主才是民主国家的基石，国家的未来不在充斥着"富有上层人士"的东部，而在更加民主的西部，在小农业者们手中。

华盛顿在第二次大选中获得了连任，但到了1796年，他已被争吵搞得疲惫不堪，拒绝谋求第三个任期。民主共和党人杰斐逊和联邦党人亚当斯成为总统候选人。在选举人团的集会中，亚当斯获得最多票数，但宪法中并没有规定选举人为谁来当副总统再进行一次投票，既然杰斐逊在总统选举中获得了第二多的票数，他就成了其联邦党对手的民主共和党副总统。

约翰·亚当斯就任时，法国和英国的战争仍在继续。双方都在公海上扣押美国船只，试图阻止美国人与自己的敌人进行贸易。联邦党人急于同法国开战，认为这将为他们的政党赢得支持。但亚当斯拒绝支持这样一场战争，为此激怒了汉密尔顿和他的许多联邦党伙伴。总统表明这一立场需要相当的勇气：在高涨的战争热情中，亚当斯清楚他可能正在毁掉自己在1800年获得连任的机会。

亚当斯和杰斐逊再一次对立，但现在联邦党人和民主共和党人都已经开始组织起他们各自的支持者，两党之间的争斗变得十分激烈。党派报纸彼此攻击，立场对立的编辑们甚至挥拳相向。有一次在国会会场里，一名民主共和党人被羞辱激怒，将唾沫啐在对手脸上。接着，联邦党人抓起拐杖，而民主共和党人则从壁炉里抄起火钳，两人互相追逐，在地板上扭打成一团。

执政的联邦党人为了让民主共和党人闭嘴，通过了一系列法律，让对立变得更加严重。《制止煽动言论法案》支持逮捕任何以"谬误、诽谤和恶意"方式批评政府的人。尽管《权利法案》中包含了言论自由，但仍有25名民主共和党人因这些"罪名"被逮捕。争吵变得如此激烈，是因为双方都害怕共和制度会被对方毁掉。民主共和党人认为联邦党人打算建立君主制，而联邦党人则担心民主共和党人像法国革命者一样暴动。

选举人团在1800年的大选中再次集合。亚当斯和他的联邦党竞选伙伴败北，但杰斐逊和民主共和党副总统候选人阿龙·伯尔获得的票数完全相同，谁应该成为总统呢？看到这个结果，伯尔并没有立刻放弃——他更愿意成为总统。于是选举结果不得不交由众议院裁定。众议院举行了一轮又一轮的投票，然而前35轮投票双方都势均力敌。一些联邦党人宣称，哪怕放弃宪法和冒"内战的风险"，也不愿将票投给杰斐逊。汉密尔顿不同意他们的看法。"如果在这个世界上我必须憎恨一个人，这个人必然是杰斐逊。"但他认为阿龙·伯尔更加善变，是一个绝对不能被信任的政客。最后，联邦党人把杰斐逊需要的额外票数投给了他。

华盛顿在这场危机的前一年就去世了，但他对共和国的担忧并非没有道理。在一个坚定的政党的支持下，一个民主共和党人终究成了总统。生活还在继续，共和国也并没有像许多人害怕的那样崩溃或是滑向毁灭。幸运的是,民主共和党人有着良好的判断力,他们废止了《制止煽动言论法案》,而不是利用它让自己保住权力。

1800年的大选为美国提供了宝贵的教训。一届政府的下台并不意味着一个国家的结束。E pluribus unum 也并不意味着所有人都应该有同样的想法和信仰。在分歧之中,这个国家仍能存在下去。

第十六章　自由帝国

　　托马斯·杰斐逊是一位乐观主义者，他曾写道："我驾着我的小船，希望女神是我的艏饰，而恐惧被抛在船后。"他看待美国的角度与联邦党人不同，并且希望表明这一点，哪怕场合是他的就职典礼。

　　这一次的就职典礼与1789年不同，没有六匹马拉着的奶油色马车供总统乘坐。杰斐逊徒步来到典礼现场，穿着如同"一介平民"。他是第一位在新首都华盛顿宣誓就职的总统。杰斐逊低声念完了他的就职演说——他从来不是一个出色的演说家。即使他提高了嗓门，在那个尚未完工、四面透风的参议院大厅里，也没有几个人能听清他的话。典礼结束后，总统徒步走回他下榻的康拉德和麦克蒙公寓用餐。他进门时，公寓的住客们已经先于他在用餐了。正如杰斐逊所愿，没有人因为他的到来而站起身。还是副总统时，他经常坐在那张大餐桌的下首,也就是距离壁炉最远、最冷的位置。平等对于民主共和党人社团来说意味着一切,而杰斐逊希望能证明这一点。

在对国会发表的演说中,他尝试弥合激烈的选举造成的分裂。约翰·亚当斯在就职典礼当天黎明之前就离开了华盛顿,郁郁不乐,满心颓丧,仍为以毫厘之差输掉这样一场全力以赴的选举而怨愤。相反,杰斐逊则向对手们保证自己绝无私怨。他宣称"我们都是民主共和党人,也都是联邦党人",因为他真心希望政党可以就此消亡。但分歧依然存在。联邦党人认为总统应当乘坐华贵的马车前来,这样才能让普通美国人体验到联邦政府的尊严与力量。与杰斐逊不同,亚历山大·汉密尔顿希望这个政府可以有所作为,并且所做的努力可以被看到,而不是"隐藏在人们的视线之外,从远处遥控"。联邦党人还支持建立强大的陆军和海军,一心希望他们的国家能与欧洲诸强比肩而立。

杰斐逊则不然,他倾向于一个更类似旧邦联的小政府。就任之后,他将陆军裁掉一半,海军则只保留了一支小小的炮舰舰队。哥伦比亚特区❶在弗吉尼亚北部的丛林里新辟出来的一块地方,离哪里都不近,因此总统的确是"在视线之外""遥控"。联邦党人控制的国会所在地是纽约和费城,都是繁华的大城市,到处都是教堂、剧院、餐馆和其他公共设施。华盛顿则别无长物,只有一个赛马场可供粗人们聚在一起饮酒打赌,还有一座破败的剧院——常有年轻人偷偷从地板下钻进去,再

---

❶ 哥伦比亚特区,即华盛顿哥伦比亚特区,美国首都。

推开松动的木板溜进场内。参议院会场周围的看台上挂着告示，提示观众不要把鞋放在栏杆上，"以免栏杆上的灰土落到参议员们头上"。法裔建筑师皮埃尔·朗方为这座城市规划的壮丽街衢日后将一一兴建起来，但当时却还只有一些泥泞的土路，路面上随处可见没有伐净的树桩。总统官邸尚未竣工，外面堆满垃圾，里面则还没有可以通往楼上的楼梯。

这样一座首都未免显得有些土气，国会山上只有一大片鹅掌楸树林，杰斐逊却乐于在这里履行总统之责。他相信，政府的职责仅仅在于让公民们"避免相互伤害"，此外都不应加以干涉，"让他们自由地追求自己的事业和福祉"。

联邦党人对杰斐逊的乐观主义不敢苟同。他们对平民的不信任感深入骨髓，以致不愿积极地争取他们的选票。一位联邦党人坚持认为："总要有统治者和被统治者，总要有主人和仆人，也总要有富人和穷人的区别。"这与两个世纪前约翰·温思罗普的说法如出一辙。汉密尔顿则悲哀地写道："每一天，这个美利坚世界都进一步向我证明我不属于它。"此后不到3年，汉密尔顿在与副总统阿龙·伯尔的一场手枪决斗中中弹去世。伯尔来自纽约，是汉密尔顿的死敌。决斗的起因据称是汉密尔顿诋毁了伯尔的名誉。从此联邦党逐渐衰落，再也没能夺回国会的控制权。1804年杰斐逊在大选中获得连任。在他之后，麦迪逊又当了8年总统。由于一场新的欧洲战争让美国人再度分为两个阵营，联邦党才得以延续了一段时间。这场战争发生在英法之间，此前这两个国家已经断断续续争斗了一百多年，现在，它们为争夺欧洲主导者的地位进行最后一次搏斗。

在法国，大革命的领袖们已被一位雄心勃勃的将军取代，这个人就是拿破仑·波拿巴。在此前的战争中，拿破仑作为法国军队的前锋，入侵过意大利、奥地利和埃及。后来他回到巴黎，很快就使自己变成了法国人民的皇帝。英国和法国重新开战了，他们再次开始扣押与敌人做交易的美国商船。超过800艘商船遭到扣押，新英格兰的商人们受到了严重的打击。普通海员们同样难逃厄运，因为英国船长们常常拦截美国船只，宣称船上的海员是英国海军逃兵，然后把他们带走。这些船上确实有数以千计的英国逃兵，但也有很多被强征的海员是美国人。海军的战舰急缺人手，不加分辨，将他们统统收编。

杰斐逊相信他能通过和平的方式制止此类攻击。他说服国会禁止了所有对英法两国的贸易。这次所谓禁运意在惩罚这两个扣押美国货物的国家，却对美国人造成了比对英法两国更多的伤害。一年后，国会废止了禁运，恢复了贸易。新任总统麦迪逊采取了不同的策略，宣布如果英法中的一方能停止对美国商船的袭击，美国就将终止与另一方的贸易。拿破仑许诺停止袭击，于是麦迪逊立刻禁止了与英国的贸易。然而拿破仑欺骗了这位美国总统，法国军舰对美国商船的袭击并没有停止。而英国人对美国的做法更为恼怒，加大了袭击的力度。

我们很容易觉得新英格兰商人们会因此呼吁对英国开战，毕竟受到伤害的是他们的贸易。然而这些商人明白战争只会让事情变得更糟。开战的呼声并非来自他们，而是来自南部和西部的新一代民主共和党人。这些被称为"鹰派"的年轻国会议员指责英国不尊重美国的独立，对麦迪逊不断施加压力，最终迫使这位总统于 1812 年 6 月对英国宣战。在蒙蒂塞洛旁观事态的杰斐逊预测英属加拿大将是美国的囊中之物。剩下要做的"不过是进军罢了",他写道。

然而战争的花费和残酷性总是超出鹰派们的预计。民主共和党人微不足道的炮舰远非英国海军的对手。至于入侵加拿大,一位美国将军甚至未发一枪就率军投降。还有一些美国民兵直接拒绝越过边境。在五大湖上,美国军舰赢得了几场艰难的战斗,但这些胜利被英军对巴尔的摩和华盛顿的进攻抵消了。麦迪逊总统和他的妻子多莉正要坐下用餐,却不得不从总统官邸仓皇逃离。英国人不仅享用了一顿大餐,离开前还在这座建筑里放了一把大火。

直到 1815 年 1 月,这场尴尬才被美军在新奥尔良取得的一场惊人胜利冲淡。虽然英国人终于在欧洲击败了拿破仑,在这里他们却面对着一位同样坚韧不拔的将军。安德鲁·杰克逊来自田纳西的偏远荒野,此前他在西部已经击败了英国人的印第安盟军,然后一直打到了西属佛罗里达(此举违抗了麦迪逊总统的命令)。他的军队里有来自肯塔基和田纳西的拓荒者,有几个连队由来自新奥尔良的非洲裔自由人组成,有一群查克托印第安人,还有狡诈的让·拉菲特和他麾下的一群海盗。依靠这支军队,杰克逊成功挫败了英军的企图。

杰克逊获胜的消息传到华盛顿时,一个前来抗议"麦迪逊先生的战争"的联邦党人代表团也正好抵达。这个时机对联邦党人来说太不凑巧。他们刚刚在厌战的新英格兰恢复了一些影响力,杰克逊的胜利又燃起了美国人的热情。何况,在新奥尔良战役之前，英国和美国的外交官就在欧洲签订了一份和平协定，只是战争结束的消息在杰克逊获胜之后才传到路易斯安那。随着英美之间的停战和拿破仑的失败，欧洲进入了一个相对平静的世纪。接下来很多年，美国人将不会卷入欧洲事务。他们开始把目光转向广袤的北美大陆，这片土地上已经有了太多值得重视的东西。

美国人在1812年战争中没有获得任何土地，但此前10年，杰斐逊已经不费一枪一弹将美国的领土扩大了一倍。他能做到这一点，是因为当时拿破仑身陷欧洲战局，主动将法属路易斯安那以1 500万美元的价格卖给了美国人。在成交之前，杰斐逊就已经派出一支远征探险队进入了这个地区。这支远征队由他的私人秘书梅里韦瑟·刘易斯上尉和陆军军官威廉·克拉克率领。

1803年这里还是一片动荡不安的土地。1775年以来，北美许多地区都因为一场天花的传播而陷入混乱。13万人死于瘟疫，有法国人、英国人、西班牙人，也有印第安人。（与之相较，同期的独立战争中只有约8 000名军人死亡。）此外，七年战争与独立战争还造成许多原住民流离失所，被迫迁移。

刘易斯和克拉克率领他们的"发现军团"乘小船沿密苏里河逆流而上，翻越了落基山脉，又沿哥伦比亚河顺流而下直抵太平洋，最后回到家乡，一共用了3年时间。一路上他们绘制了140幅地图，遭遇了20多个印第安部族。刘易斯还收集了各种标本，从林鼠、角蜥、牛蛇、土拨鼠到鹈鹕应有尽有，其中许多都送给了杰斐逊。这支远征队在途中只损失了一名死于阑

11月7日："看到大海了！噢！多么令人喜悦！"

6月至7月：队员们扛着全副装备走了18英里，绕过密苏里大瀑布。"竭尽全力前行……许多人由于脚上的伤口而一瘸一拐，还有些人短暂晕倒，但是没有人发出怨言，大家情绪高昂，继续向前。"

克拉特索普堡

哥伦比亚河

俄勒冈荒野
（美国和英国均声称领有）

莱姆哈伊山口

5月29日：队员们在睡梦中时，一群野牛"全速"从营地中穿过。没人受伤，只有一支短枪被踩坏。

斯内克河

8月12日：在大陆分水岭上，刘易斯发现了"一条漂亮而湍急的小溪，溪水清冽。在这里我第一次尝到伟大的哥伦比亚河河水的滋味"。

西班牙属地

落基山脉

刘易斯和克拉克的探险路线，1804—1805。最终他们抵达太平洋。远征中的每一天都有新的惊奇、喜悦、艰难和悬念。

1804—1805年：与曼丹印第安人一起过冬。

曼丹堡

密苏里河

印第安纳属地（美国）

路易斯安那购地

8月1日：搜寻两匹走失的马。威廉·克拉克庆祝生日，大家吃了鹿肉、河狸尾和一道用樱桃、李子、覆盆子、醋栗和葡萄做的甜点。

8月20日：查尔斯·弗洛伊德中士死于阑尾炎。"我们给他准备了热水浴，希望能让他振作一点儿，但在把他弄进澡盆前他就断了气。"

密西西比河

7月4日："约瑟夫·菲尔茨的脚的边缘被一条蛇咬到，肿得很厉害。我们用树皮包裹他的伤口。"

圣路易斯

尾炎的队员，因为他们一面回避与有敌意的印第安部族作战，一面明智地从友好的部族处获取建议。一位名叫萨卡加维亚的肖肖尼族女子和她的法裔丈夫、毛皮贩子图桑·沙博诺在途中加入远征队，这为他们带来了极大的帮助。

作为一名倾向于小政府共和制度、喜欢让首都远离人们视线的总统，购买路易斯安那可能是杰斐逊做过的最令人意外的事之一。为什么这么说呢？让我们来到刘易斯和克拉克远征队身边观察片刻，他们此时正位于今天的爱达荷州。克拉克正在对图舍颇印第安人讲话。他的发言首先被翻译成法语，那是图桑·沙博诺的语言，沙博诺再将之翻译成他在密苏里河上居住时学会的米纳塔里语。萨卡加维亚曾经被米纳塔里人俘虏，能听懂这种语言，而她又在更西边的地方长大，因此能将它翻译成肖肖尼语，最后由一名懂得肖肖尼语的图舍颇男孩将克拉克的话翻译成他们自己的语言。各种语言和文化的大杂烩正是构成美国的要素之一，而从英语，到法语，到米纳塔里语，到肖肖尼语，再到图舍颇语，克拉克这段讲话的翻译过程令我们可以窥见这种大杂烩的冰山一角。在这些语言和其他许多语言之外，哈得孙河沿岸地区至今还有人使用荷兰语，在宾夕法尼亚的农夫间能听到威尔士语和德语，在特拉华有人说瑞典语，散居在阿巴拉契亚山脉地区的苏格兰人说盖尔语，而卡罗来纳海岸的非洲裔居民则还在使用古拉方言。如果民主共和党人和联邦党人都无法忍受彼此，那一个拥有如此多族群、语言和观念的国家如何才能弥合各种分歧？

杰斐逊曾一度认为美国可以被分为"大西洋和密西西比

两个邦联",然而他事实上更希望联邦能够维持下去,因为他梦想着美国能成为一个"创世以来"前所未有的"自由帝国"。他也相信,民主理想将是维系这个联邦的纽带。真正的自由会让每一种声音都能在谈判桌上拥有同样的发言权,正如他在康拉德和麦克蒙公寓用餐时那样。他曾对麦迪逊说:"我相信此前从未有一部宪法像我们的宪法一样精密,既适合广大的帝国,也适合人民的自治。"

然而,随着购来的路易斯安那并入美国版图,民主的运行并没有变得更容易,让人人都能在谈判桌上拥有一席之地也没有变得更容易,一切反而变得更加艰难了。站在落基山脉上向东望去,我们会看见各种各样的语言和土地,会看见印第安人和移民,也会看见定居者和奴隶。要判断杰斐逊的乐观主义是否正确,还为时尚早。

第十七章 人民之子

1826年7月4日是《独立宣言》签署50周年纪念日，约翰·亚当斯和托马斯·杰斐逊均于这一天去世。此时上一代人凋零殆尽，美国人已经生活在一个全新的世界中，联邦党也已成为历史。然而奇怪的是，开国元勋们共同拥有的那个梦想——政党的消亡——并没有实现，美国人已经深深陷入政党政治之中，并以之为基础发展出一种新的民主。

上一代的最后代表人物是来自弗吉尼亚的詹姆斯·门罗❶，他在麦迪逊之后成为总统（门罗同样在7月4日去世，时间是1831年）。门罗18岁时曾跟随华盛顿横渡特拉华河，并在之后的战斗中负伤。他身材高大瘦削，是最后一位使用发粉❷并将

---

❶ 詹姆斯·门罗（1758—1831），以反对欧洲列强在西半球殖民的外交政策"门罗主义"而闻名。

❷ 使用发粉，18世纪欧洲习俗，在头发或假发上施粉以改变颜色。

头发束于脑后的美国总统，也是最后一位穿及膝马裤、长筒白袜和带扣鞋子的总统。然而在这个时代，改变的不仅是时尚，人们的行为方式也不同了，变得更有民主的气息——虽然这种改变潜移默化，以致许多美国人未曾留意。

欧洲来的访客们却留意到了这种变化。在美国，一个素未谋面的人可以直接走上来同你握手，然后开始问一些私人问题，比如"你在这里要做什么""你是否带着手枪"，或者"你是否认为在周日玩扑克不吉利"。这让他们难以接受——在欧洲，普通人只有在被"上等人"垂询后才能开口对他们说话。更糟糕的是，他们发现在美国很难看出一个人是有钱人还是穷光蛋。在费城的大街上，一个穿着笔挺衬衫，戴着光亮帽子和母鹿皮手套的人可能只是一个卖牡蛎的普通小贩，尽管他这身行头的做工可能不及绅士们的精致，却至少是以同样风格剪裁。登上一条在河上来往穿梭的崭新蒸汽船时，欧洲人会惊奇地发现船上居然没有头等舱。一位欧洲绅士曾抱怨道："富人和穷人，受过教育的和一字不识的，有教养的和粗鄙的，全都挤在船舱里，在同一张桌子上吃饭，甚至坐在彼此的腿上。"在餐桌上，美国人会直冲过来，装满盘子，然后"像用干草叉干活一样"，在几分钟内往嘴里塞进大量食物。看戏时，他们会歪倒在椅子里，把脚放到前排的凳子上，甚至懒得脱帽子。男人们随时都在嚼烟草和吐口水，不分室内室外，这让一位来自英国的女士叫苦不迭："简直像是在用唾沫淋浴。"

政治同样变得自由而宽松。在杰斐逊时代，大多数打算从政的人都是绅士，一心期待平民把他们选为领袖。到了19世纪 30 年代，如果哪位绅士想竞选职位，就得注意尽量表现得平易近人。一位国会议员曾说："如果一个候选人穿上一身农夫的衣裳，就会广受欢迎，给人留下好印象。"拓荒者戴维·克罗克特在他的竞选之旅中从不发表正式演说，而是对听众们坦白："刚才我脑子里还有一丁点儿演说词，但是现在我好像找不到它在哪儿了。"听众会爆发出"雷鸣般的笑声"。他会再多开几个玩笑，然后承认自己"已经像装火药的牛角一样干了"，接着就邀请所有人到酒摊上去"润润喉咙"。轮到他可怜的竞争对手上台发言时，台下只剩下寥寥几个听众。

在这个共和国的早期，只有拥有财产的人才能竞选，甚至投票。然而各州逐渐废除了这些限制，允许更下层的美国人投身公共服务。纽约州的马丁·范·布伦能够从政就得益于此。他是一个旅店老板的儿子，出生在说荷兰语的小镇金德胡克，少年时将英语作为第二语言学习。在从政之路上，他善于倾听，精于计算，建立起自己的政治网络"鹿尾"，其中的成员都对他忠诚不贰。布伦总有办法让法案获得通过，以至于得了一个外号叫"小魔术师"。

布伦发现，尽管开国元勋们的智慧无可置疑，他们仍然搞错了一个问题：政党永远不会消亡，也不应该消亡。他认为政党"对国家有极大的作用"。普通公民的利益正是在政党的激烈争斗中得到保护的，因为政党会像鹰一样紧紧盯住对手，迫使他们诚实廉洁。此外，政党善于利用集会和火炬游行点燃支持者的热情，在报纸上和公共辩论中挑战对手，也善于组织野餐、推广竞选歌谣并请支持者们痛饮，这样的努力让成千上万的公民对政治产生了热情。在1824年，4个选民中只有1个会在总统选举中投票，到了1840年，这一比例提高到了四分之三。

早年间，一个政党的候选人由政党领袖们在私下的核心小圈子会议上提名。如今，许多人开始谴责"小圈子国王"，认为那是排斥普通公民的密室会议。于是各党开始在党员大会上进行提名，让更多人得以参加。对1824年大选来说，这种新潮流来得太晚了些。这次大选中的总统候选人多达4人，且全都是民主共和党人。在选举人团的投票中，没有一个人得票超过半数。根据宪法，此时只能由国会从得票前三的候选人中选出一名获胜者。第2任总统约翰·亚当斯之子约翰·昆西·亚当斯脱颖而出成为胜利者，尽管他在直接投票和选举人团投票中的得票数都只排名第二。来自肯塔基的亨利·克莱得票垫底，然而他说服自己在国会中的支持者转而支持亚当斯，让后者得以胜出。

这无疑让得票最多的候选人安德鲁·杰克逊将军十分恼怒。在1812年战争中，杰克逊的士兵们给他起了一个绰号，叫"老山胡桃"，因为他像这种树一样坚韧刚强。1824年，大多数政治领袖都没把杰克逊的参选当回事儿。年老的托马斯·杰斐逊曾评论杰克逊是"我认识的人里最不适合（成为总统）者之一"。杰克逊认定亚当斯和亨利·克莱做了"腐败的交易"，窃取了大选的胜利。当亚当斯转而任命克莱为他的国务卿时，杰克逊更加坚信事实如此。4年后，杰克逊的支持者们把胡桃木柱竖在教堂尖顶上，到处分发胡桃木手杖和胡桃木扫帚，最终让他获得了史无前例的高票数。杰克逊扬眉吐气地入主白宫，并成为新党派民主党的领袖。亚当斯和克莱则最终重组了他们的派系，并将之命名为辉格党❶。

杰克逊被他的支持者们冠以"英雄""老山胡桃"和其他许多外号，其中大多数称呼里都有"人民"这个字眼。这位新总统是"人民之子"，代表了"人民的意志"，是人民的偶像，也是人民的仆人。他的行事风格也颇似人民中的普通一员，却又不失英雄色彩。杰克逊的父母曾从费城出发，沿着宾夕法尼亚的"大篷车路"向西走到阿巴拉契亚山脉，然后又折向南，在卡罗来纳的荒野中定居下来。年轻的安德鲁在这里白天学习法律，晚上参加派对。他在酒吧里打架斗殴，同年轻女士们调情，还会像个捣蛋鬼一样，在凌晨偷偷移走户外厕所让别人找不到。根据他一位邻居的回忆，他是个"粗声粗气又好斗"的家伙。搬家到田纳西的纳什维尔后，杰克逊成为一名公诉人，后来又成为国会议员。在此期间，他还购买了一座棉花种植园。经过建设，最终有上百名奴隶在那里劳动。1829年3月，无数人赶来参加杰克逊的就职典礼，堵塞了街道，甚至将我们今天称为白宫的总统官邸挤得满满当当。"人民"争相一睹他们的总统，挤满了每一寸能够站立的空间。成桶的潘趣酒被打开，许多玻璃制品和瓷器被打碎，缎面的椅子上印满了泥泞的鞋印。杰克逊成了美国新型平等政治的象征。

对这些美国人来说，平等意味着什么？它并不意味着每个人都有同等的天分，得到平等的教育，拥有平等的财富，甚

---

❶ 辉格党，美国历史上的政党，存在于1833年至1856年，反对总统专权独断。其名得自英国辉格党，取其反对君主专权之义。

至也不意味着他们应当在这些方面平等。最重要的是每个公民都有平等的机会取得成功。正如一位美国人所言："人人都应拥有尽力让自己超越他人的自由。"人民需要的不是平等本身，而是机会的平等。

为了让所有人都获得这样的机会，杰克逊对银行业尤为警惕。当时美国最大的公司是国家银行，是亚历山大·汉密尔顿提出设立的——他将之视为帮助经济平稳运行的必要机构。联邦政府的所有存款都在这家银行，此外它还发行纸币，提供贷款，这一切令它拥有能操纵普通人生活的强大力量。在人称"1819年恐慌"的金融崩溃中，国家银行就曾遭到许多愤怒指责。当时有大量企业倒闭，许多人失业，甚至因无法偿还贷款而流离失所。国家银行收回了大量有不良贷款记录的房产，以致有的城镇几乎整个都成为它的资产。杰克逊对这种情况怀有私人的情绪，因为他自己也曾一度接近破产。与他的意见相反，国会批准将这家银行的执照延长15年。于是，"老山胡桃"向这个被他称为"怪兽"的机构宣战了。"这家银行想要消灭我，"他对他的盟友马丁·范·布伦说，"但是我会干掉它。"他确实做到了。杰克逊否决了国会的议案，并下令从这家银行取出全部联邦储蓄，转存到各家州立银行。

没有了国家银行的好时光持续了一段时间。这家银行虽然有时显得专横，然而它毕竟也起到过重要的作用，没有了它的调控，经济最终再度崩溃。同"1837年恐慌"比起来，"1819年恐慌"反倒显得温和许多。此时杰克逊已不再是总统，马丁·范·布伦接替了他的位置。"小魔术师"很不走运，这次人们送给他一个新的外号："马丁·范·破产"。

从这个故事中我们可以学到一些不一样的东西。杰克逊在击败"银行怪兽"的行动中执行了人民的意志，事实却证明他和人民都没有理解这家银行的重要性。民主的成功并不在于人民永远正确。任何政府都必然会犯错误。国王或独裁者可以无视自己的错误，因为他们无须对任何人负责，而民主则与此不同。民主的成功在于，错误发生后，人民可以感受到这些错误，并有权力纠正它们。美国人在1840年大选中就做到了这一点：可怜的"马丁·范·破产"被辉格党候选人威廉·亨利·哈里森轻松击败。从这个意义上说，这套政治体制是成功的，人民通过投票纠正了他们自己犯下的错误。

但美国的新型民主还有一个更深的、无法如此轻易弥补的缺陷。虽然每个美国人都应当拥有通向成功的平等机会，一些人数众多的群体事实上却被这一民主系统遗漏了——女性不能投票；非洲裔美国人同样没有投票权，无论他们是自由人还是奴隶；至于印第安人，他们的权利和愿望更是几乎被完全无视。

在1820年，美洲原住民仍然控制着北美的大片土地。即使是在密西西比河以东地区，生活在自己土地上的印第安人也远超过10万人，其中许多人依旧打猎、捕鱼、种植玉米，但更多的人已经完全吸收了白人的生活方式。如果你在旅途中经过佐治亚，你可能会遇见一位克里克印第安人酋长，他的名字不叫小乌龟也不叫温吉纳❶，而是威廉·麦金托什。他的父亲是

---

❶ 小乌龟、温吉纳，均为印第安领袖的名字。

一位苏格兰商人，母亲是克里克印第安人。虽然麦金托什裹着印第安绑腿，穿着鹿皮靴，但他也穿着带有褶边的衬衣，打着黑领结，正如一名白人绅士。他拥有一座种植园，有奴隶为他劳动。在1812年战争中，他站在安德鲁·杰克逊一边，与其他印第安人为敌。

然而，所有这些印第安人，不论他们的名字是什么，风俗如何，在新型民主里都没有得到平等的机会。安德鲁·杰克逊自己的种植园就是从印第安人的土地上切割出来的，也正是他在1812年战争中带头夺取了这些土地。到他最后一次强迫印第安人签署条约的时候，美国版图光是在他手上就增加了三分之一个田纳西、四分之三个佛罗里达和亚拉巴马，以及五分之一个佐治亚和密西西比。在总统任上，杰克逊提出将密西西比河以东残存的印第安人全部迁往河西，到今天的俄克拉何马州境内居住。一部分印第安人拿起武器进行了反抗，却遭到军队镇压。切罗基人拥有自己的成文宪法，也尝试利用美国法律保护自己的利益。当佐治亚州政府剥夺他们的法律和权利时，他们将州政府告上了法庭。最高法院站在了切罗基人一边，但杰克逊却无视法院的决定。约有15 000名印第安人被迫离开了家园，其中一部分在刺刀的威胁下才屈服。他们踏上了"血泪之路"，艰难跋涉数百英里，来到政府为他们专门划出的新"保留地"。许多人的马匹、床褥和炊具被抢走，只保留了夏天的衣物，却要在冬天赤脚上路，这导致超过3 000名印第安人在抵达目的地前死去。

与南卡罗来纳州的对抗是杰克逊担任总统期间最无畏的战

斗。在南卡罗来纳，富有的种植园主们对国会向进口商品征收关税提出抗议，因为关税提高了他们为此类商品支付的价格。另一方面，北方的制造业者则欢迎这种关税，因为他们可以借此以较低的价格销售同类的美国产品。愤怒的南卡罗来纳甚至专门为此召开了一次会议，声称联邦内任何一个州都有权废止它认为违宪的法律。它不仅宣布在南卡罗来纳境内不得征收此类关税，并威胁说如果国会不废止这条税法，南卡罗来纳就有充分的理由脱离联邦。

杰克逊自己就是南方人，也是一名种植园主，因此我们有理由认为他会支持南卡罗来纳。然而他将南卡罗来纳发出的威胁视为一种对他个人的侮辱：人民选举他来执行联邦法律，南卡罗来纳岂能在法律中挑挑拣拣，只遵守自己乐意遵守的那部分？又岂能在其他州没有同意的情况下退出联邦？"老山胡桃"警告说：联邦是"永久性的"，如果南卡罗来纳试图用暴力抵抗他的权威，他将"把他们中我能抓到的第一个人吊死在我能找到的第一棵树上"。

南卡罗来纳在这场较量中退缩了，它放弃了废除税法的念头，不过仍将在未来很多年中继续考虑脱离联邦的可能。杰克逊曾对一位朋友说，他嗅到了南卡罗来纳确实希望"分裂"的倾向。南卡罗来纳希望建立自己的"南方邦联"，关税上的争论只不过是个借口。杰克逊做出预测："下一个借口将是黑人问题，或是奴隶制问题。"毕竟，如果北方人能说服国会开始征收关税，那还有什么能阻止他们插手奴隶制问题呢？

在此前的一章中，我曾讨论过平等和不平等的平行历史，将这两种力量描述为两名格格不入的舞伴——18世纪，自由平等理念的传播与奴隶制的扩散是同步进行的。这个描述同样适用于杰克逊年代的新政治。在这个年代里，大多数美国白人希望被平等对待，他们的要求令欧洲人震惊。与此同时，印第安人的平等权利却被无视了。至于非洲裔美国人，无论他们是自由人还是奴隶，其待遇都变得更加恶劣。无论是南方还是北方的美国白人，都宣称非洲族裔先天较为低等，永不可能得到平等对待。

奴隶制与自由之间的舞蹈非但没有结束，反而变得更加疯狂，其中的原因我们将在下一章阐明。

第十八章　棉花王国

清教徒航向马萨诸塞湾的迁徙过程后来被称为大迁徙。与此同时，更多的殖民者为了烟草来到弗吉尼亚。然而这两次移民的规模都赶不上1812年战争后的拓荒潮的十分之一。从纳什维尔出发，有一条印第安小路可穿越田纳西、亚拉巴马和密西西比，被称为纳奇兹小道。在这条小路上，你会看到如潮水般涌来的迁居者。这些移民或是步行，或是骑马，或是赶大车。他们钻过茂密的森林，绕过柏木沼泽，在青篱竹丛（一种美国特有的竹林）中穿进穿出。他们中有地力衰竭的弗吉尼亚烟农，更多的则是来自阿巴拉契亚山脉丘陵地带的苏格兰-爱尔兰人❶。上万名奴隶被木枷锁在一起，由拿着枪和鞭子的人监视

---

❶ 苏格兰-爱尔兰人，指18—19世纪从爱尔兰阿尔斯特地区迁往美国的移民，多为基督教长老会信徒。常因居于山区、生活贫苦而受到歧视，被称为"乡巴佬"。

着。"那是一支令人不忍直视的队伍，"当时的一位旅行者这样描述，"行进中的男女都半身赤裸，身披锁链。"到了夜里，这些囚徒就被赶进那些粗陋破败的旅店外的露天围栏——人们称之为"圈"，他们的主人和其他旅行者则睡在室内，一个房间可以挤上50个人。浩大的迁徙中，有穷人也有富人，有种植园主也有普通农夫，有投机者也有奴隶，然而只用一个词就可以解释这次行动，那就是"棉花"。

千百年来，人类一直利用棉花的白色纤维纺线，再将棉线织成布料，但剔除黏糊糊的棉籽始终是一项枯燥冗长的工作。到了18世纪70年代，一种操作简便的机器被发明出来，每天可以摘净40磅棉花。到了1793年，由于康涅狄格州的伊莱·惠特尼发明的新式"轧棉机"和其他发明家的工作成果，这一数字提升到了每天超2 000磅。突然间，两名劳动者每天能清理的棉花比从前多了50倍。

让我们来计算一下。南卡罗来纳的种植者们从每英亩土地上收获约300磅棉花。然而在几百英里外的纳奇兹小道另一端，情况则完全不同。安德鲁·杰克逊迫使印第安人放弃的数百万英亩土地中，有一部分是极为肥沃的黑土，被人们称为"黑色地带"，这里每英亩土地可以出产800磅，甚至1 000磅棉花。爆发式的繁荣再一次发生。从1810年到1820年，密西西比州和路易斯安那州的人口增加了1倍，而亚拉巴马州的人口增加了12倍之多。

南方的发展持续不衰。在19世纪30年代，人们"像潮水一样无休无止地涌入"，像"变戏法一样"建起大量房屋。土地被清理出来，种上作物。他们栽种的并非全都是棉花——在南卡罗来纳、佐治亚和路易斯安那的泽地海岸，稻谷的种植依旧旺盛，路易斯安那同时还出产甘蔗。在南方北部，人们还在种植烟草、小麦和大麻，然而棉花才是新贵。到了1860年，被开垦出来的土地是如此之多，以至世界上四分之三的棉花都产自美国南方。几乎每一个河湾上都有蒸汽船停下来装载成捆的棉花。由于船上的棉花堆得太多，河水常常从甲板的护栏上翻进来。"棉花为王！"南卡罗来纳州参议员詹姆斯·哈蒙德自豪地宣布。诚然，棉花已加冕为王，而南方就是它的王国。

南方是一个充满了尖锐对比的地方。一提到"老南方"，人们脑子里就会浮现出像丹尼尔·乔丹上校那样的种植园主形象。乔丹的庄园月桂山位于南卡罗来纳，庄园里有261名奴隶。在天气晴朗的日子里，这位上校也许会从被橡树环绕的草地上走下来，在沃卡莫河边上船，到"热腾腾的鱼"会所用餐。他会点鳟鱼、欧鳊和鲈鱼，配以薄荷朱利酒，或是一杯冰块晶莹的冰水——这种难得的饮料更配得上这好天气。（其时电冰箱尚未发明，但是新英格兰的人会在冬天从池塘里锯下冰块，用锯木屑包裹起来，运到南方。南方人则将冰块储藏在地窖中。）

然而，在800万南方白人中，只有大约2 000人能拥有超过100名奴隶。（"人民之子"安德鲁·杰克逊就是这极少数人之一。）这些富有的种植园主用希腊式的石柱装饰他们的豪宅，被人们称作"纳波布"❶。大多数新种植园里只有未粉刷的单层木屋，有些甚至连窗玻璃都没有，这意味着蚊子、跳蚤和其他

---

❶ 纳波布，原意是印度莫卧儿帝国时期的地方长官，后用于指代富豪。

小虫子会让你的睡眠变成真正的噩梦。尽管棉花繁荣为这片新土地带来了数以十万计的奴隶，四分之三的南方白人家庭却连一个奴隶也没有。密西西比州格拉纳达的费迪南德·斯蒂尔就是这种小种植者的典型。斯蒂尔主要种植玉米，棉花种得不多，刚刚够他一家人买糖、咖啡、火药、子弹和奎宁，后者用来治疗在这片地区十分常见的疟疾。

尽管只有四分之一的白人家庭拥有奴隶，奴隶仍是南方生活和经济的核心要素之一。北方在独立战争期间就已经开始废除奴隶制，佛蒙特在1777年开展废奴运动，走在了最前面。几年之后，马萨诸塞一个名叫贝特妈妈（贝蒂妈妈）的奴隶发现州宪法宣称"所有人生而自由平等"，于是在法庭上为自由提出了诉讼。她赢了。随后马萨诸塞所有的非洲裔居民都获得了自由。奴隶制度在北方逐渐消亡，在南方却大步前进着，以致被称为"特殊制度"，因为它已成为令南方与众不同的标志。

奴隶制度在何种程度上塑造了南方？对于占南方人口三分之一的奴隶来说，这个问题很容易回答。在奴隶制下，他们每天从黎明到日落都被迫做出艰难的选择。种植园的钟声在凌晨3点半响起，此时离日出还有很长时间，一旦起床，晚上9点之前都没法回到宿舍。那么是选择起床干活？还是因为太过疲倦而选择多睡一会儿外加挨上20皮鞭？也许你会选择逃跑，虽然心知肚明犬监会放出他的狗，在你身后紧追不舍。奥克塔夫·约翰逊就是这样做的。他和其他60名逃奴一起，在路易斯安那的沼泽深处生存了一年多。也许你会像苏珊·哈姆林一样，醒来时发现你朋友的孩子已经被卖给远在数百里外的新主人:"你会听到尖声哭喊,男女都有,因为他们的爸爸、妈妈或是姐妹兄弟被人带走了,没有提前通知。"如果你因为够机灵而被主人任命为监工,可以指挥其他奴隶工作,你是否要忠诚地执行任务?还是对你的奴隶同胞们心怀怜悯,在他们偷懒时网开一面?也许你会相信奴隶制太过邪恶,上帝正召唤你推翻它。弗吉尼亚的纳特·特纳就曾获得这样的宗教启示,让他相信应该自己掌握命运。1831年,他带领70名奴隶,杀死了57名白人男女和儿童,随后被抓住绞死。每一天,这些戴着枷锁的人都必须选择他们对奴隶制的态度:在多大程度上可以忍受,在什么情况下必须抵抗。

种植园主们同样需要每天做出选择:你应该把这些"活财产"压榨到什么程度?你会避免使用残酷的处罚,以使你的奴隶们更忠诚,还是会雇用一名眼神锐利、手起鞭落的监工?如果你是一名基督徒,你是否应该让奴隶去教堂?如果他们中的一对希望结为夫妻,你会允许他们举行婚礼吗?(大多数种植园主不会。)你是否允许奴隶们读书识字?蓄奴州的法律明令禁止让奴隶学会阅读。毕竟,正如一名奴隶主所言,识字的奴隶"更难管束","永远不会再像个奴隶"。这名奴隶主的预言变成了现实。他自己手下最聪明的奴隶无视他的命令学会了阅读,然后逃到了北方,成为讨伐奴隶制的著名先锋。这名奴隶的名字是弗雷德里克·道格拉斯。

上面这些问题向我们证明:即使一个奴隶主愿意温和对待他的奴隶,他也无法完全信任他们,而奴隶们也永远不会完全指望主人们会自动变得"正义"。有这么一个例子:一名种植园主曾留下遗嘱，表示在自己和年迈的妻子去世后，让他所有的奴隶获得自由。这看上去是不错的妥协方案，然而对他的妻子而言并非如此。种植园主死后，他的妻子开始害怕自己会被一名想要解放同胞的奴隶杀死，于是她决定立刻释放他们。这位夫人名叫玛莎·华盛顿，而那位希望自己的遗孀和奴隶都得到善待的丈夫则是美国首任总统。他用自己的遗嘱让他们都获得了解放。

就连不曾拥有奴隶的南方人也面临选择。看到一名逃奴时，你是否会告发他？如果你认为奴隶制是错误的，你是否有勇气大声说出来？事实上大多数贫穷的南方白人支持奴隶制继续存在。"假设他们都自由了，"一名贫苦的农民解释说，"那么，他们就会觉得自己跟我们是平等的。"贫穷的南方白人可能会仇视像乔丹上校那样的富有种植园主，但即使他们中的最底层者，也会庆幸自己至少是自由的。

由于气候寒冷，北方并不适合种植棉花，这里的奴隶制被废除了，这里的人们大声呼吁着平等，一切与南方不同——这样想的北方人未免过于天真，而这样的看法又是何等荒谬。因为，在美国境内的棉花王国不是一个，而是两个。南方的棉花王国沿着"黑色地带"绵延无边，北方的棉花王国却在室内。这里只有会发出嗡鸣的黑色皮带，它们带动纺纱机吐出一根根白线。两个王国彼此依存，缺一不可。南方收割棉花，而北方把它纺成线，织成布。

北方人的生活向来不容易，不得不努力发展这个棉花王国。这里的田地里石头太多，气候又那么寒冷。"收割"毫无用处的冰块，再用毫无用处的锯木屑把它们裹起来送到南方，这样的主意只有扬基❶们才能想得出。在詹姆斯·麦迪逊时代，南方种植园主把一捆捆的棉花用船送到英国纺织商那里去，而扬基们只能眼睁睁在一边看着。要是我们新英格兰人也能生产那样聪明的机器，能把棉花包变成布料，能把纺织商变成有钱人，该有多好！然而英国人了解纺织机的价值。英国议会通过法律，禁止任何人将纺织机图样带出英国。在整个不列颠，一件又一件的发明正改变着人们的工作方式。它们造成的改变如此巨大，以至于我们将之称为"工业革命"。现在要纺织棉花或是羊毛，不再需要一个人坐在家里转动纺车了。在被称为工厂的大型建筑里，由工人操作的"珍妮纺纱机"一次可以纺出100根线。（"珍妮"一词很可能是"机器"的另一谑称。）而英国人还有"动力织布机"将这些棉线织成布料。

1810年，一位名叫弗朗西斯·洛厄尔的波士顿商人开始了他在英格兰和苏格兰的两年游历。他四处走访工厂，仔细研究那些机器怎样工作。洛厄尔离开英国时，狐疑的英国当局害怕他带走机器图样，对他的行李进行了两次搜查，但他已把需要的一切信息都存在了脑子里。很快，洛厄尔就在波士顿的查尔斯河畔建起了一座工厂。他去世后，他的生意伙伴在波士顿北面的梅里马克河畔建起一座全新的工业村镇，并以洛厄尔的名字命名。洛厄尔工业区的机器从此在水轮的驱动下转动不停。

在每一座新工厂，布料纺织的所有工序——从梳棉到精梳

---

❶ 扬基，最初指新英格兰地区居民，后泛指美国北方人。此处指前者。

（让纺线变得更容易的工序），到纺线，再到织布——都集中到同一个车间里，这里的噪音震耳欲聋。"成千上万的纺锤和轮子一起转动，梭子往复如飞，织布机咔嗒作响，还有几百名女孩看管着这些轰鸣不休的机械。"一名工人回忆道。工厂主从附近的乡下雇来这些"工厂女孩"，她们都很年轻，尚未成婚，往往对农场上与世隔绝的"乡下"生活感到厌倦。这些工厂为她们提供一份满意的薪水，还让她们住在宿舍里，由一名年长的女子看管。在繁华的洛厄尔，姑娘们可以听演讲，可以使用地方图书馆，还能出版自己的报纸——《洛厄尔献礼》。当女工萨莉·赖斯的父母让她回到农场时，她回答道："我必须要有自己的生活……如果我回家去，一分钱也挣不到，我上哪里去找自己的生活呢？"

许多工厂女孩发现在工厂里工作是一种新挑战，甚至很有意思。但是"当你在一天里把同样一件事干上20遍，甚至100遍，它就枯燥透了！"其中一名女孩这样抱怨。另一名女孩则吐露说，在天气寒冷的时候"我的手指被冻成了冰棍，许多时候根本感觉不到纱线的存在"。冬季白昼短暂，也意味着工作会从黑暗中开始，在黑暗中结束，于是每个工厂都会点起数百盏鲸油灯。从外面看上去，那些透出灯光的窗户显得暖意盎然，但车间里的空气会被油烟污染，使整个工作场所到处沾满线头、油污和灰尘，变得肮脏不堪。

正如南方的棉花繁荣最直接地塑造了奴隶们的生活状态，工业革命也同样直接地影响着北方工厂里的工人。此外，通过改变人们的穿着，棉花也改变着其他无数美国人的生活。现在一个普通工人也能买得起体面的上衣和长裤，因为工厂里生产尺寸齐全、价格低廉的成衣，没有必要像绅士们一样出高价请裁缝来量体裁衣了。"各种棉布衣料都变得太便宜了，任何人都没有理由再缺衣少穿。"当时的一本杂志如是说。拼花被面开始流行起来。虽然在今天我们的记忆中，那是一种古朴老派的发明，但在当时它却是近代棉花统治地位的证明。要将各种光鲜的布块以不同图案拼成一床被面，你需要剪碎许多旧衬衣、裙子和其他布料。只有当工厂开始生产巨量的棉布产品，家庭里的女眷们才能拼出这种被面。

就这样，南方和北方的棉花王国同时成长起来。成千上万人涌向西部，工厂的数量成倍增加，奴隶制也盛极一时。比起华盛顿写下遗嘱的时候，世界已经完全变样了。如果他能活着看到这些改变，想必难以心安。在1798年，他去世前一年，华盛顿坦陈了他对共和国的最大担忧："我可以很清楚地预见，不根除奴隶制，不用共同原则来维系巩固我们这个联邦，它就难以长存。"无论是在南方还是在北方，"棉花国王"的登场都令这样的未来变得更加渺茫。尽管大多数北方人厌恶奴隶制，他们同样也不愿意将非洲裔美国人视为与自己平等的一员。在为自己争取公民权的斗争中，贝特妈妈和其他北方黑人也许吹响了第一声号角，但他们仍然未能为自己赢得完全的尊重和完全的平等。他们过着与白人隔离的生活，其程度较之南方更甚。

并非所有美国人都看不见这些问题。在棉花田和纺织厂持续扩张的年代里，一些公民已经开始梦想如何才能将美国变成一个更自由、更完善的联邦了。

第十九章　星火燎原

工厂女孩看到那名男子时，正在织布间里做工。她的心跳立刻加速了——她知道这个人是谁。车间里大多数姑娘都知道这个人，虽然直到前一天晚上她们才第一次亲眼看到他。他30多岁，相貌英俊，身高明显超过6英尺。他神色极为严肃，目光似乎可以洞察一切。在他身边陪同的是工厂主沃尔科特先生。织布机上的一根线断了，女孩竭力将精神集中到工作上来，但是她的双手抖个不停，派不上用场。这个男人现在离她只有10英尺。他没有打量那些机器，却毫不掩饰地把目光锁定在她身上，以一种圣洁而可畏的方式令她的眼睛无法回避。姑娘的心情沉重到了极点，不可遏抑地哭了出来。车间突然陷入沉默，这沉默却比机器的轰鸣更震耳欲聋。另一名女孩崩溃了，然后是下一个，下一个。那第一声抽泣仿佛成了一根落入火药桶的火柴。

沃尔科特纺织厂是在东北部遍地开花的许多棉纺厂中的一家。在南方人沿着纳奇兹小道大量西进的同时，新英格兰人也在通过纽约和宾夕法尼亚涌入俄亥俄和更远的地方。新建的伊利运河离沃尔科特纺织厂不远，让旅行和贸易变得更容易。在这条运河修建之前，美国境内最长的运河只有28英里。到了1826年，伊利运河将哈得孙河上的奥尔巴尼和伊利湖上的布法罗以360英里长的水道连通。同时，蒸汽机——工业革命的另一项发明——让河上交通变得更加便捷。新式的宽底蒸汽船可以承载100多人外加100吨货物。运河上的航船依旧要用马来拖动，因为蒸汽船对运河而言太大了，但蒸汽船不仅可以顺流运送货物，也能逆流而上。纺织工厂的机器也开始使用蒸汽引擎作为动力。

在1826年的这天清晨，沃尔科特纺织厂里的大部分工人都陷入了颤抖。工厂主只得关掉了机器，让那位访客开始讲话。这位访客名叫查尔斯·格兰迪森·芬尼❶，他怀着宗教复兴的雄心来到这里。与大觉醒运动时期的乔治·怀特菲尔德一样，芬尼也一路布道，从一个村庄走到另一个村庄。（前一天晚上，许多工厂女孩在村中的学校里听到了他的警示：她们需要改变自己的生活。）类似从前的乔纳森·爱德华兹，他希望这样的宗教觉醒能传播到整个美国，带来《圣经》中预言的"千禧年"，开启一千年的和平盛世。但传统的方式不能令芬尼满足。"政客们都是怎么做的？"他问自己，"他们召集会议，散发传单

---

❶ 查尔斯·格兰迪森·芬尼（1792—1875），第二次大觉醒运动的领导者，被称为"现代宗教复兴主义之父"。

和小册子，在报纸上热烈地宣传……只为使他们的方针引起人们的注意。"于是芬尼决定用同样响亮、同样热烈的方式传播上帝之道。

他带来的最大复兴发生在纽约州的罗切斯特，那是伊利运河沿岸的第一座新兴城市。农夫们将小麦运到罗切斯特，在这里它们被倒进一种独特的升降机，这种升降机就像是吊在磨坊顶部的大桶。小麦在这里被清洁、筛净，然后送进斜槽，磨成面粉。在磨坊底部，面粉被分装入桶，用船沿运河运往纽约市。这里的工人不像机器那样整饬有序。在一整天的辛苦劳作之后，人们或是涌向剧院，或是在街头取乐，或是在酒馆买醉。夜色中弥漫着"汽笛声、咆哮声、高喊声和尖叫声，以及其他所有嘈杂声音的混响，几乎让人食道抽搐作呕"，一位本地居民这样抱怨。

芬尼花了一整个冬天连续在这里布道。商人们希望他不仅能带来上帝的福音，也能为这座城市带来一点儿秩序。于是妇女们挨家挨户走动恳请邻居；生意人关门歇业；学校也把孩子们都放了出来。芬尼告诉他的听众们不要像绵羊那样温顺地坐着，不要被动等待圣灵——选择信仰的力量就在他们自己身上。"放手去做吧，"他大声宣告，"如果教会能尽到它的职责，也许3年后千禧年就会降临。"他相信完美之道近在咫尺，而且许多时候似乎半个美国的人们都在苦苦思索——如何让一切变得更好，如何臻于完美。

无数宗教复兴主义者和宗教改革者在纽约州西部的道路上往来，以致人们给这片地区起了一个外号，叫作"烧尽区"——因为这里燃起了太多的圣灵之火。对伊利运河沿岸的居民来说，这是一个多么特别的时代！在罗切斯特以南，有一位名叫约瑟夫·史密斯的年轻人出版了一本书，书名是《摩门经》。约瑟夫自称天使摩罗乃向他呈现了一册金页，他使用了一副魔法眼镜，识别了金页上的"改良埃及文"字符，并把它翻译了出来。（他的母亲称，那副眼镜由水晶制成，看上去像"两颗光洁的三角钻石"。）不久以后，像其他许多新英格兰人一样，史密斯带领他的摩门教众向西迁徙。不过14年后，更多虔诚的灵魂受到牧师威廉·米勒的感召，涌向罗切斯特。米勒曾宣称耶稣将于1844年10月22日亲自降临，召集圣徒，开启千年王国。信徒们穿着白色的"升天长袍"，在城市的最高点科布斯山上通宵等待耶稣。曙光出现之后，他们不得不走下山来，满心失望。

《圣经》中说："所以你们要完全。"这句话的含义是什么？不论基督是否会降临在科布斯山上，只要千年王国真的降临，美国就会基督教化，从此不再需要政党，它的所有民族也会成为一体。然而此时约翰·加尔文的神圣共同体已经碎裂成上百种不同的影像，燃起了上千种不同的火焰。在马萨诸塞，牧师拉尔夫·沃尔多·爱默生宣称每个人都是"一个永恒的灵魂"，能够也应当俯视，或超越众多教堂里那些"无生命的说教"。爱默生的"超验主义"观念鼓励人们在自然中寻求灵感——自然中有"怒放的花朵，而草地被它们点染成火与金的颜色"。一些先行者创立了乌托邦式的社区，让尝试新生活方式的信徒们建立起与外界隔绝的定居点。（希腊语"乌托邦"一词的意思是"乌有之乡",这意味着这样的社区至少在这片尘世无处可寻。)爱默生没有创建这样的乌托邦,但是别的一些超验主义者建立起了布鲁克农场和果园公社。人们在这些社区里分享食物,也分享共同劳动获取的收益。约瑟夫·史密斯和他的后期圣徒教会成员们在伊利诺伊的诺伍建起了自己的乌托邦小镇。他提议每名男信徒可以娶不止一名妻子,并将这种模式称为"多偶制婚姻"。他的这一训示跟他的其他新观念一样,对他的邻居们来说太过怪异,最终导致他被一群暴徒杀死。另一位乌托邦主义改革家罗伯特·欧文则完全拒绝宗教。他设计了一种财产公有而非私有的工业村镇,人们在其中平等分担劳动。这种制度被称为社会主义,旨在改善工厂工人们的艰苦生活,改善那种曾被一名工厂女孩控诉为"简直把我们当成活机器"的生活。

无疑,这些革新思想中有一部分显得不切实际,甚至显得疯狂。对这些想象进行冷嘲热讽似乎是件容易的事。然而在那个时代,更容易的事则是日复一日地辛苦劳作,同时说服自己相信这是理所应当的,因为这个世界从来就是如此。而那些追求完美的人则大胆梦想,并因此意识到,只要他们投入足够的精力和汗水,世界就会有所改变。正因为他们,革新之火渐成燎原之势。

多罗西娅·迪克斯曾在马萨诸塞州一个县监狱的主日学校担任教学志愿者。她发现精神病人与犯人被关在一起,深感震惊。她在报告中揭露:在有的州,精神病人甚至被关进笼子,锁在黑暗的地下室里,"戴着镣铐,身无寸缕,被棍棒拷打,一直打到驯服"！为了改善精神病人的看护状况，迪克斯开始四处游说。囚犯们的遭遇同样恶劣。康涅狄格州的一座老铜矿长期被用作监狱。整日的劳动结束后，囚犯们戴着脚镣和手铐，爬下一道50英尺高的铁梯子，从下午4点开始就挤在一个个黑暗潮湿的洞穴里。直到第二天凌晨4点，他们才能顺着那道梯子爬上来。在改善这些虐待情况的过程中，革新者们取得了许多成功。

一些革新斗士则警告人们注意酒精的危害。从殖民地时期开始，美国人就习惯性地频繁饮酒。到了工业革命时期，酒精消费更出现了大幅的增长，在男性中尤为明显。事实上，1790年到1820年，美国人的饮酒量超过了此前和此后的任何时期。与殖民地时期流行朗姆酒不同，这段时间威士忌似乎遍地开花。这种酒在最穷苦的农场里也可以酿造，不需要像朗姆酒一样依赖从加勒比地区进口的糖浆。然而，这种新的风俗酿成了许多悲剧：罪案频发，妻子们遭到殴打或抛弃，儿童无人看管。在罗切斯特的一次宗教复兴主义集会上，牧师们对酒精发出了强烈谴责，以致一些商人将成桶的威士忌滚上街道，然后将酒桶砸破。仅仅几年之后，美国人的酒精摄入量就创造了历史最低水平。

另有革新者将奴隶制视为那个时代的最大邪恶。戴维·沃克是波士顿的一名自由黑人，他出版了一本小册子，将自由视为一种"自然权利"，认为奴隶们应该联合起来反抗他们的主人，因为这些主人是"残忍的压迫者和谋杀者"。这样的观点在南方和北方都吓坏了许多白人，于是沃克将这本小册子缝进外套的衬里,再将这些外套出售给黑人水手,从而让这些水手把小册子走私到禁止其出售的南方港口。如果不是因为突然去世,沃克本该拥有更大的影响力。一些人相信沃克是被他的敌人下毒害死的。

另一名来自马萨诸塞的宣传家将废奴运动带到了一个新高度。当时许多北方人愿意接受的是一些温和的解决方案,比如逐步终止奴隶制,或者鼓励获得自由的奴隶回到非洲。威廉·劳埃德·加里森对这些观点表示反对,他认为:不,奴隶制必须立刻废除。他的报纸《解放者》也从不避重就轻:"在这个问题上,我不愿意有节制地思考、发言或是写作。不!决不!那就像让一个房子已经着火的人有节制地发出警报一样荒谬……请不要建议我在此刻的这项事业上有所节制。我的态度明确,不会模棱两可,不会找任何借口,不会后撤哪怕一寸。人们必将听到我的呐喊!"

加里森也许是废奴主义者中最富有激情的一位,但还有许多人也站了出来。那位逃跑的奴隶弗雷德里克·道格拉斯成了一位天才演说家,并最终迁居到了位于"烧尽区"的罗切斯特。是啊,还有什么地方比罗切斯特更合适呢?他在这里出版了他的反奴隶制报纸《北极星》。这些行为都需要勇气,因为许多白人将废奴思想视为激进和危险的观点。一位改革者在伊利诺伊被暴民绞死,另一群人则拽着威廉·劳埃德·加里森在波士顿的街上拖行。要不是市长以"扰乱秩序"之名将他送进监狱(实际是为了保护他),他可能被这群暴徒私刑处死。加里森在囚室的墙上写道,他是"因为宣传'人人生而平等'这种令人厌恶的危险学说"而被关在这里的。

加里森还鼓励女性加入到他的斗争中,然而他在这一行动中显得有些孤单,因为当妇女们要求加入时,许多男性废奴主义者表示反对。事实上女性在这个时代的宗教复兴主义运动和社会改革中都扮演了重要的角色。1840年,柳克丽霞·莫特曾作为世界反奴隶制大会的代表远赴伦敦。她是一名贵格会信徒,而贵格会一向是批判奴隶制的先锋之一。莫特不穿棉制衣物,也不吃糖和大米,并拒绝使用其他一切通过奴隶劳动制造的产品。在伦敦,男性废奴主义者们却对她说,女性"不适合"参加会议,会让它"沦为笑柄"。于是女性代表们只能坐在一片用绳子隔开的区域里旁观会议进程。

莫特在伦敦结识了从美国来的年轻女子伊丽莎白·卡迪·斯坦顿。斯坦顿曾与另一位废奴主义改革者陷入热恋。这段感情遭到她父亲的反对,于是她离家出走,最终还是嫁给了他。当柳克丽霞·莫特告诉斯坦顿,她"有权独立思考,就像路德和加尔文那样"时,这名富有独立精神的女子十分兴奋。她们回到了美国,"决心举行一次会议"。与前一次不同,这次她们要讨论的不再是反对奴隶制,而是为女性争取权利。

她们需要时间。到了1848年,会议最终在"烧尽区"的另一个村庄塞尼卡福尔斯召开,100名女性和男性代表在这里签署了一份《情感宣言》。它与杰斐逊的《独立宣言》前后呼应。这份宣言大声疾呼:"我们认为这些真理是不言而喻的:所有男人和女人生而平等……"正如上一份宣言中列出了那些促使美国人拿起武器反抗的不公行为,《情感宣言》也将男性对女性的"重复伤害"一条条列出：女性被迫遵守她们无权参与制定的法律；女性不能成为牧师或医生，也不能进入其他许多行业；法律还赋予丈夫处置妻子财产的权力。《情感宣言》要求女性应当拥有"作为联邦公民应得的所有权利和待遇"，包括投票权。

一些报纸对《情感宣言》发出了赞扬，其中包括弗雷德里克·道格拉斯的《北极星》，其他许多报纸则对宣言中的"痴心妄想"大加嘲讽。伊丽莎白·斯坦顿的丈夫，那位废奴主义者，对放开女性投票的念头感到"五雷轰顶"，以致他离开了塞尼卡福尔斯，直到这次会议引起的争议平息下来。

所有男人和女人生而平等——这是多么"令人厌恶而危险"的学说！然而这场改良与革新之火还在继续燃烧，1776年树立起来的理想仍有待实现。

第二十章　边界

这一章的内容将相当丰富。

在短短几年之内，美国的版图就横跨了整个大陆，最终连接了大西洋与太平洋。这看起来也许太过突然，但我们已经目睹了那在整个美国闪耀着的巨大能量。政客们组织起游行；宗教复兴主义者们在布道；改革家们在抗议；动力织布机在轰鸣；许多美国人在举家搬迁；蒸汽船在西部的河流上竞赛。（没错，就是竞赛。为了比别的船跑得更快，船员们把木柴一根接一根地投进加热蒸汽的炉膛。这样的行为经常导致蒸汽船发生爆炸，烧成灰烬。此类事故造成超过 4 000 人死亡。）南北两个棉花王国的繁荣还在继续，从上百万被迫在棉花、稻谷和烟草种植园里劳作的男男女女身上榨取能量。奴隶制度仍在扩张，而非收缩。

与此同时，赶着大篷车的美国人已经跨越了密西西比河，从遍布森林的荒野推进到了广袤的大草原。这里的野草长得高过人头——无论男女。只有坐在马背上，视线高度才够让你看到在微风中起伏的草浪。草原小径极细，"蜿蜒如蛇，时隐时现"。在牛虻活动的季节，最好选择在夜晚旅行，否则，"在炎热的夏日里，马匹会被叮咬得狂躁而死，毫不夸张"。从这里往南一些，一个名叫斯蒂芬·奥斯汀[1]的年轻人正驱马进入一片名叫得克萨斯的地方，那是西属墨西哥的一部分，他获准在这里建立一个殖民地。一片片挺立的橡树、山胡桃树和碧根果树在这里让位给丛生的矮小豆科灌木。他还可以在这里猎到野牛和鹿。1821年，就是墨西哥赢得独立战争从西班牙独立出来的那一年，奥斯汀建立了他的殖民地。

被称为"山地人"的毛皮猎人们走得更远。他们穿过了被长草覆盖的中西部大草原，又穿过了大盆地的短草荒野，直到地势逐渐抬升，出现落基山脉。这些人爱穿带流苏的鹿皮衣和鹿皮软鞋，头戴油腻的宽边软帽，留着乱糟糟的胡子。他们身背长枪，把牛角火药筒挎在肩上，身后牵着骡子，在湍急的溪流边捕捉河狸。收成好的时候他们可以大嚼野牛肉，倒霉时节则只能烤蟋蟀充饥。更糟的时候则如乔·米克在回忆中所述："我把双手放在一座蚁冢上，直到被蚂蚁爬满，然后贪婪地把它们舔个干净。"在仲夏时节，毛皮猎人都会来到某个大型的"集结地"，在那里把河狸皮卖给赶着大篷车穿过大平原而来的商人，然后喝酒、赌钱、狂欢，甚至为娶个印第安老婆讨价

---

[1] 斯蒂芬·奥斯汀（1793—1836），被称为"得克萨斯之父"。得克萨斯首府奥斯汀即以他的名字命名。

还价。这是因为：首先，这些人都很寂寞；其次，如果你在印第安人的地盘上打猎，跟他们保持良好关系就很重要。大概有500名毛皮猎人在这里捕捉河狸，直至这种动物几乎从溪流中绝迹。当这些人东归，带回如何前往西部的路线信息，其他美国人会成群结队地沿着这些路线前进。

现在，因为这个故事已经被太多人讲述，光是"西部边界"这个词就能把我们对事件的想象导向某个特定的方向。约瑟夫·史密斯的魔法眼镜一经戴上，似乎就能让古怪的事物变得清晰起来，而这个词也有类似的效果。我们知道，所谓边界，指的是一个地区与另一个地区之间的界线，而所谓西部，则是边界的移动方向。看吧，纳奇兹小道、伊利运河，还有草原小径，所有的路线都通往西部。然而这样的视角未免太过简单。让我们摘下眼镜，看一眼整个北美大陆。边界并非一道从东向西推进的波浪，而是许多道方向不同互相交叠的波浪。沿着这些波浪线移动的，除了人类，还有动物，甚至还有其他东西。

被西班牙征服者们带到美洲的马就是一例。有的马逃入荒野，有的马被印第安人偷走。以墨西哥为出发点，野马扩散的边界是一条向北和向东移动的线，而非向西。印第安人第一次看到人类骑在这些"大狗"身上时，十分震惊。千万年来，原住民部落都是以徒步把牛群赶下悬崖的方式捕猎野牛，这是一种极大的食物浪费，因为印第安人无法在野牛肉腐烂之前把它们吃光。他们学会骑马之后，也逐渐掌握了用弓箭猎杀野牛的技术。马让他们的生活变得更容易，也让他们的捕猎变得不那么浪费。

再来看一看边界在其他方面的意义。货物的传播通常比人类迁居更早，因此印第安人在第一次亲眼看到白人之前就先用上了金属锅和金属壶。尽管西班牙人不卖枪给印第安人，法国人却这么干了，于是"枪支的边界"就从加拿大开始，向西向南移动。枪支为捕猎动物和发动战争提供了极大的帮助。另外，我们早已看到了疾病的边界是如何移动的。病原体附着在摆摊用的毯子上，从西属新墨西哥开始北上。新式的蒸汽船沿着密苏里河逆流而上，带去的不光是白人，还有天花病毒。

对身处华盛顿的官员们而言，斯蒂芬·奥斯汀的得克萨斯殖民地位于西部边界，离他们有1 600英里远。然而对墨西哥城的官员们来说，这些土地却位于距他们1 400英里的北部边界上。以墨西哥首都那些宽广而现代的大道为起始点，得克萨斯看起来远在天边。新墨西哥同样遥远，有钱的地主们雇用印第安人和贫穷的墨西哥人在那里的牧场上为他们放羊。这些牧场大部分位于格兰德河上游的河谷里。（"格兰德河"在西班牙语中的意思是"大河"。）加利福尼亚的定居点则更小、更远，从墨西哥城出发，需要辗转陆路和海路3个月才能到达。许多年来，几十个方济各会传教站利用印第安人在这里为他们放牧大群的马匹和牛羊，就像使唤奴隶那样。1833年之后，墨西哥从教会手中拿走了这些土地，将它们分配给有势力的牧场主。这些牧场主对待奴隶的方式与美国南方的富裕种植园主们如出一辙。

1836年3月，两条边界——美国的和墨西哥的——发生了碰撞，演变成一场战争。此前，墨西哥人已经在为中央政府对各省份的控制程度问题彼此作战。安东尼奥·洛佩斯·德·圣安纳❶将军带领着中央政府的军队北上，讨伐不听命令的得克萨斯省。此时已有超过 40 000 名美国人在这里居住，数量是墨西哥人的 10 倍。这些新来者中许多人种植棉花，蓄养奴隶，而墨西哥却宣布奴隶制为非法。美国得克萨斯人大部分是新教徒，更喜欢他们自己的宗教而不是墨西哥的天主教习俗。圣安纳刚刚抵达，一群美国得克萨斯人就宣布从墨西哥独立，然后匆忙为这个新生的得克萨斯共和国组织起一支军队。

这支军队的指挥官叫萨姆·休斯敦❷，是个了不起的人物。他是安德鲁·杰克逊的朋友，多年前曾当过田纳西州州长。在那段时间里他同一名 19 岁的女子结了婚，却意外地在短短 3 个月后就被妻子抛弃。痛苦而又羞愤的休斯敦辞去了职务，渡过密西西比河，来到切罗基印第安人中生活。他还是个少年时也曾离家出走，那时候这些印第安人就收养了他，给了他一个名字——科洛内，意思是"乌鸦"，并把他当自己的儿子对待。他再次回到他们中间时，潦倒得不成样子，以致这些印第安人又给他起了一个新名字，叫沃泽提阿迪他斯齐，意思是"大醉鬼"。在印第安人的帮助下，休斯敦再一次站了起来，在得克萨斯开始新的生活。他在这里加入了斯蒂芬·奥斯汀的殖民地，成为得克萨斯军队的指挥官。和波士顿城外的华盛顿将军一

---

❶ 安东尼奥·洛佩斯·德·圣安纳（1794—1876），墨西哥独裁者，曾多次担任墨西哥总统。

❷ 萨姆·休斯敦（1793—1863），得克萨斯共和国第 1 任总统，得克萨斯加入美国后任得克萨斯州州长。休斯敦市以他的名字命名。

样，休斯敦也意识到他需要时间来训练手下这群乌合之众。

此前得克萨斯人已经夺取了圣安东尼奥城郊的传教站要塞阿拉莫。休斯敦打算放弃它，因为这地方没有什么军事价值，但其他头脑发热的得克萨斯人决心留守。"我绝不投降，也决不后退！"阿拉莫的一名指挥官威廉·特拉维斯宣布，"要么胜，要么死！"❶ 圣安纳的大军像潮水一样将传教站的187名守卫者淹没，并残忍地处死了遗留的幸存者，其中恰恰包括那位田纳西拓荒者和政治家戴维·克罗克特——在战斗爆发前，他刚好赶到阿拉莫。

这个新共和国还算幸运，因为休斯敦没让圣安纳打击到他的主力。他从圣哈辛托河和布法罗河汇合处的森林里发动了突袭。（此地正是今天得克萨斯州休斯敦的所在地。）到夜幕降临时，圣安纳已经从圣哈辛托战场上逃走，躲进了高高的草丛中。叛军在第二天将他俘虏，迫使他同意得克萨斯独立。休斯敦以为得克萨斯共和国这颗"孤星"将很快加入美国国旗上其他星星的行列，但他判断错了。直到10年之后美国国会才同意得克萨斯并入，成为美国的一个州。

与此同时，美国人也找到了太平洋海岸和这一带的墨西哥牧场。急于赚钱的扬基商人们不惜绕道南美洲南端航行到这里，向加利福尼亚人出售各种货物，"从中国烟花到英国马车轮"到洛厄尔棉布，应有尽有。从这里再往北一些是俄勒冈荒野。英

---

❶ 威廉·特拉维斯（1809—1836），得克萨斯军中校，在阿拉莫战役中阵亡。引文出自特拉维斯在阿拉莫战役中写的求援信，被认为是美国历史上最著名的文件之一。

国人和美国人达成了协议,对这片地区进行共同治理。从先期到来的白人定居者传回的消息中,东部人知道了这里有肥沃的农场和温和的气候,在2月就能看到鲜花盛开。于是,到了19世纪40年代中叶,每年夏天都有成千上万人沿着被称为"陆上小径"的新大篷车路线来到俄勒冈和加利福尼亚。

春天的雨季一过,覆着篷布的马车就会从密苏里的圣约瑟夫和独立城出发。旅途艰险,因此进行迁徙的多半是年轻家庭。在迁徙高峰的年头,这条路繁忙得就像纽约街头出现的交通拥堵。沿路的牧草被牛群和马匹啃食殆尽,使好的宿营地越来越难找。(经由这条路线的牲畜数和人数之比为11∶1。)妇女们不仅需要早起做饭、照料孩子、浆洗缝补,还要照料牲畜、维修坏掉的车轮。当男人病倒时,她们还得驱赶牛群。沿线的印第安人也遭了殃,因为这些旅行者猎杀他们赖以生存的动物。失望之余,印第安人的捕猎队会偷盗牲畜,有时甚至在必经的渡口拦路收费,但他们很少袭击车队。这条路上发生的死亡事件只有不到4%是由印第安人造成的。为了在冬季大雪封山之前通过山口,旅行者们必须加紧赶路。大部分人成功了。到1860年,俄勒冈和加利福尼亚已经有25万人口。犹他州也有4万人居住——约瑟夫·史密斯被杀死后,他的摩门教信徒们便迁徙到了这里。

很长时间以来,美国人一直认为,一个像大洲一样大的国家永远不可能成为统一的共和国。然而塞缪尔·莫尔斯在1844年改良了电报,这是一种使用导线和电脉冲传输信息的装置。他发明了一套由点划信号组成的莫尔斯电码,让人们可以即时远距离交流信息。另一些发明家则制造了蒸汽机车，用来拉动铁轨上的客车车厢。火车一年四季都可以运行，河流封冻时也不例外。这些进步让更多的美国人相信，一个跨越整个大洲的共和国不仅可能，也值得追求。这是上帝的安排——一位报纸编辑如是说。"覆盖整个大陆……让我们每年成倍增长的无数人口能自由发展"乃是美国的"昭昭天命"。

一位来自田纳西州的政治家决心实现这种预言。詹姆斯·K. 波尔克是安德鲁·杰克逊的追随者，被支持者们称为"小山胡桃"，因为他一丝不苟地听从"老山胡桃"的建议，甚至曾向杰克逊咨询他应该娶谁做老婆。"萨拉·奇尔德雷斯。"杰克逊建议道。于是波尔克就和这位女士结了婚，婚后夫妻二人无论家事国事都琴瑟和鸣，亦有助于波尔克在1844年当选总统。他就任之时，国会已经同意将得克萨斯纳入联邦。

但波尔克还想要俄勒冈荒野。他对英国人说他们必须放弃领土要求。两个国家互相恫吓，以战争相威胁，最后还是以和平方式解决了危机。美国人取得了对今天俄勒冈州和华盛顿州的控制权，而英国人则保有这片土地的北部。波尔克松了一口气，因为他早已悄悄下定决心：不光要从墨西哥拿走得克萨斯，还要拿走加利福尼亚。他确信这意味着战争，因为墨西哥不会同意放弃那片土地。他派扎卡里·泰勒将军率军远征到格兰德河，这是美国和墨西哥都声称拥有主权的地区。然而当时的一名美军军人在日记中写道："我们没有一丝一毫的权利出现在这里……我们的政府似乎故意派出了这么一小支部队，目的在于挑起战争。"他猜对了。1846年4月，当墨西哥军队攻

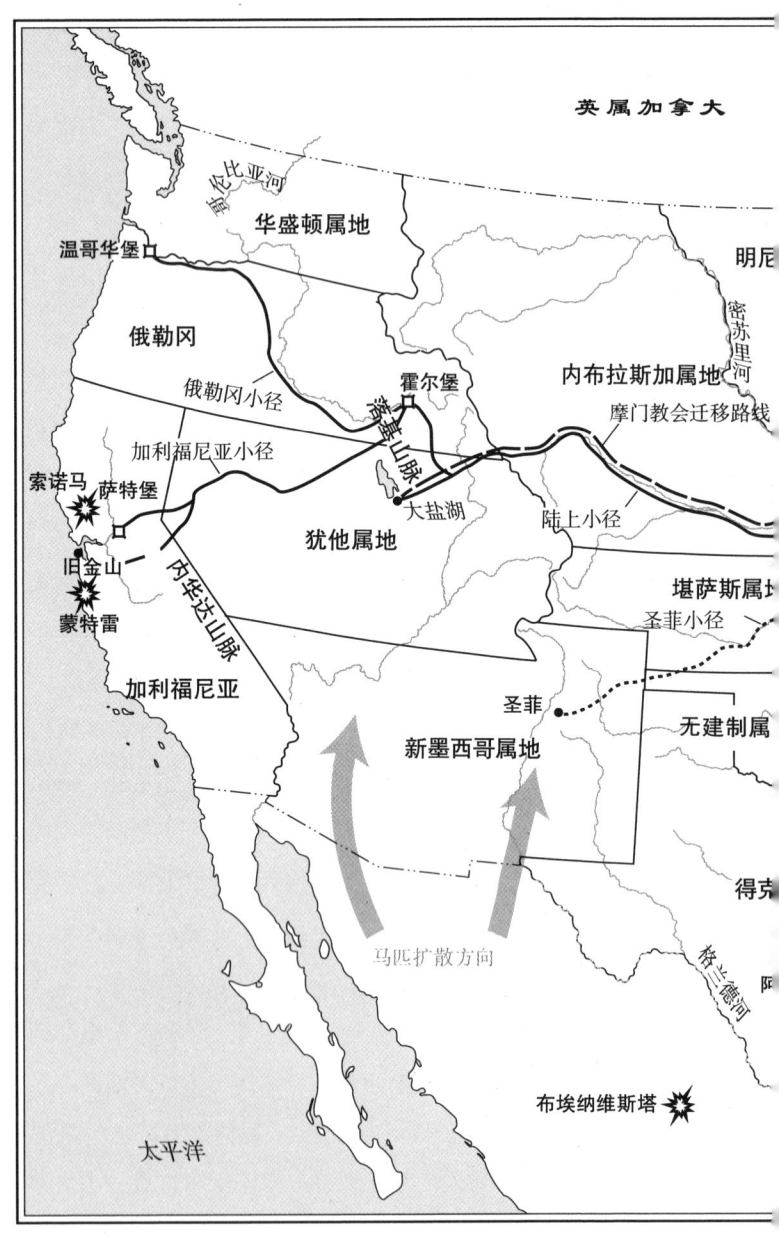

移动的边界。"陆上小径"在19世纪四五十年代最为繁忙。马匹和枪支的边界在这片地区的扩散更为循序渐进,发生在17世纪和18世纪。

属地

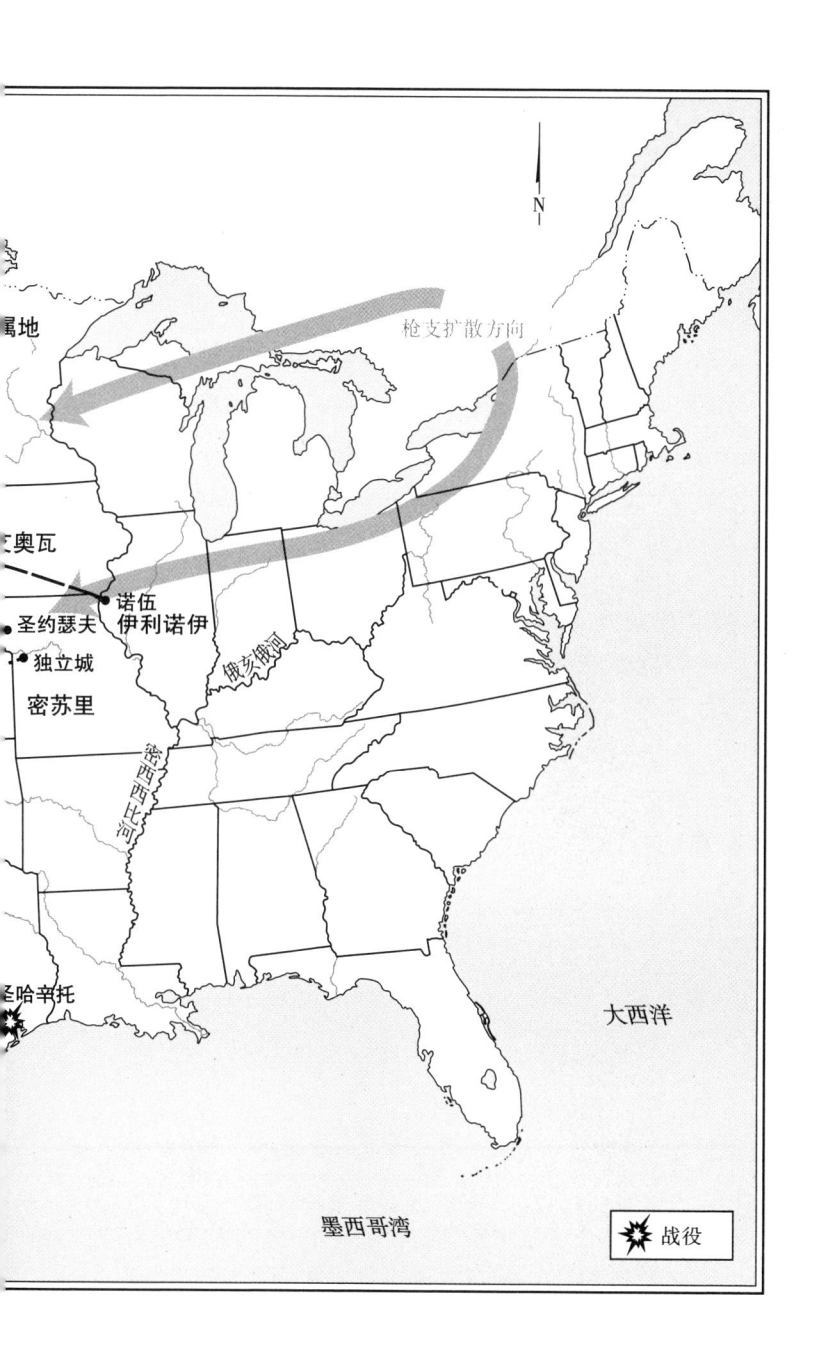

枪支扩散方向

衣奥瓦
圣约瑟夫　诺伍 伊利诺伊
独立城
密苏里 俄亥俄河

密西西比河

圣哈辛托

大西洋

墨西哥湾

💥 战役

击泰勒部队的消息传来后，波尔克立刻向国会提出了宣战请求。美墨战争爆发了。

其时电报线路还没有跨越落基山脉，因此战争爆发了好几个月，加利福尼亚都没有人知晓，然而这并没能阻止一群早已在那里的美国人宣布加利福尼亚独立。这批人的首领是约翰·弗雷蒙。弗雷蒙率军进入索诺马城，升起一面绘有灰熊的旗帜。❶（那时尚有许多加利福尼亚灰熊在这片地区活动。）宣战之后，美国海军来到了这里，宣布加利福尼亚为美国领土，灰熊旗降下，星条旗升起。泰勒将军在墨西哥的布埃纳维斯塔对圣安纳作战，后者再次战败。但直到另一支美国军队征服了墨西哥城，墨西哥才宣布投降。战争结束后，美国获得了超过50万平方英里的新领土——除了得克萨斯，还有今天的内华达、犹他、加利福尼亚，外加新墨西哥、科罗拉多和怀俄明的一部分。

自法国输掉七年战争以来，这是北美地区出现过的最大规模的领土征服。然而这些新领土会变成什么样？是否应该在这些新领土上允许奴隶制呢？出于对奴隶制可能在新领土上合法化的担忧，许多新英格兰人反对这场战争。超验主义者亨利·戴维·梭罗就曾因美国政府不肯"放弃战争和奴隶制"而拒绝纳税，并因此短暂入狱。他的文章《公民不服从论》宣称：对不正义的战争进行抵制乃是正当的。

我们在这一章里就边界——也就是地区分界线——进行了大量讨论，而蓄奴地区和自由地区的分界线同样是一条边界。

---

❶ 1846年6月率众占领索诺马升起熊旗，宣布成立加利福尼亚共和国的并非弗雷蒙，而是加利福尼亚定居者威廉·B.艾德。

在美墨战争之后的年月里，这条线成为这片大陆上最重要的分界线。另一位反战者拉尔夫·沃尔多·爱默生清楚地看到了美国取胜背后隐藏的问题。"美国将征服墨西哥，"他预言道，"但墨西哥将毒死我们，正如吞下砒霜的人必死于砒霜。"

有毒的胜利？我们必须等到下一章才能揭晓爱默生预言的含义。

第二十一章　越界

"墨西哥将毒死我们。"爱默生这句话到底是什么意思？

美国从墨西哥手中夺去了超过 50 万平方英里土地，然而这些新获得的领土迫使美国人面对一个大多数政客都避而不谈的问题：奴隶制和自由还能继续共存吗？多年以来，大多数美国白人对这个问题给出的答案都是"能"。他们对不一致的存在达成了共识，各自埋头做自己的事，或多或少对奴隶制表示了接受。爱默生则担心：奴隶制和自由是如此不同，势同水火，因此关于新领土上是否允许奴隶制的争论将成为联邦的毒药，会杀死联邦，让它四分五裂。关于如何对待奴隶制的问题并不新鲜，早在 1787 年的制宪会议上就已露端倪。

詹姆斯·麦迪逊——开国元勋中对宪法制定贡献最大者——曾对参加制宪会议的代表们发出警告：联邦面临的最大危险不在于大州与小州之间的矛盾，而在"南方与北方之间……主要来自蓄奴和不蓄奴之间的对立"。在确定一个州的国会代表人数时,北方和南方已经在奴隶是否应该被计入人口的问题上产生了分歧。尽管奴隶不能投票,南方代表仍希望将奴隶计入人口,然而北方人指出这将鼓励奴隶制的发展——生活在南方州的奴隶越多,南方州在国会众议院的代表就会越多。最终南方代表做出妥协,同意奴隶人口只按五分之三计算,但是他们也在这里划出了一条红线:北方人必须接受"五分之三妥协",否则新生的联邦将"不复存在"。

这个妥协带来了什么变化吗?我们的确看到过它的影响,甚至是巨大的影响。在1800年那场竞争激烈的大选中,如果不是"五分之三妥协"为南方在选举人团中带来的额外票数,弗吉尼亚的托马斯·杰斐逊就不会击败马萨诸塞的约翰·亚当斯。一位联邦党人曾抱怨说,杰斐逊"骑在奴隶们的肩上走进了自由的神殿"。到1819年,"五分之三妥协"让南方获得了17个额外的国会众议员席位。

即便如此,北方自由州的人口增长仍然使其在众议院拥有了更多选票。于是参议院就成为南北方争夺的关键战场。每个州在参议院只有2个席位,而自由州和蓄奴州的数量均为11个,这让自由州和蓄奴州在参议院的票数平分秋色。

到了1819年,密苏里属地申请成为一个州。这里的气候没有达到种植棉花所需的温暖,但已经有约10 000名奴隶被迁到这里,于是南方人认为密苏里应该成为一个蓄奴州。然而在他们如愿以前,来自纽约州波基普西的众议员詹姆斯·塔尔梅奇采取了令众议院震惊的行动。他提议为密苏里的立州议案增加一条修订：这块属地必须逐渐将奴隶制非法化，才能成为联邦州。

在独立战争时期，许多南方白人，包括杰斐逊在内，都希望奴隶制会逐渐消亡。但事与愿违，奴隶制反而获得了发展，并且这一次南方人（杰斐逊仍然包括在内）对塔尔梅奇的提案表示反对。"倾大洋之水也无法扑灭你点燃的这把火，只有鲜血之海才能让它熄灭。"一名佐治亚州众议员声言。"如果内战不可避免，"塔尔梅奇回击道，"我只能说，那就让它发生吧！"直到原来属于马萨诸塞州的缅因地区也申请成为一个州，僵局才被打破。密苏里作为蓄奴州，缅因作为自由州，双双加入了联邦。同时，1820年的"密苏里妥协"也画下了一条分界线，它沿着密苏里的南部边界向西延长穿过路易斯安那。在这条线以北，除密苏里州外，所有州都不允许奴隶制存在。

画一条线，达成妥协，结束争论。这样的办法让和平维持了一段时间。然而，身处枷锁之中的非洲裔美国人虽然对"五分之三妥协"和"密苏里妥协"都没有发言权，他们却明白：有一些界线必须被跨越。他们不能在投票站投票，但是接下来的40年中，有数以万计的奴隶从蓄奴州逃到北方——他们用自己的双脚投了票。他们在月光下跋涉，游过河流，藏身在向自由州运送干草的马车里。有一个名叫亨利·布朗的奴隶甚至悄悄地把自己藏进一个钉起来的木箱，被船运到北方。

自由州与蓄奴州之间的这条界线也会被从北向南穿越。还记得那个波士顿的自由黑人戴维·沃克吗？他利用黑人水手们的外套将他的废奴主义小册子走私到南方，鼓励奴隶们起来抗争。还有些废奴主义者潜入蓄奴州，利用被称为"地下铁路"的通道带走逃奴。这并不是一条真正的铁路，而是指一群人组成的网络。这些人协同起来，为奴隶提供藏身之所并带领他们逃亡北方。哈丽雅特·塔布曼是这条铁路上最有名的"列车员"，她身为奴隶时曾在伐木场做工，对丛林深处非常熟悉。她出色的表演技巧也不止一次让她从险境脱身。有时她会带上两只鸡，在需要时放跑它们然后假装追赶，从而将人们的注意力从逃奴身上移开。

不论做出多少妥协，用一条线来让奴隶制和自由保持相安无事都不是一件容易的事，这也是杰斐逊和麦迪逊尽力将国家首都从费城迁到哥伦比亚特区的原因之一。费城法律规定：任何在这座城市生活超过6个月的奴隶都可以获得自由。这给为联邦政府工作的南方官员添了不少麻烦，因为他们经常将奴隶作为仆人带到费城。乔治·华盛顿本人就曾秘密安排，在奴隶待满6个月后将他们送回弗吉尼亚。"得找一个能将他们和公众都瞒过的借口。"他对秘书如此吩咐。最后华盛顿使用的借口是他的妻子希望奴隶们跟她一起回乡。国家首都设在一座会让奴隶获得自由的城市是个问题，新建的哥伦比亚特区则解决了这个问题。奴隶制在华盛顿是合法的，并且特区周围也都是蓄奴州。

然而到了19世纪30年代，一些北方人开始觉得：在这个自由国度的首都看到奴隶们在露天市场上被买卖是一件可耻的事。他们呼吁国会在哥伦比亚特区禁止奴隶制。超过100万北方人签署了上千份请愿书。南方白人被激怒了,他们表示,如果华盛顿成为自由市,奴隶们就会蜂拥而来,甚至会受到鼓励,在邻近的蓄奴州发动叛乱。为了阻止这些请愿变成现实,南方人说服国会通过了被称为"言论限制规则"的决议,禁止众议院哪怕仅仅是接收呼吁停止奴隶买卖的请愿书。9年之后,"言论限制规则"最终被废止,然而南方州仍然在它们自己境内压制反对奴隶制的呼声。

接下来就是美墨战争,以及关于新领土的争论。作为战争英雄受到敬仰的扎卡里·泰勒将军于1848年当选总统。他出言无忌,被人们称作"老炮手"。新领土上要允许奴隶制吗?泰勒以他的"炮手"风格做出了回答:直接跳过属地阶段,成立两个超级大州——新墨西哥(还包括今天的亚利桑那州、科罗拉多州以及犹他州的大部分)和加利福尼亚。加利福尼亚很明确地拒绝奴隶制。至于新墨西哥,泰勒提议干脆也禁止奴隶制。他觉得那里的气候过于干旱,奴隶制本来也难以发展。

南方人目瞪口呆。"老炮手"来自路易斯安那,而且本人就是一个奴隶主!然而他居然提议送给北方两个自由州,而不是搭配成一个自由州和一个蓄奴州,这就会改变参议院的力量平衡,因为截至目前,参议院里还是15个自由州对15个蓄奴州。"食火徒"们——南方人中反应最激烈者——在田纳西州的纳什维尔召开了一次会议,开始讨论退出联邦的可能性。

再一次,国会画出一条新的分界线,选择了妥协。加利福尼亚将是自由州,但其余新领土将被划分成两块属地:新墨西哥和犹他。这两块属地都可以通过投票选择是否允许奴隶制。这个解决方案被称作"主权在民",即让选民来做出决定——至少它包含了产生两个蓄奴州的可能性。但南方代表们仍然对成千上万奴隶逃往北方的现状感到恼火,于是国会又通过了更为严厉的新《逃奴法》,要求北方人帮助南方人抓捕逃跑的奴隶,拒绝提供帮助的人可能被判入狱或是缴纳最高 1 000 美元的罚金。最后,为了安抚北方人的情绪,奴隶贸易在哥伦比亚特区被判为非法。在首都,蓄奴仍然是合法的,但在拍卖台上买卖人口将不再被允许。

这一系列措施合起来被称为"1850 年妥协"。如果没有精力旺盛的伊利诺伊州参议员斯蒂芬·A.道格拉斯的斡旋,它们也许不会获得通过。在道格拉斯的帮助下,"1850 年妥协"最终涉险过关,联邦似乎再一次被挽救了。

然而,"1850 年妥协"被证明是另一剂苦药。的确,许多北方白人对奴隶制并无强烈的反感,身处北方的非洲裔居民对此非常清楚:剧院和驿站马车之类的公共空间都被分隔为"仅限白人"和"仅限黑人"两个区域,在波士顿、匹兹堡和纽黑文这样的城市,仇视非洲裔的暴徒还会对黑人社区不时发动攻击。尽管如此,被强制要求协助联邦官员抓捕逃奴仍然让北方人感到不满。社会改革者哈丽雅特·比彻·斯托写出了畅销小说《汤姆叔叔的小屋》,这本书被改编为戏剧,其中有一幕是捕奴者和猎犬在冰冷的俄亥俄河上追捕一对逃亡母女的场景。"我从未见过这么多白手绢派上用场,"一名观众说,"我敢保证,我不是那么多观众里唯一一个落泪的人。"

与此同时，关于是否在堪萨斯和内布拉斯加这两块最近申请成立的属地上允许奴隶制，又爆发了一场斗争。34年来，根据"密苏里妥协"画出的那条分界线，这些土地一直保持自由。然而加利福尼亚已经让参议院的力量对比天平向自由州倾斜了，现在又有两个自由州即将诞生。南方参议员们拒绝承认它们。斯蒂芬·道格拉斯再一次介入以弥合分歧。道格拉斯身材矮小，但干劲儿十足，被人们称作"小巨人"。他提出了《堪萨斯－内布拉斯加法案》，建议由这两块属地上的居民投票决定是否允许奴隶制。这是第二次使用"主权在民"的办法了。为了确保建立奴隶制的可能性，南方国会议员们坚持认为，《堪萨斯－内布拉斯加法案》很清楚地表明"密苏里妥协"已经被废止了。

为了支持双方各自的立场，来自蓄奴州和自由州的定居者很快就大量涌入了堪萨斯。堪萨斯举行第一次选举时，许多支持奴隶制的暴徒从毗邻的密苏里州进入堪萨斯参加投票，尽管他们并不在堪萨斯居住。"我们将被迫开枪、烧死或绞死敌人，不过事情很快就会结束，"这些暴徒的组织者、密苏里州参议员戴维·赖斯·艾奇逊宣称，"如果我们获胜，我们将把奴隶制推进到太平洋海岸。"北方人将这些人称为"蓄奴势力"，并做出了回击。一场枪战爆发了。1856年6月，一支新成立的密苏里民兵团拖着大炮，高举主张"南方权利"和"白人优越"的旗帜，攻打了自由州人在堪萨斯的定居点劳伦斯。几天后，北方废奴主义者约翰·布朗对附近拥护奴隶制的农场进行了报复，残忍地杀害了5名男子。这些死者并不拥有奴隶，也根本没参加对劳伦斯的攻打，然而布朗对此毫不关心。他是一个热忱而激进的人，相信"上帝让他成长，是为了让他打碎恶人们的颌骨"。

传统的政党体制也被围绕奴隶制的争吵撕裂了。许多北方辉格党人和民主党人加入了新的组织。随着堪萨斯"蓄奴势力"引发的暴力冲突愈演愈烈，一个新生的党派——共和党——抓住了北方人的视线。由于激烈反对奴隶制，这个党根本不在南方发展组织。共和党党员、马萨诸塞州参议员查尔斯·萨姆纳在一场演说中以最激烈的言辞谴责了奴隶制。萨姆纳特别羞辱了年迈的南卡罗来纳州参议员安德鲁·巴特勒[1]，称巴特勒将奴隶制当成自己的"情妇"。几天过后，巴特勒的侄子、国会众议员普雷斯顿·布鲁克斯根据南方的荣誉原则，冲进参议院惩罚萨姆纳。坐在桌前的参议员遭布鲁克斯用手杖殴打。布鲁克斯下手很重，并且打了很久，以致当参议员从地上起来时已经站立不稳，脸上流淌的鲜血也让他看不见东西，他再次倒地，失去了知觉。布鲁克斯对他的兄弟宣称："每一下都打在我想打的地方。"这次事件导致萨姆纳足足四年无法回到参议院履行职责。

殴打事件的消息"让3 000万北方人如遭电击"，一名北方人评论道。底特律的一名编辑表示同意：遥远的堪萨斯发生的暴力是一回事，"但一名参议员在参议院里遭到暴力攻击，这没有任何理由可以开脱"。然而在南方，布鲁克斯却收到许多作为礼物的手杖，并在宴会上受到礼遇。

---

[1] 安德鲁·巴特勒（1796—1857），曾与斯蒂芬·道格拉斯共同起草《堪萨斯–内布拉斯加法案》。

"流血的堪萨斯"和"流血的萨姆纳"激怒了许多北方人，险些在1856年将共和党候选人送上总统宝座。事态的发展让更多人转投共和党阵营。一个名叫德雷德·斯科特的奴隶曾随他的主人在自由州生活过几年，后来被带回蓄奴州密苏里。斯科特提起了诉讼，要求获得自由，但最高法院驳回了他的请求，称非洲裔美国人"不拥有白人必须尊重的权利"。令北方人更加震惊的是，法院还裁决国会无权在任何属地禁止奴隶制，只有联邦州可以宣布奴隶制非法。两年后的1859年，废奴主义者约翰·布朗再次让南方人感到了恐惧。布朗带领21名追随者，攻占了位于弗吉尼亚州哈珀斯费里的一座联邦军火库。他的计划是带走这些武器，到乡下展开游击，鼓励奴隶们起来反抗。这个计划过于轻率，因为哈珀斯费里附近几乎没有什么奴隶。布朗很快被抓住，在接受审判后被绞死。他在审判中充分表现出了尊严，令许多北方人赞同拉尔夫·沃尔多·爱默生对他的评价："布朗是一位圣徒，他的牺牲将让绞刑架变得与十字架一样光荣。"

妥协失败了。为限制奴隶制而划出的那些界线被一再突破。共和党人在1860年提名的总统候选人对此有清醒的认识，这个人就是亚伯拉罕·林肯。他出生在蓄奴州肯塔基，在自由州印第安纳和伊利诺伊的粗陋木屋里长大。这位高大瘦削的少年几乎没受过正规的学校教育，但他通过自己的努力阅读了大量书籍。即使在他成为一名律师和政治家之后，他的演说中仍然保留着肯塔基乡音：他把"那里"（there）说成"内里"（thar），把"听见"（heard）说成"踢见"（heerd），还把"能"

(can)说成"宁"(kin)。他的音调很高，有时候显得不甚得体，但他拥有能打动听众的幽默，而且他的话从来都逻辑严密。林肯意识到：将奴隶制限制在原来的范围内，用一道墙把它隔离在外，就不一致的存在保持共识，这一切已经变得非常困难。在他的著名演讲《分裂之家》中，林肯引用了《圣经》中的一句箴言来为他的观点辩护：

若一家自相纷争，那家就站立不住。
我不认为这个政府能在半奴隶制半自由的状态下长存。
我不愿看到联邦瓦解，我不愿看到这个家庭倾覆，我只愿它不再分裂。
要么统一为此，要么统一为彼。
要么是奴隶制的反对者遏止其进一步蔓延，让公众之心得以平静，相信奴隶制最终走向灭绝，要么就是奴隶制的鼓吹者将其传播四方，直至奴隶制从北到南，在新旧各州都获得合法地位。

1860年的大选证明了这个国家的分裂已经到达何种程度。四名候选人参与了角逐，但无论是林肯还是与他差距最小的对手——民主党人斯蒂芬·A. 道格拉斯，都没能在南方获得任何实质性的支持。计票结果出来后，林肯成为胜利者。第一次，自由州独力将一位候选人送上了总统宝座；第一次，一位决心遏止奴隶制蔓延的候选人获得了胜利。

以南卡罗来纳为首，7个最南方的州从联邦脱离出来，成立了美利坚邦联。它们也是奴隶制最根深蒂固的 7 个州。其余 8 个蓄奴州尚在犹豫，期待某种最终妥协也许会达成。

然而最终妥协并没有到来。因为谁与谁应当平等的问题，这个曾以"合众为一"为座右铭的联邦陷入了分裂。最后的底线被突破了。接下来会发生什么？没有人知道答案。

第二十二章　后果

　　没有人能清楚地预见将发生什么。林肯刚得知深南❶各州脱离联邦的消息时，认为对方只是在虚张声势，以使北方做出更大的让步。为了表示和解，他承诺实施《逃奴法》，甚至支持了一个保证奴隶制在蓄奴州永远不被废除的宪法修正提案。林肯相信大多数南方人并不希望脱离联邦。的确，很多人不希望脱离。一个佐治亚人就曾抱怨这场危机是"大人物"们一手推动的——"大人物"指的正是那些富有的奴隶主。当林肯在1861年3月宣誓就职时，上南❷的8个蓄奴州仍未做出脱离联邦的决定。

---

❶ 深南，指美国南方地理位置偏南的各州，一般指亚拉巴马、佐治亚、路易斯安那、密西西比和南卡罗来纳，有时也包括佛罗里达和得克萨斯。以上7个州组成了最初的美利坚邦联。

❷ 上南，美国南方位于深南以北的各州，主要指弗吉尼亚、西弗吉尼亚、肯塔基、北卡罗来纳和田纳西。

然而林肯不会也不能一味妥协下去。他指出：共和党的竞选战略就是将奴隶制隔绝在各属地之外，他们在大选中赢得光明正大。并且，同安德鲁·杰克逊一样，林肯相信"未经其他各州同意，任何州脱离联邦的行为都是非法的"。然而邦联此时已经在夺取联邦的要塞。4月中，邦联新总统杰斐逊·戴维斯下令用大炮轰击查尔斯顿港中的萨姆特堡。萨姆特堡驻军投降后，林肯宣布叛乱已经发生，并征召了75 000人的部队来平息叛乱，此举令大多数南方白人投向了他们那些"大人物"的怀抱。"林肯迫使我们团结起来抵抗，"一名北卡罗来纳人说，"直到我们击败侵略者，或者死去。"北卡罗来纳、田纳西、阿肯色和弗吉尼亚随即加入了邦联。内战爆发了。

南北双方都开始全力募集军队。第一场大规模战斗发生在华盛顿城外25英里的布尔溪附近。一些国会议员乘坐马车来到城外，一边野餐，一边观战，并庆祝在他们看来必然属于北方的胜利。一开始，代表联邦的蓝色制服像海水一样向前推进，然而这道海水被代表弗吉尼亚的灰色挡住了。弗吉尼亚人由大学教授托马斯·杰克逊率领，没有退缩。"杰克逊就像一道石墙一样挺立在那里！"离他不远的一名军官高喊。"石墙"杰克逊从此赢得他的外号，并继续出色地指挥着他的部队。很快，更多邦联部队赶到了战场，这令邦联士兵们发出了后来被称为"叛军之吼"的汹涌呐喊。"在这地狱般的战场上，这样的喊声不属于我们这一侧，"一名联邦军士兵回忆说，"它让你的脊梁骨产生一种……无法言喻的怪异感觉。"联邦军逃回了华盛顿，随他们一起逃走的还有那群被吓得屁滚尿流的野餐客。

与乔治·华盛顿不同，林肯几乎没受过军事训练，因此他开始物色一名兼具能力和毅力的坚强将军。他的第一选择是罗伯特·E. 李。李是一名弗吉尼亚军人，颇具绅士风度，他虽然拥有奴隶，但一直对奴隶制心存疑虑，并且也不确定南方脱离联邦的行为是否合法。然而他终究无法说服自己在战场上与家乡为敌，还是加入了邦联一方。林肯的第二选择是34岁的铁路经理乔治·麦克莱伦。小麦克❶个子不算高，但相貌英俊，留着长长的唇髭。他许诺"将一战击溃叛军"，并打算通过严格的"有限战争"来做到这一点。他的算盘是：如果南方人确有重归联邦的诚意，北方军就不应通过劫掠对方农场来获得补给，当然也不能解放南方种植园主的奴隶。林肯同意了，毕竟还有几个蓄奴州——特拉华、马里兰、肯塔基和密苏里——尚未加入邦联。林肯对这些处于南北边界上的州感到担心，尤其是对马里兰。如果马里兰脱离联邦，华盛顿就会被邦联领土包围，与北方的联系将被切断。不过，在战争刚刚进入第二个年头时，这些边界州似乎还没有脱离联邦的危险。

不幸的是，小麦克和他的军队似乎也没有做好离开联邦领土的准备。他月复一月地训练和组织军队，却没有发动一次进攻。林肯开始坐不住了。"如果麦克莱伦将军不想让他的军队派上用场，"林肯说，"那我要借来用一下。"另一方面，麦克莱伦却认为林肯"不过是一只好心肠的狒狒"。总统很有肚量地忍受了这样的羞辱，并许诺说："只要麦克莱伦能为我们带

---

❶ 小麦克，麦克莱伦的外号。

来胜利，我愿为他牵马。"1862年春天，联邦的波托马克军团终于开进到距邦联首都里士满❶只有5英里的地方，成功似乎咫尺在望。然而此时罗伯特·E. 李取得了邦联军在东部的指挥权。李是"一个甘冒风险的人，并且采取冒险行动时动作比这个国家其他所有将军都快"——他的一位友人这样描述他。李的部队规模虽小，却更灵活，他从几个方向同时进攻联邦军。小麦克被这种假象迷惑，认为李的军队比自己的要大上一倍，选择了撤退。

麦克莱伦的谨小慎微令林肯感到失望，尤其因为他开始认为局部战争永远无法带来胜利。许多共和党人推动对奴隶制正面开战，认为这是一种赢得战争的办法：解放奴隶不仅是正义的行为，也能在宝贵的人力上削弱叛军，因为非洲裔占了南方全部劳动力人数的一半以上。林肯仍然担忧这会将边界蓄奴州推向邦联一方。他两度试图说服边界州的代表们通过一条逐步解放他们的奴隶的法案——让它在接下来的30年里慢慢发挥作用。他甚至承诺国会将向解放奴隶的种植园主们提供赔偿，然而边界州拒绝采取行动。与边界州代表们举行最后一次会议的那天晚上，林肯终于决定发布一份宣言。他说："我们必须解放奴隶，否则我们自己也将沦落。"

如果就此说林肯解放了奴隶，那就太过简单了。林肯的《解放奴隶宣言》于1863年1月1日生效，仅仅宣布了解放居住在邦联边界内的奴隶。批评者们指出：这意味着宣言只对联

---

❶ 里士满，弗吉尼亚州首府。

邦无力解放的奴隶有效，也就是说等于根本没有解放任何奴隶。不过，林肯发布宣言的消息仍然像野火一样传播开来。在这份宣言发布之前，早已有成千上万的奴隶解放了自己，是他们的行动迫使着林肯、联邦，甚至南方白人去决定该怎样对待奴隶制问题。

一开始，邦联的支持者们以为奴隶将成为邦联方在战斗中的"中流砥柱"，但他们的愿望落空了。战争刚一爆发，奴隶们就在让战争向对自己有利的方向演变。他们在主人的餐桌上偷听他们的对话，把消息从一个人传到另一个人，而且一有机会就逃往自由州。奴隶们在南方的乡村僻径上给联邦军带路，告诉他们邦联军的驻扎地点，迫使邦联军将宝贵的军力用来看守奴隶而不是与北方人作战。战争结束时，已经有超过18万非洲裔美国人加入了联邦军，并且"打起仗来和任何部队一样勇敢"，一名北方军官做证说。

战争进入第三个夏天时，胜利的天平开始向联邦倾斜，过程却殊为不易。林肯撤去了麦克莱伦的职务，又试用了其他好些个将军。他们中有的人和麦克莱伦一样谨慎，有的却是有勇无谋，他们的挫败令总统"陷入了极大的痛苦"。然而在西线作战的联邦军却让人们看到了希望。他们一路作战，横穿了田纳西，直抵密西西比河，与此同时，联邦的战舰在密西西比河口攻陷了新奥尔良，并沿河北上。如果联邦能控制整条密西西比河，就能将叛军控制区一分为二。

尤利西斯·S. 格兰特令人意外地成了西线诸将中的明星。虽然格兰特毕业于西点军校，战争爆发时他却还是伊利诺伊州的一名普通店员。他衣着寒酸，沉默寡言，齿间常常紧咬着一支雪茄，在战斗中坚毅而冷静。一张地图他只消看一眼就可以记住，然后就能在荒郊僻径或是田野间纵马奔驰，组织进攻。"战争的艺术很简单，"他解释道，"找出敌人，以最快的速度和最大的力量进攻，然后寻找下一个。"到了1863年春天，联邦已经控制了密西西比河大部分河段，只有重镇维克斯堡尚未攻下。格兰特采取了一次大胆的行动，他将补给船留在河上，率军深入陆地，靠南方农场取得军粮，最后包围了维克斯堡。到了7月4日，饥饿难挨的守军只得投降。林肯如此评价格兰特："我不能没有这个家伙，他是个战士。"

东线战场上的转折点同样发生在这个7月。令所有人意外的是，李将军竟然率军北上，进入了联邦控制区宾夕法尼亚。他相信南方若还想取胜，此次进攻就是必然的选择。在宾夕法尼亚村庄葛底斯堡的激烈战斗中，叛军连续两天对联邦军阵地发动凶猛进攻。第三天，李将军命令乔治·皮克特少将攻击联邦军防线的中部，相信这能令已经精疲力竭的北方人退却，但北方人没有退却。皮克特的部队冒着夺命的弹雨向山上冲锋，有一半人阵亡，其余人或是被击退，或是被俘。满心失望的李将军策马在活下来的士兵中穿行，抚慰他们："都是我的责任……你们要帮助我……好男儿们，你们都要重整旗鼓。"随后他向南方撤退。从此联邦控制区内再无叛军发动的攻势。

林肯认为格兰特在维克斯堡的胜利足以"彪炳史册"。战争刚刚进入第四年，他就任命格兰特为北方军总司令。两人一致认为，一场"有限战争"已经不足以挽救联邦，要击败邦联军,就必须摧毁它所依赖的军粮和补给供应。格兰特持续不断地对李将军发起攻击,而威廉·特库姆塞·谢尔曼将军则突进佐治亚,此前佐治亚肥沃的农场几乎未受战争影响。格兰特对谢尔曼的命令是:"尽你所能深入敌军的土地,尽你所能摧毁他们的战争资源"。

虽然邦联处于守势,北方仍然险些因为政治原因输掉战争。1864年,林肯开始准备竞选连任,他的民主党对手正是乔治·麦克莱伦。麦克莱伦希望媾和并尽快结束战争,哪怕这意味着允许奴隶制继续存在,林肯则拒绝付出这样的代价。已经有超过13万"前奴隶"在为北方作战,如果以此种条件媾和,将使他们重新沦为奴隶。林肯表示,如果达成这样的交易,"我会立刻下地狱,直到永远"。然而如果不寻求和平,他在大选中似乎败局已定。4年的战争葬送了成千上万联邦儿郎的性命,也伤透了北方人的心。格兰特正身陷与李将军的殊死战斗,脱身不得。在佐治亚,谢尔曼的军队也在防备森严的亚特兰大城外遇阻。"林肯已经毫无回旋的余地了。"一份民主党报纸宣布。

到了9月,那位红头发、面色灰白的谢尔曼将军发来一份电报:"亚特兰大是我们的了,我们赢得漂亮。"有了战场上的士兵这群最坚定的支持者,"好心肠的狒狒"林肯最终在大选中轻松击败了他的前总司令。

从亚特兰大开始,谢尔曼将军展开了一场直达大西洋的战役。用他的话说,此举意在"令佐治亚号啕",因为"我们不仅要与敌军作战,还要与一国的敌对国民作战"。在这场被称为"向大海进军"的战役中,谢尔曼的军队制造了一片宽达50

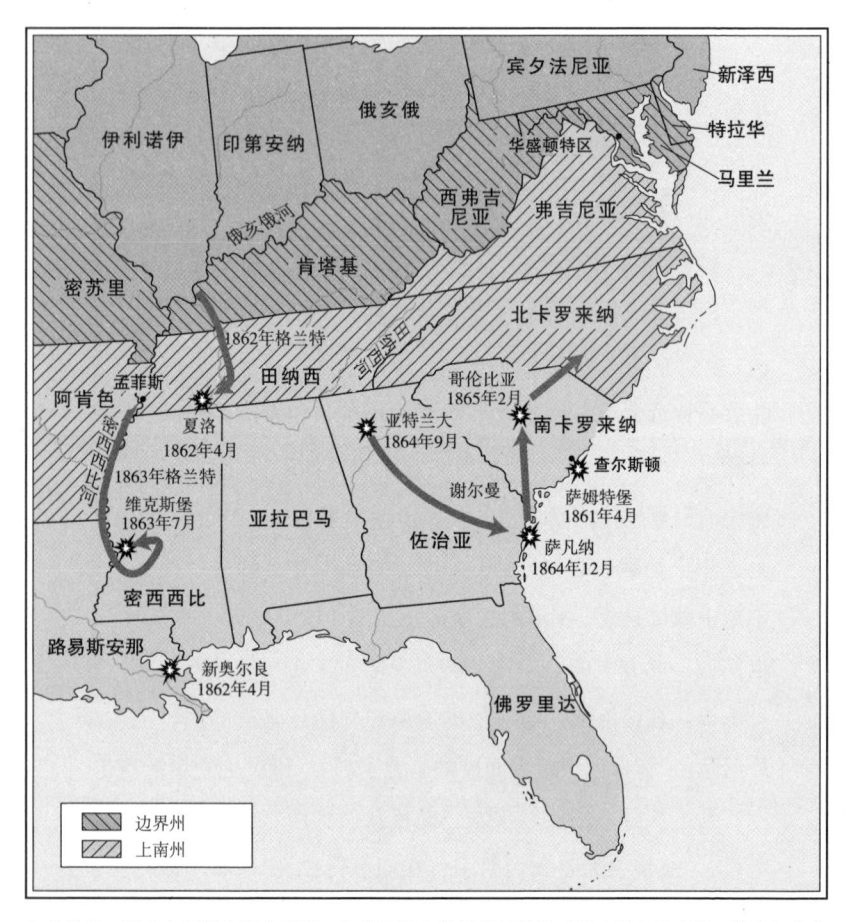

南北战争。深南各州首先退出联邦，上南数州在萨姆特堡的战斗发生后也退出了。林肯努力将各边界州和弗吉尼亚州的西半部分（后来成为新的西弗吉尼亚州）留在了联邦内。同时，联邦军的格兰特将军于 1862 年和 1863 年在西线战场的一系列战斗中取得了进展（左图）。在林

肯任命他为联邦军总司令后,他在1864年和1865年紧紧追击邦联军的李将军(右图)。李在阿波马托克斯县府村陷入绝境,被迫投降。

英里的焦土，令邦联的苦难雪上加霜。食品出现了严重的短缺，南方几个城市的女性发起骚乱，要求得到面包。为了支付战争的开支，邦联选择了滥发钞票，一段时间后，货币变得几乎一文不值。到了1865年，一桶面粉在里士满要卖1 000邦联美元。"除了一点儿燕麦粉之外，家里已经没有吃的了"，一名亚拉巴马妇女在给她参军的丈夫的信中说，如果他不尽快回来，就只能"在坟墓里"见到他的家人。杰斐逊·戴维斯陷入了绝望，提出征发30万名奴隶为邦联作战。许多南方人对此表示反对，认为那是个"可怕"的想法："南方为了打败废奴主义者而选择了战争，现在战争打到一半，我们自己却变成了废奴主义者！"

戴维斯的提议来得太晚，没能付诸实施。此时林肯已经说服国会通过了宪法第十三修正案，在联邦境内永远废除奴隶制。法案通过时，共和党人爆发出了欢呼，在看台上围观的非洲裔美国人喜极而泣。

法案通过的消息让林肯松了一口气，但战争也让他付出了沉重的代价：他需要阅读和回复无数的信件，需要全天候会见官员；他每晚都会出现在电报室，等待当天的战场消息；人们为了谋求一份政府工作而纠缠他；在战场上失去了几个儿子的母亲也会赶来，含泪质问他：他们的尸体是否能免服兵役。他的秘书们试图阻止潮水一样的访客，总统却常常无视他们的建议。他说："他们要求的不多，得到的更少。我必须会见他们。"在战争末期，许多人都留意到了疲劳在林肯脸上留下的"巨大的黑眼圈"。还有的人注意到，林肯有时会突然切换话题，讲起某个他似乎信手拈来的笑话。当他的一位友人抗议说这种幽默在这个黑暗时期不合时宜时，林肯突然崩溃了，热泪滚滚而下。如果片刻不能放下"自己一直背负的重担，我就会死去"，林肯解释道。

大约75万名士兵和150万匹马在战场上倒下，战争的开支达到200亿美元，这比联邦政府从1789年到1861年总支出的11倍还要多。谁能预见这样的消耗？谁能猜到这样的后果？1865年3月，林肯发表他的第二次就职演说时，这个念头在他脑中盘桓不去，成就了也许是美国历史上最杰出的总统演说。战争已近尾声，北方的胜利已成定局，但是这位总统并未声称正义站在了自己一方，也没有请求上帝祝福这场胜利。奴隶制是这场矛盾的核心，他说。所有人都知道这一点，但是：

> 双方都没有想到战争会发展到目前这样的严重程度，持续这样长的时间……双方都寻求一个代价较小的胜利，都不期盼有什么根本性的或惊人的结果。双方都诵读同样的《圣经》，向同一个上帝祈祷，甚至都祈求同一个上帝的帮助以反对另一方。似乎很奇怪，人们竟敢要求公正的上帝来帮助他们夺取他人以血汗换来的面包。然而，我们还是不要评判别人，以免别人来评判我们。双方的祈祷不可能同时如愿，而且任何一方的祈祷也从不曾全部如愿。万能的上帝自有他自己的意旨。

上帝的意旨是什么？林肯不会说，也无法说出，但他至少能确信：奴隶制在上帝的眼中是一种罪恶。如果说上帝为了去除奴隶制,降给"南北双方这场可怕的战争",谁又能否认他的正义呢?几个世纪以来,美国的奴隶制一直与美国的自由相伴而生。然而如果这是上帝的意旨:

> ……要让战争的重罚再继续下去,直到250年来奴隶无偿劳动所积聚的财富化为乌有,像3 000年前人们所说的那样,直至皮鞭下所流的每一滴血被刀剑下所流的每一滴血偿付为止,那么,我们也只好说:"上帝的裁判是完全正确而公道的。"
>
> 我们对任何人都不怀恶意,我们对任何人都心怀慈悲。上帝让我们看到哪一边是正确的,我们就坚信那正确的一边。让我们继续奋斗,以完成我们未竟的工作,去包扎国家的创伤,去照顾艰苦作战的战士和他们的遗孀遗孤。让我们尽一切努力,实现并维护我们自己之间以及我国与他国之间公正和持久的和平。

林肯说完上面这些话之后一个月,在一个被称为阿波马托克斯县府的村庄附近,疲惫不堪的邦联军被尤利西斯·格兰特将军逼入了绝境。距战争爆发4周年还差几天时,罗伯特·E.李在这里投降。

有谁能预见这样的代价?又有谁知道这代价还需要继续偿还?林肯不知道,他也无从知道。然而,尽管如同隔着一块模糊的玻璃,林肯仍不止一次隐约窥见了他最终需要付出什么样的牺牲。

第二十三章　如何重建？

战争爆发之前，林肯就曾收到过一次刺杀警报，那时他刚当选总统，正在前往华盛顿的路上。当时负责安全保卫的探长艾伦·平克顿建议林肯乘坐一趟夜间专列通过巴尔的摩。这座城市有许多分离主义者，他们厌恶林肯，管他叫"黑共和党"。尽管林肯对刺杀计划的真实性表示怀疑，他还是听从建议，穿上大衣，戴上软帽，还戴了一条能遮住脸的围巾。因为"像个夜贼一样"偷偷溜进华盛顿，这位新总统后来遭到了耻笑。自此他便决定以正常方式行事，不再顾忌他收到的那些恐吓信件。1864年的一天晚上，林肯正在独自骑马，一声枪响过后，他的帽子飞了出去，士兵们找到帽子后，发现帽顶多了一个弹孔。"我知道我身处危险，"他曾告诉一名报纸编辑，但又补充说，"在我看来，任何预防措施都无法阻止下定决心的暗杀行动。"

4月14日那天正是耶稣受难日，林肯到福特剧院观看一场戏剧。当他和他的夫人玛丽出现在包厢看台上时，观众们发出了欢呼，因为5天前李将军刚刚投降。演出进行到一半时，邦联支持者、演员约翰·威尔克斯·布思潜入了包厢，用一支大口径短筒手枪对准林肯的后脑开了枪，然后从看台跳到了舞台上，从一扇侧门逃走。布思最终在弗吉尼亚的一个烟草仓库里被发现，他拒绝投降，随即被开枪击毙。人们匆忙把林肯从福特剧院送到街对面的一处私宅，然而他受的是致命伤。第二天清晨7时22分，林肯不治身亡。

此前两年，林肯在哀悼葛底斯堡阵亡将士时，将他们誉为向国家"奉献了最后一切"的公民，现在这位总统同样也奉献了最后一切。列车将他的灵柩载回伊利诺伊，沿途受到无数哀悼者的致敬。许多人仍然记得他在葛底斯堡的最后话语："我们在此下定决心使那些死去的人不至于白白牺牲；我们要使这个国家在上帝的庇佑下，获得自由的新生；我们要使这个民有、民治、民享的政府不至于从地球上消失。"

然而这样的新生如何获得？如何才能让一个撕裂至此的国家破镜重圆？11个州退出了联邦，牺牲了无数的鲜血和财富与合众国作战。在允许叛乱各州重归联邦之前，应该对它们提出什么样的要求？对邦联的官员应该如何处理？哪些南方人能在未来的选举中投票？400万曾经的奴隶如今被称为"被解放者"，他们的生活会发生什么改变？［旧时人们使用"被解放的人"（freedmen）这个词来描述他们，但今天的历史学家们使用"被解放者"（freedpeople）以将获得解放的女性和男性一样包括在内。］

将破碎的联邦重新统一的过程被称为"重建",这个国家此前在和平时期从未遇到过这样艰难的挑战。林肯去世前几天,一位联邦将军曾经向他问起应如何处理投降的南方。"我会选择宽恕,宽恕他们。"这是林肯的建议。他从来都善于和人们沟通,乐意和他们交谈,在许多问题上都有妥协的准备,但也清楚在什么时候应当寸步不让。现在林肯不在了,接替他的那位总统和他是完全不同的人。

在进入政坛之前,安德鲁·约翰逊还是一名不起眼的田纳西裁缝,几乎不识字。他长久以来一直痛恨南方富有的种植园主,曾发誓说:"总有一天,我会让这些自以为是的贵族们知道是谁在管理这个国家。"田纳西退出联邦时,约翰逊仍然对联邦保持强烈的忠诚,在逃离田纳西时甚至遭到枪击。作为总统,他提出的重建计划要求:若南方人希望拥有投票权,就必须向合众国宣誓效忠。而邦联政府的高级官员和富有的种植园主需要做到更多——他们必须向总统请求特赦。

在战争结束之际,已经有一些种植园主有所省悟。如一名邦联骑兵上尉所言:奴隶制"是错误的,而《独立宣言》的意义比他们从前看到的更深刻"。然而激烈的战争燃起了太多怒火。一名北卡罗来纳的旅馆老板说,北方人偷走了他的奴隶,烧掉了他的房屋,杀死了他的儿子们,只给他留下了一样权利——"憎恨他们。我早晨4点半就起床,半夜12点才睡觉,只为一件事——憎恨他们。"虽然南方人认识到奴隶制必须废除,但他们新成立的州政府仍然通过了被称为"黑人法令"的种种法律,用以限制前奴隶的权利。现在非洲裔居民可以拥有财产，可以合法结婚，也能在法庭上提起诉讼，但根据"黑人法令"，他们在法庭上不能讲不利于白人的证词，也不能进入陪审团。这些条例还允许以莫须有的罪名逮捕"被解放者"，比如无家可归或无业。一旦被捕，他们可能被发配给种植园主，强制劳动。南方选民还将前邦联高官选入国会，其中包括前邦联副总统亚历山大·斯蒂芬斯。

约翰逊总统本可以否决这些南方新政府的举动，但既然他一开始就同意了这些政府成立，再否决它们的举动就意味着他对形势的判断出了错，而约翰逊是个不愿认错的人。他希望重建进程尽快结束。当前邦联支持者们蜂拥至白宫请求特赦时，约翰逊一改他对"自以为是的贵族们"的态度，在两年内签发了超过 13 000 张特赦令。听闻有 10 名前邦联将军被选入国会，许多北方人震惊了。更糟糕的是，当共和党人提出反对意见时，约翰逊开始称他们为叛徒——因为他们给了黑人公民太多权利。与此同时，在南方一些大城市，如孟菲斯和新奥尔良，出现了白人暴徒攻击非洲裔居民的事件。

不顾约翰逊的反对，国会对南方重归联邦提出了更严格的条件，要求制定宪法第十四修正案，以保证所有公民，包括非洲裔公民，"在无合理法律程序的前提下"，不得被剥夺"生命、自由或是财产"，且所有公民受到法律的"同等保护"。这就意味着"黑人法令"或是其他任何只对部分公民有效的法律都是违宪的。其次，国会还否决了南方各州的新政府，将南方划分为 5 个军事区，由联邦军官监管。在这一条新命令下，南方白人必须向合众国宣誓效忠才能获得投票权和担任政府官职,而"被解放的人"也拥有同样的权利。

接下来的政治战争异常激烈。约翰逊总统否决了国会通过的每一条重建法案,而共和党人则轻松地推翻了他的否决。他试图解除战争部长埃德温·斯坦顿的职务,因为斯坦顿站在国会一边。但斯坦顿把自己的办公室变成了一座壁垒,在里面日夜坚守了两个月,不让约翰逊将他关在外面。他也得到了国会的支持。最后,众议院投票决定对总统提出弹劾,这是宪法规定的罢免程序。当弹劾案被提交到参议院时,所幸有足够多的参议员认为约翰逊并未犯下"重罪",也未违反法律,他才得以完成剩下的几个月任期。

事态变得如此糟糕,人们自然会提出"如果"的问题。如果林肯没有遇刺会怎么样?重建的过程会更平和吗?如果南方白人没有通过那些"黑人法令"呢?如果北方人没有提出那么多变革要求呢?然而在重建过程所经历的真实困难面前,此类问题都变得无关紧要。那些困难带来的不只是华盛顿的政治斗争,重建几乎改变了南方的每个人,改变了南方的一切——不光是个人生活、婚姻和家庭,还有工作和玩乐的方式,甚至连各种事物,比如住宅、教堂和学校,都面目全非。想一想吧,自由人和奴隶两百多年来一直共同生活,围绕着如何对待另一方的问题,发展出了许多传统。联邦的重建意味着将整个世界去除奴隶制后再重新拼合起来,无论从大的方面还是从各种细节而言,这都是林肯所谓的"自由的新生"。

工作该如何重建?白人种植园主们运营种植园的方式面临着巨大的改变。他们习惯于对奴隶发号施令,而不是就工人的工资和作息时间进行讨价还价。现在种植园主们不能再用皮鞭来让田间的劳动者们听话。烟草仍亟待播种，棉花需要及时收割，而被解放者们可以想来就来，想走就走。数以千计的人离开了老家。"没有提前告知，念头刚一冒出来就走了。"亚拉巴马州的一名种植园主抱怨说。这是多么不负责任的行为！至少绝望的前奴隶主们是这样想的，因为他们的作物正面临颗粒无收的危险。

再设想一下被解放者们重建自己生活的情形。在奴隶制下，无数男人和他们的妻子分开，被卖掉；无数的孩子从父母身边被夺走。战争结束后，道路上到处都是寻找亲人的前奴隶。为了寻找失散已久的女儿或是丈夫而离开种植园，这是不负责任的行为吗？自由当然意味着人们有权离开曾残酷对待自己的种植园主。

现在来讨论如何重建房舍、教堂和学校好像有些不着重点，然而事实并非如此。在大多数种植园里，奴隶宿舍都建在中央位置，方便主人们监视。被解放者却希望分散开来，希望有自己的小屋，让家人能有一点儿隐私。至于信仰，被解放者们现在第一次有权选择自己的牧师和自己的教堂。孟菲斯的比尔街浸信会教堂起初不过是位于比尔街和劳德代尔街交角处的一间简陋"草棚"，由树枝和灌木搭成。然而这间教堂很快发展起来，变成了一座拥有双塔的巨大石质建筑，能容纳 2 000 多名信徒做礼拜。教育方面同样变化巨大。战争之前，如果奴隶被发现偷偷阅读，很可能招致一顿鞭打。到了重建时期，北方的教师和传教士纷纷南下，开办学校甚至大学。根据弗吉尼亚州一名教育官员的报告,黑人们不仅是"急于学习",而且是"像疯了一样学习",许多学习者后来自己也成为教师。

至于人行道的重建,似乎更离题万里,但哪怕是最微小的细节也受到重建的影响而改变。战前,奴隶们如果在人行道上看到白人走过来,就必须走下人行道避开,并脱帽鞠躬。(还记得殖民地时期的学生也必须向地位更高的人脱帽致敬吗?)重建意味着人人都有使用人行道的权利,许多白人却为之恼怒——那些曾为联邦作战的黑人士兵在遇到他们时,拒绝跳到泥泞的街道上避让。

在一段时间内,重建的确是一种天翻地覆的革命。拿投票来说,获得解放的非洲裔美国人加入了共和党白人的行列,在南方各地投票选举政府官员或是进入政府任职。各州的政府部门职位现在有15%~20%左右由被解放者占据,他们甚至选出了2名国会参议员和15名国会众议员。各州新政府支持重建被战争破坏的铁路,首次建起了遍布全州的公共学校系统,还修建了新的道路和桥梁。大多数情况下——即使不是所有时候——选举都能和平举行。"黑人和白人之间没有一丁点儿的相互仇视。"一名佐治亚白人女性如是说。

令人悲哀的是,这场革命没能持续下去。一场弥漫着血与火的内战让太多美国人厌倦了改革和高远的理想。全国各地的政客们都发现:无论是走捷径、为熟人谋取私利,还是窃取公帑,一切都变得轻而易举。此类行径同样污染了重建中的各级政府。"要么我是个傻瓜,要么这简直就是一台印钞机。"一位南卡罗来纳共和党人评论说。如此的腐败令民主党人决心将共和党官员们扫地出门。然而重建失败更重要的一点原因是：要克服两个世纪以来的不平等，其困难程度超乎想象。拒绝平等对待非洲裔公民的南方白人开始反击。当重建触及夜晚生活时，他们的反抗几乎成了一场战斗。

在奴隶制下，奴隶主们会组织巡逻，防止奴隶趁夜幕溜出去捕猎、探望附近种植园中的家人，或者逃亡。到了重建期，被解放者们夺回了自己的夜晚生活。到了竞选集会的时候，他们会像白人一样，点起火把举行政治游行。他们也会在晚上任意聚会和拜访朋友。然而早在1866年，就有白人组织起半军事化的团体来制止这种自由。有一个团体被称为"三K党"，其成员伪装打扮成各种样子，比如身披白布，再戴上白色头罩遮掩面目。他们常在夜间骑马出动，夺走黑人公民的枪支，扰乱共和党人的会议，甚至谋杀政治领袖。

刚开始的时候，这类攻击激怒了北方人。尤利西斯·格兰特将军在1868年和1872年两度当选总统，他命令联邦军队逮捕"三K党"成员和其他试图将"白人统治"变成现实的人。然而随着时间的流逝，北方人，包括一些坚定的废奴主义者在内，都开始对重建感到厌倦。有人发出抱怨："我们已经努力了足够久的时间。现在让南方自生自灭好了。"南方的民主党人对他们夺取权力的计划越来越不加掩饰：能通过选举胜出当然好，如果有必要，也不排除使用暴力。受到骚乱和其他各种恐怖活动阻挠，大约25万名共和党人无法参加1876年的大选投票。这场大选中，来自俄亥俄州的共和党候选人拉瑟福德·B.海斯面临来自纽约的民主党人塞缪尔·蒂尔登的挑战。

此时在南方只有三个州不是民主党人执政,而在这三个州——南卡罗来纳、路易斯安那和佛罗里达——民主党和共和党都宣称自己获得了胜利。国会任命了一个特别委员会来解决这场纠纷,然而最后的协议却是在华盛顿的沃姆利旅馆举行的一次私下会议上敲定的。民主党人不情愿地同意让海斯出任总统,以换取重建的结束。1877年,重建结束了。以牺牲被解放者们的权利为代价,整个国家重新归于一统。

林肯已经发出过警告:250年的奴隶制不会那么轻易地就被废除,所以才会有这场将整个国家撕裂的内战。重建是推翻这250年不平等制度的一次勇敢努力。还需要另外100年,迈向平等的进行曲才会再次奏响。

第二十四章　划时代的大事件

有一位在西属美洲寻找财宝的西班牙征服者喜欢在自己的肖像下写上这么一句箴言："凭手中的罗盘和刀剑，获取无穷无尽的财富。"整个美洲的历史有时候看起来正是一部无休无止、从一处勃兴之地到下一处的掠夺史。从对金银的搜求，到加勒比海上的甘蔗园，到弗吉尼亚的烟草，到卡罗来纳的稻米，到漫游在落基山脉的毛皮贩子，一直到棉花王国和纺织厂，每一次的繁荣看起来都比上一次规模更大。多大才算大呢？截至1860年，一个大型的南方种植园里有超过250名奴隶在劳动。在缅因，佩珀雷尔棉纺厂雇用了大约800名工人，有工厂女孩，也有爱尔兰移民，还有被雇来用长矛挑走鳗鱼以免它们卡住工厂水轮的男孩。在1860年，对一家公司来说，800名工人似乎是个了不得的大数字。

然而仅仅25年之后，宾夕法尼亚铁路公司的工资表上就有 5 万人。霍姆斯特德钢铁厂位于匹兹堡附近，距乔治·华盛顿尝试阻止法国人修建的那座 2 英亩大的小要塞不远。这座工厂占地 60 英亩，终日向天空喷吐浓烟，每天有 200 吨钢轨从它的炼钢炉里生产出来，并被铁路公司在第一时间全部吃进。美国各大城市的面貌也因钢材而改变。许多个世纪以来，教堂一直是最高的建筑物——它们的尖顶一直向天堂延伸。现在有了钢制的屋梁，修建 10 层、20 层，乃至 30 层高的建筑成为可能，这些建筑被一家报纸称作"摩天公寓大楼"。

然而，要成其大，不光是规模变得更大就可以，就像你不能简单地把一条铁路扩大到 3 倍就了事。要变得真正大，意味着美国人必须创造出各种新的系统。要掌握变得更大所必需的千般细节，这样的系统至关重要。

设想一下一艘蒸汽船和一台火车机车之间的差异。要想进入蒸汽船运营市场，你只需要买一条船，解开缆绳，沿着河往前开，乐意每个镇子停一次也可以，乐意每 22 个镇子停一次也可以。而铁路则不同。你需要的不仅仅是一台机车和一串车厢，还得买下用以铺设铁轨的土地，在森林中辟出道路，填平沼泽，修建桥梁跨越河流，铺设路基和铁轨，还得修建车站。只有完成这一切和更多事情之后，一家铁路公司才能靠运货和载客挣到钱。在 19 世纪 50 年代，美国东部各州已经有许多纵横交错的小铁路。像纽约中央铁路公司这样的企业开始买下这些小铁路，建设连接纽约、费城和芝加哥等大城市的通畅干线。此时还没有人规定铁轨应该有多宽。很多公司铺设的铁轨间距为 4 英尺 8.5 英寸，还有一些公司选择铺设 5 英尺或者 6

英尺宽的轨道。至少有6种不同的尺寸被采用。如果一家铁路公司要将货物送往多个不同的目的地，就需要对大段的铁轨进行改造，以使整个系统能够统一运行。最大的改造行动发生于1886年5月30日。在这个星期天，数以千计的南方工人开始将他们的5英尺铁轨撬起来，向内收缩3英寸。各个工程队互相竞争，以求改造最多的铁轨。大约13 000英里的铁轨改造只花了差不多36个小时就完成了，南方的火车从此可以奔驰在北方的铁路上。

一条横贯整个大陆的通道是铁路领域最野心勃勃的梦想。没有一家公司有足够大的规模来完成跨大陆铁路，更没有足够的财力，于是联邦政府介入了。国会授权联合太平洋铁路公司向西穿过大平原，中央太平洋铁路公司则从加利福尼亚向东延伸。为了支付这笔开支，政府将4 500万英亩土地无偿划拨给这两家公司，让他们出售给打算在铁路沿线定居的人。内战老兵和爱尔兰移民成为联合太平洋铁路公司的两大工人来源，这些工人在干旱炎热的大平原上工作，每天铺设2英里铁轨。在太平洋一侧，有90%的工人来自中国，其中许多是刚刚来到美国的新移民，他们需要完成让铁轨翻越内华达山脉的艰巨任务。在冬季，山脊上的积雪厚度可达6英尺，大部分工程不得不停下来，但隧道的爆破工作仍要继续。许多工人因雪崩、落石和爆炸而丧生，其中一些人的尸体要到春天雪化之后才能找到。无论如何，到了1869年，中央太平洋铁路和联合太平洋铁路终于在犹他州的普罗蒙特里角会合了。

此时火车的运行路线长达数百甚至数千英里，我们可以想象一下制订时刻表的难度。在那个年代，每个村庄都将太阳处于最高点的时刻设为正午，以此作为计时标准。但各个城镇的"正午"之间存在时差：当太阳在芝加哥处于最高点时，圣路易斯才刚到上午 11 点 50 分，匹兹堡却已经是中午 12 点 31 分了。对于骑马的旅行者而言，这点儿差异几乎不会造成困扰，但一列火车一天之内需要停靠数十个城镇，制订列车时刻表就成了噩梦。每条铁路都必须确定自己的"标准"时间，这个时间与各村镇的当地时间都不同。有的火车站会在墙上挂好几个时钟，帮助旅客辨清时间（匹兹堡的主火车站就挂了 6 个）。最后，各铁路公司在 1883 年共同决定划分时区，将整个国家分为 4 个时区，每个时区各有一个标准时间，这一新系统令铁路网可以变得越来越大。

铁路网成长之快让铁路公司不得不雇用专门的经理，他们的唯一职责就是对成千上万的司机、制动员、机车、停车区、修理厂、圆形机车库、搬运工、售票员和车站工作人员进行组织。铁路经理们发展出一种大树形状的图表，将总裁和高管们当作树干，各个分支机构和工人则成为有着无数叶片的树枝。

这些新的产业体系从各种各样的发明创造中受益。内战之后的 30 年中，美国有超过 50 万种新设计和新机器取得了专利权。这个时代最伟大的发明家是一个名叫托马斯·阿尔瓦·爱迪生的年轻电报员。爱迪生解决了如何通过一根电报线路同时发送多条信息的问题，这个点子让他发了大财，从此可以自由地把时间都用于思考各种新发明，比如能记录和回放声音的留声机和电灯泡。因为后者，全国各城市的夜晚从此亮如白昼。大约在同一时期,亚历山大·格雷厄姆·贝尔发现用电线传输声音的办法,这个系统大大超越了使用莫尔斯电码点划信号传输信息的电报。爱迪生最大的创意是成立专门从事发明创造的机构。既然能有棉纺厂和钢铁厂,为什么不能开一家"发明厂"呢?爱迪生购置了发电机和各种化工原料,雇来技师和机具制造工,让他们在被称为"研究实验室"的地方工作。这一机构的目的在于将新的知识投入实际应用,他的这个创意很快得到一些大公司的效仿。

发明创造让人们得以克服技术难题,比如如何在社区之间传输电力、如何更平稳地刹住有轨电车。然而还有更多现实问题需要解决。无数的小公司在成为大公司的道路上相互竞争,这种竞争往往会变得丑陋。为了将顾客从对手那里挖过来,铁路公司抢着建造更多的铁轨。他们以回扣的方式给最大的运输客户偷偷打折,却对小客户收取更多费用。另一些公司则对州立法机构成员进行贿赂,以通过对自己有利的法律。人们开始谈论"铁路战争"——事实上,相互敌对的铁路公司的确会雇用武装护卫甚至街头团伙,以保护自己的利益。伊利铁路公司老板杰伊·古尔德对每节从布法罗到纽约的满载运牛车厢收取125美元运输费。其对手纽约中央铁路公司的老板科尼利厄斯·范德比尔特知道了这一点,把自己的价格降到了100美元。古尔德用75美元的价格反击,范德比尔特就降价到50美元,古尔德再降到25美元。范德比尔特被激怒了,最终将每节满载运牛车厢的运输费降至1美元。他为此损失了大量的钱,但至少伊利铁路公司无法进入这个市场了。然而古尔德更加聪明——他很快把布法罗所有的肉牛都买了下来。范德比尔特的一个朋友回忆：当范德比尔特得知"自己承担着巨大的损失，却在帮对手运牛和赚大钱"时，他"几乎失去了理智"。类似的竞争毁掉了许多企业。

生存下来的公司都学会了如何消灭竞争对手。此时人们已经开始钻井，开采一种被称为石油的黏稠液体。这种液体可以提炼出煤油用作油灯的燃料，也可以提炼出润滑油，让机器运转更顺畅。在人们设计出以它为燃料的引擎后，石油变得更加值钱。约翰·D. 洛克菲勒选择了这个新行业——他一发现什么好东西，就会立刻投身其中。他的父亲是一名长老会信徒，教育他要努力工作，不要相信任何人。"我一有机会就欺骗我的儿子们，"这位父亲夸口说，"就是为了让他们变得机灵点儿。"然而"机灵"这个词远不足以描述年轻的洛克菲勒。他通过大幅降价让对手们破产，成立看起来像是属于别人的空壳公司，或是直接收买竞争者使其出售资产。他为了取胜不择手段，但他的标准石油公司的石油产品质量也令人称道，因为这位老板就像老鹰一样，对生意的每一个环节都紧盯不放。洛克菲勒每天早上第一个来到办公室，晚上最后一个离开，即使在他婚礼那天，他也工作了一上午。哪怕每加仑❶石油能减少0.1美分的成本，他都会为之努力。这个数字看起来太小，但标准石油公司每年要提炼7亿加仑原油，每加仑省下0.1美分意味着60万美元的额外利润。

到了1880年，洛克菲勒已经控制了全美90%的炼油市场。

---

❶ 加仑，英美制容量单位，美制1加仑等于3.785升。

他作为唯一的一家大供应商取得了垄断地位，因此可以提高价格，不必担心市场被价格更低的对手夺走。几乎每个需要石油的人都得跟他做交易。其他大公司也效仿他的做法，开始追求垄断，驱逐竞争对手。

炼钢业是另一个新兴的重要行业，一个名叫安德鲁·卡内基的苏格兰年轻人把这个行业带到了一个新的高度。多年以来各铁路公司一直使用生铁轨道铺设铁路，但如果把生铁提炼成钢材，其强度和耐久度都会提高。卡内基的炼钢炉使用最新技术将生铁炼成钢材。他也收购了很多钢铁公司，但并没有效仿洛克菲勒把所有的同业大公司都买下来。他保护自己的手段是收购一家钢铁公司生存所依赖的其他产业，例如为他的炼钢炉提供矿石的铁矿、为他运输铁矿石的铁路等。这样一来就没有人能够切断他的原料供应或是提高他所需原料的价格。

有了大铁路、大石油和大钢铁，接下来是最后但绝非最不重要的一样——大笔资金。巨大的企业需要现金来开展项目，于是银行家们创建了可以对资本（指用于投资的资金）进行买卖的市场。无数的普通人可以在纽约证券交易所这样的资本市场投资股票，从而购得一家大公司的一部分股权。那条荷兰人修建的、被称为"华尔街"的小路成了这个国家的资本交易中心。位于这一行业核心位置的银行家们都是买卖股票的大师，他们集聚数百万美元收购企业，再将它们组合成更大的企业。J. 皮尔庞特·摩根是最大的银行家，像熊一样充满力量，总能让事情按自己的想法付诸实施。一名为他拍摄肖像的摄影师回忆说："面对他那双似乎燃烧着火焰的黑眼睛，你会觉得那是正在迫近的高速火车的头灯。"1901年，这位银行家将卡内基钢铁公司同其他8家仅次于它的美国钢铁企业合并，创造了这个国家第一家资产超过10亿美元的企业——美国钢铁公司。为了做到这一点，他吞并了200家公司、1 000英里铁路、明尼苏达最大的铁矿山和17万名工人。财富的盛宴无穷无尽，无休无止。用摩根自己的话说："我喜欢来点儿竞争，但我更喜欢合并。"

卡内基、洛克菲勒和摩根被媒体誉为工业领袖。的确，他们用铁路把整片大陆连接起来，他们生产出用以修建桥梁和摩天大楼的钢铁。这个国家被重新改造成一个新世界，比内战之前存在过的任何东西都要伟大，然而……

这个故事里，普通美国人的位置在哪里呢？我们一直在讲述这个年代的巨人的事迹，而那些普通人，那无数的工人，在复杂的商业图表上仅仅附着在无数枝丫末端，作为小小叶片而存在。他们同样需要适应这个工业世界，有时这种适应过程甚至生死攸关。让我们设想一名外表粗野的中年男子，他某天出现在宾夕法尼亚铁路公司的办公室，申请一份扳道工的工作。经理会对他上下打量，然后问他是否有工作经验。这个人很可能只需要举起他的手，就能获得这份工作。

为什么会这样？我们将在下一章进行解释。这个故事还会告诉我们，在这个大事件层出不穷的时代里，为什么普通人也必须设法变得"大"起来。

第二十五章　衣领的颜色

当那个外表粗野的男子申请成为一名铁路扳道工时，经理问他是否有工作经验。这名男子点了点头，举起了他的一只手，这只手上缺了几根手指。

缺少手指是拥有铁路工作经验的标志。这个崭新的工业世界除了光彩夺目的一面，还有危险而致命的另一面。对一名乘客来说，在1885年乘坐火车穿过原野，和在早期的简陋铁路上旅行是完全不同的体验。早期的火车旅行意味着"无穷无尽的颠簸、无休无止的噪音……狭小的窗户、蒸汽驱动的机车、刺耳的汽笛和叮当的钟声"。1885年的火车配备了有木质内饰的餐车，早餐可能会有培根、香肠、鳟鱼、牡蛎、水果、热腾腾的面包、鸡肉卷、巧克力和更多东西，而且只收费75美分。这还不是全部。伊利诺伊州的乔治·普尔曼生产出了卧铺车厢，里面的床吊在车厢顶上，铺着精美的床具。清一色非洲裔的普尔曼服务员❶会把女士们的帽子放在盒子里，会赶跑走廊里的苍蝇，还会在嚼烟草的男人们床边放好痰盂。乔治·普尔曼将他的这一创造称为"宫廷车厢"，希望他的乘客们能享受到帝王般的待遇。

然而，铁路工人的生活与此迥然不同，即使冒着雨雪和双手被冻僵的危险，工作也必须完成。扳道工只要在错误的时刻稍有不慎，就很可能被夹烂或切掉手指。制动员的工作更加危险。当火车接近车站时，司机会鸣汽笛示意"放下刹车"。此时制动员们全都要赶快沿着梯子爬到车厢顶上，扳动刹车轮。如果某个轮子被刹紧得太早，就可能造成列车震动，将某个制动员抛下车摔死。每年有大约1 000名制动员因事故丧生，单单是芝加哥、伯灵顿和昆西铁路在某一年中就发生了198起受伤事故，以下是其中一部分伤情：脚背骨折、颅骨骨折、手掌和拇指被碾烂、腿部截肢、下颌骨折、脚部挤压、手被列车碾过、手指切除、腿部和手臂烫伤、腿部挤压，但至少这些人还活了下来。另有30人则在这一年里丢掉了性命：死于列车撞击，死于车厢间挤压，从车上、梯子上、桥上、烟囱上摔死，死于脱轨，被车厢和站台夹死，死于溺水。

危险成了这个新的职业世界的一部分。走进安德鲁·卡内基的霍姆斯特德钢铁厂，你会感到高温扑面而来，几乎把人烤焦。曾有人将那些炼钢炉称为"巨型坩埚"，"大到足够让地狱里所有恶魔用来煮他们的肉汤，里面装满某种白热炫目、冒着

---

❶ 普尔曼服务员，普尔曼发明卧铺车厢后，专门雇用前奴隶担任车厢服务员，后来"普尔曼服务员"就成为卧铺车厢服务员的代称。

气泡四处溅射的东西,轰隆作响,似乎有火山在其中喷发"。工人大汗淋漓的身躯上很快就会被灰烬和细小的钢渣覆盖。机锯发出巨大的刺耳声响,让一些工人变成了聋子。为了让霍姆斯特德钢铁厂昼夜不停地运转,两批工人需要轮流倒班,工人们如果这一周每天上12小时白班,下一周就要每天上12小时夜班。只有在国庆日和圣诞节,炼钢炉才会停下来。在"换班日",精疲力竭的周六夜班工人可以在周日休息一天,而接替他们的这一班就得连续工作24小时。"家只是我吃饭和睡觉的地方,我的生活都在厂里。"一名工人如是说。

随着工厂的规模越变越大,另一个奇怪的现象出现了:分工变得越来越窄。在托马斯·杰斐逊的年代,一双鞋的制作从头到尾都由一名鞋匠负责:从选择皮料、裁剪样式、缝纫直到粘接,一共有大概40道工序。然而随着工厂变大,一个鞋匠的工作被分解成一个个小任务,每个任务由不同的人来负责,每个人都不需要接受太多培训就可以完成工作。妇女和女孩们负责缝制鞋面,男人和男孩们为它们加上鞋底,而机器让这些任务变得更简单。在一个灯泡厂里,一些女工负责将灯丝一根接一根地塞入灯泡,这就是她们一天的全部工作,另一些人则负责用真空泵将灯泡里的空气吸出并将灯泡封口。

一个旧式的鞋匠会为自己的技术感到骄傲,这些工作却不一样。谁会为将一件小事重复千遍而骄傲呢?鞋匠的报酬来自出售鞋子获得的利润,工厂工人们的报酬却是计时工资,这是内战之后才开始变得普遍起来的做法。这些工人常常遭到监督他们的工头的虐待。工厂大门会被锁上,以防工人偷偷溜走。

在手套厂工作或是制作仿男式女衬衫的女工们对此深有体会❶。即使是上厕所,工人们也需要请求许可。

除了女工之外,还有童工。儿童们在纺织厂里工作,尽管空气中弥漫的纤维会损害他们的肺部。孩子们负责维修损坏的织布机,因为他们身躯较小,可以爬到这些咔嗒作响的机器下面去。男孩们和他们的父亲一起下到煤矿矿井工作,每天如果能带着一张黢黑的面孔回到地面上,而没有其他更糟的事发生,就值得谢天谢地了。煤矿里到处都是尖锐而沉重的机器,瓦斯爆炸和塌方也是家常便饭。8岁的菲比·托马斯在一家罐头厂工作,她在用切肉刀切掉沙丁鱼头部时严重割伤了拇指,却只能带着血淋淋的伤手,哭着独自回家,因为"她妈妈还在别处忙碌"。在蒸汽洗衣店里,工人们的双臂被洗涤用水里的刺激性化学药品弄得伤痕累累。尽管要冒这样的风险,女工的报酬却只有同工种男工的一半——丈夫们被视为家庭供养者,而女人们只能挣些"零用钱"。

并非所有的工厂工作都如此艰辛。如果在自己的脏乱小公寓里卷制雪茄,那会是一种枯燥的工作。父母带着孩子们晚上在这里睡觉,白天则起来干活,每周要卷3 000支。然而在那些雇用许多波多黎各人和古巴人的大型雪茄工厂里,工人们可以雇一位"说书人"(或者叫朗读者)。这个人坐在桌子上,负责给大家念报纸或是小说,这能让工作变得愉快一些。在纽约

---

❶ 纺织厂和下文的煤矿灾难是当时美国常见的新闻头条。1911年,制作仿男式女衬衫的三角衬衫工厂发生火灾,因出口全部被锁,最终导致146人死亡,其中绝大部分为女工。——编注

州的特洛伊，衣领工厂里的女工们还被允许唱歌。

特洛伊有大量的衣领工厂，以致得到了"衣领之都"的称号，这正说明了另一种变化的发生。越来越多的男性和女性从事不需要繁重体力劳动的工作——用一名女性的话来描述，就是"不会弄脏手和衣服"的工作。担任电话接线员或是秘书的女性会被要求在工作时穿着得体的裙子和"仿男式女衬衫"（一种类似男式衬衫的女上衣）。对那些在崭新的办公大楼里上班的男性而言，工作服则意味着西装外套、领带、衬衫和干净的白色衣领。衣领与衬衫是分开的，这样一件衬衫可以穿上好几天；每天早上只要换上一条浆硬笔挺的白色新领子就好。从事这种工作的人开始被视为"中产阶级"或"白领阶层"的一员，以此区别于着装不那么讲究的"蓝领"工种。

新兴的白领男性不再满足于仅仅有一份工作，开始谈论"事业"的问题。从前，如果一个年轻人想当律师，他需要在一名资深律师的指点下"见习法律"。现在，大学里开始出现法学院，其他学院也陆续建立起来，向学生教授从事诸如医生、牙医、工程师和其他职业所需要的专业知识。大部分职业都不欢迎女性进入，但也有女性从事邮政局长、教师或是秘书等职业，不顾一些男性向她们发出的警告：女性大脑思考太多可能导致精神崩溃！社会改革者伊丽莎白·卡迪·斯坦顿丝毫不相信这种谬论，反击说："庇护女性让她们免遭生活艰难之类的说法可笑至极，任何女性都应当有权用自己的全部能力来追求自身的安全和幸福。"

在经济形势不错的时候，这个新职业世界中的人们糊口无虞，甚至还可以过得不错。但好时光不会永远继续下去，或早或晚，几乎所有勃兴的繁荣都会破灭。殖民地时期的弗吉尼亚人因种植烟草而一度变得富有，但当他们输出太多烟草时，烟草价格就像石头入水一样直线下沉。毛皮贩子也发了大财，但最后河狸都消失无踪了。从繁荣走向破灭的过程发生得太快时，商人会失去他们的产业，农夫会失去他们的土地，更多的普通人则会丢掉工作，甚至无家可归。难怪人们会将这样艰难的时期称为"恐慌"——1819年恐慌、1837年恐慌、1857年恐慌，这样的兴衰起伏从未远离我们。但在此刻这个"大事件"层出不穷的时代里，繁荣更胜从前，富人比从前更富有。一旦情况恶化，事情会变得更糟，穷人也会变得更穷。这一时期的美国遭遇了三次经济大恐慌，或者说大萧条，它们分别发生在1873年到1879年、1882年到1885年，以及1893年到1897年。

如果你是拥有一个石油帝国的约翰·D. 洛克菲勒，或是名下有好几条铁路的杰伊·古尔德，遇到萧条时你只需要削减一些开支就可以平安渡过。然而企业削减开支的办法却是向工人支付更少的工资，或是让他们提高效率，以更少的投入获得更多劳动。平时一个制动员负责两节车厢的制动，萧条时就让他负责三到四节车厢——只要他在车厢顶上爬得快一点儿就行了嘛。如果行业实在不景气，老板们会选择直接裁员，如有必要，就成千上万地裁。在1873年恐慌中，安德鲁·卡内基曾描述道，纽约大街上到处都睡满了失业者，以致他去上班时不得不从这些人身上跨过去。

在这样一个世界里，普通工人能做什么？一个在衣领工厂里开扣眼，随便就可以被替代的女工能有什么力量？如果制动员们被告知工资将遭到削减，他们如何能让公司总裁相信他们无法用那点儿钱养活自己？

时而也会有怒火爆发出来。1877年，200名列车制动员和消防员占领了西弗吉尼亚州马丁斯堡的一个火车站。当局派出本州民兵去恢复铁路运营，民兵们却倒戈加入了抗议者一方。在匹兹堡，一群暴动者在宾夕法尼亚铁路上示威，抗议他们的工资不足以果腹，结果有20名失业的铁路工人被射杀。（宾夕法尼亚铁路公司总裁托马斯·斯科特说："给他们来点儿子弹餐，看他们觉得这种面包味道如何。"）愤怒的工人们发起了反击，摧毁了超过100台机车和2 000节车厢，最后总统拉瑟福德·B. 海斯派出联邦军队镇压了抗议。工人们付出了巨大的牺牲，却几无所得。

如果变大是成功的必由之路，那普通人如何能够变"大"呢？正如一个大企业需要各种系统才能成其大，工人们同样如此。早在内战之前，就有一些工人联合起来组成了工会——由工人们建立、保护工人权益、改善工人生活状况的组织。早期工会联合的多为技术工人，如木匠、裁缝或印刷工，他们组织活动，呼吁公共教育，要求终止12小时工作制并关闭债务人监狱。但当每一次繁荣被破灭取代时，这些工会的表现都很糟糕。时世越是艰难，工人就越难与雇主抗衡，因为后者可以雇用到其他渴求工作的人。

一些工会为了变得更大，尝试将不同工种的工人——木匠、雪茄工人、铁路工人和钢铁工人——团结到一个组织里。无论你是技术工还是普通工，是蓝领还是白领，都要用同一个声音说话。"8小时工作、8小时休息、8小时属于自己！"全国劳工联盟提出了这样的要求。劳工骑士团则尝试用同样的方法将"百万苦工"团结起来。为什么工人们不能拥有自己的工厂、铁路和矿山？那样他们就可以在好年景里分享收益，在坏年景里互相扶持。为什么不集中力量选举出能保护工人的官员？此外，还应该禁止雇用童工。然而所有这一切说起来容易，做起来却难，因为不是所有工人的利益都一致。某个团体会选择罢工，希望通过让工厂停止运转来迫使资方满足其要求，而别的工人却不同意。如果罢工变得暴力化，还会遭到公众的谴责。劳工骑士团取得了一些胜利，但不同工种的工人实在太多，利益也是千差万别，这使他们不可能长时间保持联合和维持巨大的规模。

犹太雪茄工人的儿子塞缪尔·冈珀斯采取了不同的策略。他没有劳工骑士团那样的社会改革宏图，相信工会就应该坚守最简单的诉求，并且在扩大规模时只吸收技术工人——比如他所熟知的雪茄工人。这些熟练工人联合起来，成立了美国劳工联合会（AFL）。他们的要求很简单：提高工资，减少工时，增进工作安全。到了1900年，也就是刚刚进入20世纪的时候，AFL已经有了100万名成员。进展仍然很慢，而且冈珀斯并不希望将如钢铁工人这样的非技术工人吸纳进来。

工会是工人们让自身变"大"的一个办法，也是一条无法回头的路。无论是好是坏，整个国家都变得更大了。这种变化不只体现在工厂和铁路的规模增长中，同样体现在全新的美国城市中——这些城市很可能是最了不起的奇迹。

第二十六章　双城记

我们已经看到，"发展"并不仅仅意味着变得更大，它还意味着建立各种新的系统，让跨越时区的火车能跑得更快，让钢铁厂能 24 小时白热化地运转，让资金能流入和流出证券市场，让工会能为劳工的权利抗争。由于城市是如此多系统的交汇之地，其发展方式值得我们重新审视。实际上，我们可以把城市本身想象成一个巨大的系统，它有生命，有呼吸，有呻吟，也有疲惫，人群、市场和各行各业都在这里汇聚。

19 世纪 80 年代的城市面貌已经与一百年之前大不相同。1789 年，当乔治·华盛顿在纽约宣誓就职时，这座城市只有 33 000 名居民，从一头走到另一头只需要一个小时（其规模甚至不如曾拥有超过 15 万居民的阿兹特克帝国首都特诺奇蒂特兰）。然而美国的城市在不断发展。到了 1840 年，由于大量人口的涌入，纽约的规模已经比特诺奇蒂特兰的 2 倍还要大，它开始变得不堪重负。一名喜欢在纽约街头闲逛的新闻记者——一个性情开朗、自由自在的家伙——清楚地注意到了这一点,他的名字是沃尔特·惠特曼。

年轻的惠特曼穿行在纽约喧嚣的大道上,看见无数载客和载货的马车与行人互相推挤,争夺狭小的空间。某处,一名拍卖师蹿上一张桌子,向聚集的人群兜售一堆椅子和床;另一处,几名屠夫学徒好容易得了片刻空闲,将他们血迹斑斑的"工作服"扔在一边,跳起欢快的吉格舞。惠特曼的耳朵也没闲着。当人们闲聊时,他听见"道路在絮絮叨叨",他还听见"马车的轮子和靴底的皮革"与路面撞击的声音。❶ 人们穿着靴子走在这些街道上需要分外小心,因为随时可能踩到粪便,这要感谢那些拉车的马匹、游荡的野狗,还有在街上成群溜达的猪。猪倒不是没有一点儿贡献,至少它们会吃掉人们从窗子里扔出的垃圾。

和这些动物一样,城里的人也没有半点儿秩序。为报纸工作的惠特曼造访过各种犯罪现场,那里有"突然的咒骂、殴打",也有执行抓捕的"佩戴星徽的警察"。"鲍厄里街男孩"❷ 这样的街头团伙并不鲜见。自称"博伊"❸ 的"鲍厄里街男孩"们鬓角油亮,爱穿红衫,戴高筒帽,脚上则是高跟的皮靴。他

---

❶ 引自《我自己的歌》,收录于《草叶集》。本章中有关惠特曼的引文如无特别注明,均出自此诗。
❷ 鲍厄里街男孩,19世纪早中期活跃在曼哈顿鲍厄里街区的本土主义、反天主教、反爱尔兰帮派。
❸ 博伊(b'hoy),仿爱尔兰口音的 boy,意为男孩。下文的"盖尔"(g'hal)与之对应,意为女孩。

们常常挽着各自"盖尔"的胳膊在街头游荡,也常和敌对的帮派——比如"下摆帮""蟑螂队""死兔帮"❶——拼得你死我活。火灾也时常发生。志愿消防员们会冲向火场,但敌对的消防公司却宁愿互殴也不愿向火场喷水。如果他们不喜欢失火房屋的主人,甚至会坐视它被火焰吞没。

在19世纪40年代到50年代,大量的移民涌入城市,这让本就糟糕的情况雪上加霜。这些移民中一部分是德国人,更多的却来自爱尔兰。爱尔兰刚刚遭遇了由于土豆枯萎病造成的"大饥荒"。在爱尔兰,土豆是人们食谱的重要内容,对穷人而言更是如此,因为这往往是他们唯一能负担得起的食物。土豆苗在地里腐烂,100万人死于饥馑,另外150万人则逃离了这个国家。当时的一名爱尔兰牧师这样写道:"他们全都不见了,一个不剩。"到了1855年,每4个纽约人中就有1个是爱尔兰人。美国人为城市中出现的混乱、危险和拥挤感到不安。许多人害怕爱尔兰人,因为他们不仅贫穷,还信仰天主教,那是不被新教徒们认可的信仰。

沃尔特·惠特曼有时也会抱怨城市中的"爱尔兰暴民",然而他的街头岁月和乐天的观念让他看到,城市中的这种粗野混乱其实正是"美利坚民族性"的重要内容。有时候,他会抛开他的报道工作,将思绪投入更大的梦想,而纽约街头的闲逛则让他"十五年间,阅尽苍生"❷。他将自己的回忆和感受在诗中

---

❶ 均为当时曼哈顿爱尔兰帮派的名字。
❷ 惠特曼晚年口述,引自其友人理查德·莫里斯·比克所作的传记《沃尔特·惠特曼》。

一吐为快，成就了美国有史以来最重要的诗集——《草叶集》。这是一部关于美国，关于美国的人民、情绪和色彩的颂歌：

> 我既年老，又年轻，既愚昧无知，又大贤大智……
>
> 我属于不同色彩，不同行当，不同等级，不同种姓，不同宗教，
>
> 我不仅属于新世界，也属于非洲、欧洲和亚洲……我是一个流浪的野蛮人，
>
> 一个庄稼汉、技工、艺术家……绅士、水手、爱人、贵格会信徒，
>
> 一个囚犯、皮条客、鲁莽汉、律师、医生、牧师。

这首诗的坦率描绘令一些读者感到震惊。波士顿正统诗人詹姆斯·拉塞尔·洛厄尔对他嗤之以鼻："惠特曼粗野不堪，是一个纽约恶棍、闲汉、低级场所的老主顾、马车夫的同流！"然而惠特曼已经意识到：在描述城市时，甚至在描述美国时，他无法将"黑人和白人、本地人和刚刚在码头登陆的移民"[1]分开。正是这样的混杂使美国成为美国："不仅仅是一个民族，还是一个熔各民族为一炉的民族。"托马斯·杰斐逊一直无法信任"大城市中的群氓"，将他们比为人体上的"溃疡"。惠特曼却不这样认为。他将城市置于美国精神的中心。

在惠特曼72年的生命中，城市毫无疑问也处于至关重要的

---

[1] 引自惠特曼在1855年9月的《美国评论》上发表的关于自己作品的诗评。

中心位置。当《草叶集》在1855年出版时，每6个美国人中只有1个在城市居住。50年之后，居住在城市的美国人已接近总人口的一半。这种大量人口从农场和村庄向城市迁移的现象不只发生在美国，也发生在世界各个地方。有了在大洋上航行的蒸汽轮船，到全球任何地方开始新生活都变得更容易，也更便宜。

美国的一个偏僻角落在一段时间内成了世界上发展最快的城市。说它偏僻，是因为当华盛顿就任总统时，这个地方只有两个人居住：一个叫让－巴蒂斯特－普安·迪·萨布莱的法国黑人毛皮贩子和他的波塔瓦托米族印第安妻子奇蒂哈瓦。他们的木屋建在芝加哥河注入密歇根湖的河口上，有5个房间。直到波塔瓦托米族因为安德鲁·杰克逊的印第安人迁移政策而移居密西西比河以西之后，才有大批美国人从东部来到这个定居点。1871年芝加哥发生了一场大火，使城市的发展停滞下来。大风将火苗和火星从一个屋顶散布到另一个屋顶，造成约10万人无家可归。然而芝加哥很快卷土重来，开始重建。到了1890年，这里的人口已经超过100万，让芝加哥成为重塑美国的新型城市典范。

何谓新？在一个如此高速发展的城市中，要回答这个问题，我们可以从几组方向入手去思考——上和下，进和出，高、中和低。

首先是上和下。作为摩天大厦潮流的引领者，芝加哥不仅向外扩张，也向上发展。要将人们传输到能"摩天"的高度，就得有比楼梯更聪明的解决方案。当波特·帕尔默为他的新豪华酒店做宣传时，他并没有为这种新传输系统想好一个名字。

这是一种"竖直的铁路,将每一层连接起来,让人们从此不必从楼梯上下"。换句话说,就是电梯!同时,当芝加哥在摩天大楼的推动下向天空发展时,市政当局也在向下挖掘。芝加哥修建了第一个全城范围的下水道系统,用以排放数十万居民产生的废水,另外还修建了管道,从密歇根湖送来饮用水。这种新系统减少了旧式城市中不洁井水带来的疾病。通过向下修建,这座新城市变得更加健康和安全。

其次是进和出。随着城市的扩大,从城市的一端走到另一端对居民们来说不再是一件轻松的事情。为了加快交通速度,一开始人们使用沿铁轨运行、用马拉动的街车,但对芝加哥这样规模的城市而言,这意味着多出6 000多匹需要喂养和照料的牲畜(令人悲伤的是,大部分马匹在1871年大火中丧生)。人们尝试用一种被称为"小傻瓜"的小型蒸汽机车来代替马,但"小傻瓜"们却会冒出浓烟和火星。最终解决问题的是电车,因为它们的引擎不会冒烟。同纽约以及其他大城市一样,芝加哥也开始修建高出街面的铁路,让人们在城内和城外之间通勤,这些"高架"让繁忙大街上的拥挤人群得以减少。接下来人们又开始在地下修建铁路,因为清洁的电动引擎不会污染地下隧道。

铁路在城内城外之间运送的不光是人。简单地说,城市是作为中介点而发展起来的。假设你找到了一些原料,比如树木、小麦或奶牛,就需要把它们运入城市,加工成更有价值的东西,例如木料和面粉,然后你需要把这些产品运出去,送到有需求的人手中,这就是所谓进和出。芝加哥的位置让它成为一个理想的中介点。它位于五大湖的边缘，轮船可以从芝加哥港口直达繁荣的东部。这里的铁路线就像车轮上的辐条一样四通八达，把这个国家的一半和另一半连接起来。火车运来数以百万计的牛，它们在这里被宰杀分割，变成牛肉被运往东部——这一点要感谢古斯塔夫斯·斯威夫特发明的冷冻车厢。小麦、燕麦和大麦也流入芝加哥，人们用谷物升降机对它们进行品种和质量分类。（这座城市不仅用升降机运输人，也运输谷物。）在芝加哥以北的密歇根州和威斯康星州，人们伐倒巨大的白松，用雪橇沿着冰雪覆盖的小路运出森林，让它们沿河水漂入密歇根湖，湖边的锯木厂把这些木料分割后运往芝加哥。芝加哥是一座轰隆作响、日夜不停的城市。

同从前任何时候一样，系统运转的动力是人。又一大批移民在19世纪80年代来到美国，其中许多人留在了城市里。来自南欧和东欧的新移民加入了更早到来的爱尔兰人和德意志人的行列；在俄国和波兰遭到迫害的犹太人逃离他们的村庄；许多躲避灾害的中国人也横渡太平洋，在旧金山郊外的天使岛上岸。旧金山很快就有了它自己的"唐人街"，那里的"杂货和蔬菜一直摆到了人行道上"，一个新来的中国移民描述道。美国人则惊异于这些人的长辫子和他们"像睡衣一样松松垮垮的外套和裤子"。很多时候惊奇会演变成怀疑和歧视，中国移民因此被更好的工作拒之门外。在东海岸，欧洲移民先是从克林顿堡进入纽约，从1892年开始则改由埃利斯岛进入。对许多新移民而言，粗重的体力劳动是他们唯一能找到的工作，比如修建摩天大楼、桥梁和街道。"在意大利的时候，他们告诉我这里的街道都是用金子铺的，"一个移民回忆道，"我到了这里才发现这些街道不仅没有铺金子，根本连铺都没有铺。它们倒是在等着我来铺。"芝加哥有个"罐头镇"，屠夫们在这里宰牛然后把肉装入锡罐。剁肉的工作使他们的脸和衣服上全是凝结的血和油脂，"从头到脚都看不出是个人"，一名意大利访客描述说。到1890年，4个芝加哥居民中就有3个是移民或移民后裔。

最后是高、中和低。正如从城市一端到另一端的距离越来越长，城市居民中顶层和底层的差距也越来越大。最富有的美国人富可敌国，最贫穷的工人收入低得可怜，以致他们似乎生活在不同的世界里。芝加哥的工人挤在脏乱的棚屋里，他们的居住区被称为"后院之后"，邻近钢铁厂和屠宰场。在纽约，许多人住在那种6层或7层高的公寓楼里，十多人合住一室，没有电梯。这些潮湿肮脏的公寓被叫作"廉租房"。有一次，其中一间公寓墙上挂着的纸和破布着了火，一名惊恐的访客赶快找到一名警察，向他求援。警察报之以大笑："没必要费力气。你不知道那地方叫'脏勺子'❶吗？光去年冬天那里就着火6次，但根本烧不起来。墙上的灰尘太厚了，自己就能让火熄灭。"

富人们的房子有多大的不同呢？原来让-巴蒂斯特-普安·迪·萨布莱的木屋所在的地方，豪宅沿湖滨马路拔地而起，有的模仿意大利式的宫殿，有的修得如同中世纪城堡，房间可能被装饰成土耳其密室或中国客厅的样式。"一切都铺张得毫无节制，"一名访客评论道，"你能看到翻滚的龙、挥舞宝剑的

---

❶ 脏勺子，常用于指代妓院和肮脏的廉租房。——编注

铜像，还有在画布上摇动铃鼓的舞女……似乎好坏的标准就是每一寸上花了多少钱。"那个修建电梯酒店的波特·帕尔默也有自己的豪宅。他的家中仆役成群，屋顶以角楼装饰。在殖民地时期，如果有人敲门，人们会说："进来。"波特·帕尔默却要求他家中所有的门都不能有外面的把手，只能从里面打开。要见帕尔默先生，你得把名片交给最下等的看门人，他会把名片转交给一位仆人，然后这位仆人再交给下一位。在是否让你进门的决定做出以前，你的名片可能已经在超过 20 名仆人手中传递过。

在富有的上层和贫穷的下层之间，是人数越来越多的"中产阶级"，包括经理、秘书、医生、工程师、教师和销售员们。这些人买不起豪宅，却也沿袭了富人们的一些做派，比如使用名片。中产阶级的餐厅中不会有乱七八糟的雕像，但他们的食谱里也会有些不寻常的新内容，比如从中美洲进口并用火车急送到各个城市的香蕉。一个生意人也许会炫耀他买来的全新而华丽的爱迪生式留声机，放上几张歌剧独唱或是流行民谣的唱片。够幸运的话，这家的女主人也许还能拥有一台冰箱，虽然这种冰箱还需要本地卖冰商人送来冰块才能冷藏食物。

这些全新的城市向上向下、向内向外不断发展，分化成上层、中层和下层。沃尔特·惠特曼则在观察，"蒸汽的动力、伟大的特快线路、煤气、石油……铁路横亘整个世界"，这一切令他惊异。在惠特曼还是一名年轻记者时，他曾为富人和穷人之间日益扩大的差距而忧虑。此时他还忧虑吗？即便如此，他也把这个问题留给了后世解决。1892 年 3 月，这位喧嚣城市的代言人和美国的歌颂者停止了呼吸。4 000名平民赶来，目送他的棺木前往他最后的栖息地，就连无家可归的孩子们也被乐队的演奏和叫卖水果零食的小贩吸引过来。即便是在长眠之中，惠特曼也会喜欢这个情景——其中有道路的絮叨，有靴底皮革发出的声音，有这座充满生机的城市永不止歇的喧哗。

第二十七章　新西部

在第五章中，我曾提到历史书中的一段空白：从埃尔南多·德·索托1542年左右探索美洲，到法国探险家拉·萨莱1682年沿密西西比河顺流而下，这两者之间的那段时间。在这消失的140年里，北美洲似乎完全变了模样。德·索托在密西西比河两岸看到密密麻麻的印第安王国，拉·萨莱却只偶尔看到一两个村庄；德·索托从未在这片地区看到过野牛，拉·萨莱却记述他看到数百头之多。欧洲人带来的疾病似乎将一个旧世界变成了一个新世界，历史学家和考古学家也只能猜测这些变化发生的原因。

另一方面，对大西部在19世纪发生的事情，我们却非常清楚。另一个新世界在密西西比河以西的土地上诞生了，这一次只用了半个世纪，大约在1840年到1890年。

想象一下在沃尔特·惠特曼到纽约的那个年代，这片土地是什么样子？大篷车已经开始穿越大平原，向俄勒冈和加利福尼亚进发。波尔克总统对墨西哥的战争改写了美国的版图。这样的变化讲述了一个简单的故事：这个国家已经从一片大洋延伸到另一片闪光的大洋。又或者，仅仅是看起来如此？事实上，印第安部族仍控制着这片土地的很大一部分。在大平原南部，科曼奇人是最强大的部族，夏延族和苏族则在更北的广袤草原上捕猎野牛。这片地区大约生存着3 000万头身披长毛的野牛，到了夏末，分散的牛群会聚集起来。这些动物"发出低沉悠远的哞声，"一名过客描述道，"在一些地区组成巨大的群落，像乌云一样覆盖好几英里范围内的草原，毫不夸张。"

然后这个世界开始发生变化。变化的第一个信号并非白人定居者的到来，而是他们的马。我们已经知道印第安人非常珍视从欧洲来的马，因为猎人骑在无鞍马背上时能捕杀的野牛比徒步时多得多。最贫苦的科曼奇家庭也拥有好几匹马，甚至更多。这些动物本身也威胁到野牛的生存：它们和野牛一样都吃草，形成了竞争关系。大平原地区在19世纪50年代进入长期的干旱，让这个问题变得更加严重。此时拓荒者们正好也开始涌入这片地区，他们带来的马匹、牛群和羊群吃掉了更多的草，尤以河谷地带为甚，而在冬季可怕的暴风雪到来时，河谷地带正是印第安人的避难所。根据一名美国士兵的报告，到了1857年，普拉特河沿岸的荒野已经变成一片"死寂的、没有树木也没有青草的荒漠"，"冻死的动物数以百计"，随处可见。

接着是铁路的西进。野牛已经是成千上万印第安人的猎物，现在又要面对寻找刺激和乐子的白人的枪口。火车经过牛群时，"射击运动员"们会打开窗户向牛群开火，连车都不用下。更糟的是，东部的商人们在1870年找到了鞣制牛皮的办法，可以让它们变得更柔软，合乎城市居民的喜好。在金钱的刺激下，职业猎人大批赶来，尽可能多地射杀这些动物。几年之内就有400万头野牛被猎杀，原野上只留下"堆积如山的残骸……空气中弥漫着令人作呕的恶臭"。到了19世纪80年代，野牛的数量已经从3 000万头锐减到5 000头左右。

除开以上这些变化，西部还有些最与世隔绝的地方此时变成了另一种勃兴之地。1848年，在加利福尼亚的美利坚河畔的一家锯木厂，人们发现了金砂。距离这里最近的定居点是萨特堡❶，驻扎在此的约翰·萨特上尉起初不太确定该如何应对。他长期负债，而这一发现可能意味着巨大的财富，另一方面，它也可能意味着蜂拥而至的新来者和混乱的秩序。居住在这一带的科洛马印第安人向萨特讲了一个传说："山中有一个用黄金镶边的湖泊，其中住着一个悭吝的恶魔，这些黄金都属于它，是一种毒药。"对印第安人而言，黄金确实成了一种毒药，对白人而言，黄金则让他们中的许多人变得有如恶魔。在冷清的旧金山小镇，一个商人挥舞着一个装满闪亮金砂的玻璃瓶，一边从街上跑过，一边高喊："金子！金子！美利坚河里有金子！"几天之内，大多数男人就离开了这座城镇，前往萨特锯木厂。当消息传到东部后，在1849年就有数以千计的淘金者出发前往加利福尼亚。

"49一代"只是一个开端。10年之后，人们在西部不仅找

---

❶ 萨特堡，加利福尼亚州首府萨克拉门托的前身。

到了黄金，还发现了白银。2万名矿工涌进了爱达荷，2万人来到蒙大拿，另外10万人则来到科罗拉多的各个矿区。最大的宝藏则出自内华达的戴维森山，这里的科姆斯托克银矿周边布满了帐篷、土石砌成的小屋和棚屋，形成了弗吉尼亚城。

在所有这些地方，只有少数探矿者发了财，大多数人的运气和萨姆·克莱门斯一样糟糕。萨姆是个新手，他买了一件法兰绒衬衣，一顶宽边大软帽，留起腮须和唇髭，开始挖矿。在他戏谑的描述中，这片荒野"出奇富足，到处都是金、银、铜、铅、煤、铁、水银、大理石、花岗岩、白垩、巴黎石膏（熟石膏）、盗贼、杀人犯、亡命徒、贵妇、孩童、律师、基督徒、印第安人、华人、西班牙人、赌徒、骗子、蛇头、诗人、牧师、长耳野兔"。萨姆花了5个月的时间，像一只长耳野兔一样到处瞎碰。他曾住在一间漏风的小屋里，忍受寒冷的夜晚、糟糕的食物和更糟糕的运气。"给我寄50或者100美元来吧，能拿出多少算多少，"他在信中向他的哥哥求援，"我打算在这里背水一战了……我的背疼，手上长满了水泡。"他的背水一战失败了，最后在一家碾碎矿石的工厂里找了一份苦力的工作，每周只能拿到可怜的10美元。收到第一份薪水后，萨姆向老板提出加薪到每月40万美元，然后被当场解雇。

探矿者们已经知道，使用机器是唯一能保证稳定收益的办法。有一些企业买下用来碾碎银矿石的冲压机，或是能将整面山坡撑裂让矿石松动的高压水龙，因此获得了成功。至于萨姆，他最终也走了运，只不过换了一份职业——这位失败的探矿者开始使用马克·吐温这个笔名写作他的探险故事。他最后回到了东部，创作出了美国文学史上最为人称道的作品——《哈克贝利·费恩历险记》。

因为马匹、定居者、矿工和疾病的到来，西部世界变得天翻地覆。受到冲击最大的是印第安人。野牛群逐渐消失，葱茏的河谷变得寸草不生，白人们通常不经许可就在印第安人的土地上定居下来。加利福尼亚州政府通过了一条看似不错的法律——《印第安人管理与保护法案》，但这条法案"保护"印第安人的方式是将他们卖给出价最高的人，迫使他们工作。根据一家加利福尼亚报纸的报道，对印第安儿童的绑架"已经成为家常便饭，本州北部地区某些印第安部族的孩子几乎全部被偷走了"，并在这个州的南部出售。州政府甚至雇用了一个叫作"伊尔河巡逻队"的团体来逮捕甚至杀死走出新保留地的印第安人。伊尔河巡逻队的队长坚信："无论听上去有多么残忍……除了彻底消灭，没有其他将他们从这片土地上清除的办法。"20年后，加利福尼亚的印第安人口从约15万锐减到3万左右。

印第安人的反抗在整个西部此起彼伏，他们通常小股行动，袭击农民的小屋或是矿工的营地。然而到了19世纪60年代和70年代，整个印第安人部族开始了与白人的战争。南达科他的布莱克山地区传出发现新金矿的消息后，美国政府以条约形式划给苏族的保留地上就出现了探矿者的踪迹。这里有大量的动物，树林里也能伐到大平原地区极少见的黑松木。布莱克山是苏族人的圣地。听闻这里能挖到金子，一个自命不凡、渴望出名的陆军将领带着一支远征队来到了这里。白人们称他为乔治·阿姆斯特朗·卡斯特将军，苏族人管他叫"长毛"，因为他有一头齐肩的金发，还管他叫"万贼之王"。联邦政府先是打算以条约形式买下这片土地，苏族人拒绝了，于是政府命令他们离开。卡斯特带领他的骑兵团出征，打算围捕这些印第安人，并夸口说他只要600名士兵就能征服整个苏族，然而他低估了7 000名苏族人和他们的酋长"坐牛"。卡斯特沿小比格霍恩河冲进了战场，却全军覆没。"坐牛"后来承认："跟随'长毛'而来的那些人是最好的战士。"然而卡斯特的骄傲却让这些部下和他自己统统送了命。

"坐牛"的胜利是印第安人抗争的巅峰。他们无法逆转那些改变他们土地的力量，就连军队也无法控制那些贪婪的探矿者和定居者，虽然他们中的一些人希望这么做。对印第安人作战最机敏顽强的乔治·克鲁克将军就是其中一例，他曾说："军队的麻烦在于印第安人愿意把我们当朋友一样信赖，但我们不得不目睹他们遭到的不公，却无力帮助他们；当印第安人的忍耐被突破，宁可选择战争的道路时，我们又不得不怀着对他们的同情与他们作战。"政府军对苏族人紧追不舍，直到他们精疲力竭、食不果腹，最后大多数人只好投降。类似的故事在西部层出不穷，从明尼苏达州的森林，到华盛顿属地，再到亚利桑那属地——阿帕奇族印第安人在他们的领袖杰罗尼莫的率领下，在亚利桑那一直抵抗到1886年。即使是爱达荷属地那些没有拿起武器反抗的内兹珀斯人，也从他们的土地上被赶走。在撤退了超过1 000英里，穿越了俄勒冈、爱达荷、怀俄明和蒙大拿之后，内兹珀斯人被迫投降。他们的领袖约瑟夫酋长这样说:"首领们,你们听我说。我累了,我的心充满厌倦和悲伤。从此时此地开始,我永远不再战斗了。"他的人民被塞进没有暖气的火车车厢,送到了印第安属地(今俄克拉何马州所在地区)中一片荒凉的土地上,从此远离家乡。

印第安人遭遇了极为恶劣的待遇,却并没有像伊尔河巡逻队所希望的那样被"彻底消灭"。他们或是在保留地上年年艰苦度日,或是被送到传教站,在那里被剪掉头发,并被鼓励学习白人风俗。逐渐地,他们的人口开始增加。

同一时期,新来的家庭和动物渐渐布满整个西部。多年以来,大平原一直被东部人称为"美利坚大荒漠",谁能在这样干旱的土地上生存呢?但随着野牛被猎杀殆尽,白人定居者带来的家牛取代了它们的位置。1493年,哥伦布第一次把家牛带到了加勒比地区,接下来的几个世纪里,家牛的分布逐渐扩散到整个墨西哥,并向北扩散到得克萨斯。这些牛❶只需要很少的水就能生存,还有角尖距可达8到9英尺的牛角保护自己。墨西哥的"巴克罗"们,也就是我们所说的牛仔,发明出了各种用于牧牛的装备,比如用来打上牛主人记号的烙铁,用来套公牛的套索,用来遮挡烈日的墨西哥宽边帽,还有附带马刺的尖头高跟皮靴,皮靴的尖头有助于牛仔踩牢马镫。那些从东部来、被墨西哥人称为"外国佬"的美国人吸收了这些技术后,仍有许多墨西哥人在西部放牧,赫苏斯·拉瓦罗就是其中之一。他出生在墨西哥,小时候随家人迁移到爱达荷,少年时代几乎

---

❶ 指得克萨斯长角牛,是得克萨斯州的标志性动物。

全在马背上度过，"少有敌手"是一名认识拉瓦罗的牛仔对他的评价。有一年，他接下一份将3 000头牛的大牛群带回家的工作。"外国佬"们"不喜欢在墨西哥人手下干活"，尤其是拉瓦罗还带着他的印第安妻子——她的名字是"近乎猫头鹰的女人"——和他9岁的儿子乔。然而他成功地把牛群平安送回，一路上还教会了这些美国牛仔一些新技巧。

牛群如果没有出售的渠道，就无法给牧场主带来财富。只有当铁路在西部足够深入之后，牧场主们才会将他们的牛群收拢来，通过100多英里的"长征"，将它们赶到阿比林、道奇城和堪萨斯城这样的活牛交易市场。牛被火车运往芝加哥，在那里的"罐头镇"被宰杀。

农民们也涌入了大平原，在这里种植不同品种的小麦和玉米，这几乎立刻就造成了冲突。在一年一度的围拢之前，牧场主们已经习惯让牛群自在漫游，农民则会用栅栏将他们的田地围起来。大平原上很少有能用来修建木栅栏的树木，于是定居者们不得不用上一种新发明——带刺铁丝网——来保护他们的庄稼。越来越多的农民将土地围起来，牛仔们则会在深夜里剪掉他们的铁丝网，这引发了"牧场战争"。此外，农民和牧场主都不喜欢从墨西哥引进的另一种东西——羊，这种牲畜将地面上的草啃得太短，让牛和马无法吃到。

1890年的西部是一个真正的新世界。在伊利诺伊和印第安纳，曾经连绵数英里的高草草原现在变成了带围栏的巨大农场，上面种植着玉米和小麦。长满短草的大平原曾有成千上万印第安人追猎3 000万头野牛，现在却是日渐扩大的家牛群和小麦农场，剩下的印第安人早已被赶进了保留地。

  初看起来，这个广袤开阔的世界似乎跟拥挤的城市以及霍姆斯特德钢铁厂林立的烟囱扯不上什么关系，实际上这两个世界都是那正在改变美国的庞大体系的一部分。一名芝加哥居民坦承："没有农民就不会有城市。"没有源源不断运来的牛，"罐头镇"的屠宰场也无法生存。无论年景好坏，城市与乡村都相互依存。

第二十八章 运气还是勇气？

毫不过分地说，在前面四章里，我们看到美国发生了天翻地覆的改变。即使这样的过程是在几十年中而不是在短短几年中发生，将之称为"一种革命"也并不夸张。

现在，我们眼前是喧嚣的城市、火红的炼钢炉，还有漫山遍野的牛群。你注意到这幅画面里缺少了什么吗？我们完全没有提到政府、选举和各种政治活动。这并非因为政治活动停止了，而是因为选民们选出的总统和国会并没有对这些变化贡献多少力量。在完成一届任期之后，拉瑟福德·海斯总统于1881年卸任，满心庆幸自己"从纷扰中解放出来"。詹姆斯·加菲尔德仅仅当了100多天总统就被枪杀，刺客是一名向他求取政府官职不成而心生怨恨的男子。接下来的几位总统——切斯特·阿瑟、格罗弗·克利夫兰和本杰明·哈里森——没有一个能稍稍与华盛顿、杰斐逊、杰克逊或是林肯相提并论。

但是，联邦政府在对美国的改造中起到的作用较小，还有另一个原因：大多数美国人认为政府不应该插手这些事务。诚然，亚历山大·汉密尔顿和联邦党人曾希望政府能推动制造业的发展——虽然那时候这片土地上还没有几家工厂，反对安德鲁·杰克逊的辉格党人也相信政府应该积极支持修建公路、运河和铁路。（毕竟，如果没有政府的助力，跨大陆铁路就不可能建成。）但杰斐逊早早就定下了一个不同的基调，他认为：公民应当不受干涉，"自由地追求自己的事业和福祉"。这种将政府排除在经济事务之外的观念有一个法语名字：laissez-faire❶，这是因为一位著名的法国财政大臣曾向商人们询问政府能为他们做什么，而商人们回答道："Laissez-nous faire."（"不要管我们！"）

另外，安德鲁·杰克逊的追随者们还坚持认为：《独立宣言》声称"人人生而平等"，是指每个人都应拥有同样的机会，而不是指政府应该插手进来帮助他们变得平等。只要每个人都是从同一条起跑线开始生命的赛跑，他们就应该不受干涉地自己跑完全程。你大概会将这描述为"成功源于奋斗"——这正是一本持此观点的流行童书的书名。这本书出版于1872年，作者是曾当过教师和牧师的霍雷肖·阿尔杰。

阿尔杰大力鼓吹成功源于奋斗的观念，创作了数十本儿童书籍，全都在宣扬同样的成功之路。他书中的主角大多是无家可归、流落街头的男孩，有着"破衣迪克"和"烂衫汤姆"这

---

❶ Laissez-faire，字面意思是"不加干涉"，指自由放任主义。

样的外号。14岁的迪克在一个装着半箱干草的箱子里睡觉,穿着肥大的破裤子、"似乎已经穿了一个月"的衬衫和一件只有两个扣子的脏马甲。他是个擦鞋童,专门帮人把鞋擦得亮亮的,如果一天下来兜里能多出50美分,他就高兴得不得了。生意好时,他会说:"我想我今晚要去巴纳姆(马戏表演)那儿,去看长胡子的夫人、八英尺高的巨人、两英尺高的侏儒,还有其他多到数不清的稀奇玩意儿。"这就是迪克心目中的逍遥夜晚。然而阿尔杰的主人公注定要前进,靠着他们的"运气和勇气"——这是他另一本书的名字。"我要开始新的一页,要努力变得受人'争敬'❶。"破衣迪克发下了誓言。在阿尔杰的想象中,有一天迪克乘坐渡船去布鲁克林,看到一个6岁男孩走得离甲板边缘太近,掉进了河水中。"我的孩子!谁能救救我的孩子?"男孩的父亲吓坏了,大声呼救。当然,迪克想都没想就跳了下去,冒着淹死的风险,他够到了落水的小约翰尼,并让他保持漂浮在水面上,直到从旁经过的一条划桨船将他们捞起来。为了防止读者们没看出深意,桨手会说:"你真是个有勇气的男孩。"更走运的是,小约翰尼的父亲是个商人,他给了迪克一套新衣服,还有一份职员的工作。"我的幸运星终于闪闪发亮了!"迪克大声宣布,"往水里一跳比擦靴子的好处大得多。"是啊,如果又有勇气,又有好运气,谁会需要政府呢?

另一些美国人则向科学寻求政府应该置身事外的解释。

---

❶ 争敬(spectable),即受人尊敬的(respectable),迪克使用的是工人阶级的俚语,与标准英语有所出入,以此表现其出身贫苦。

1859年，英国博物学家查尔斯·达尔文提出了一种新的科学理论——进化论。长久以来，人们一直相信动物物种从不发生改变——长颈鹿、啄木鸟和红点鲑一直保持着它们被创造时的模样，而达尔文推翻了这一观点，他证明物种会因为上千年甚至上百万年的进化而发生改变。如果某种雀鸟生来拥有超长的鸟喙，并因此能挖出更多的虫子，那么随着时间流逝，长喙的雀鸟会因为更适宜生存而取代短喙的品种。自然竞争可以挑选出最适合的物种，让它们能够生存下去。

达尔文实际上从未将"适者生存"的理论与人类社会联系起来，然而另一些思想家却将进化论观点应用到政治和政府上。他们认为每个人每一天都在为财富和成功而竞争，正如雀鸟为了虫子而竞争。富有的石油大亨约翰·D.洛克菲勒就曾说过："大企业的成长不过是适者生存的结果，这不是商业的邪恶本性，只是自然法则和上帝法则运行的结果。"对被称为"社会达尔文主义者"的那些人而言，进化论证明政府不应对商业加以干预，只要让适者生存，社会就会自然进步。

赫伯特·斯宾塞是进化论和政治关系方面最有名的英国论述者，也是个相当古怪的人。他留着浓密的络腮胡，头顶和下巴却是秃的。他患有神经衰弱、失眠，还经常因为公共场所的噪音而心烦意乱，怎么看也不像个最适应自然法则的人。有时他坐火车出行甚至要带上自己的吊床，让两名仆人安装好，使他可以在旅途中躺下，如同在私人的普尔曼宫廷车厢里一样。斯宾塞关于进化论的论著在美国流行开来，而他最狂热的崇拜者非钢铁大王安德鲁·卡内基莫属。

安德鲁的父亲来自一个苏格兰村庄，曾经是一名贫穷的纺织工。安德鲁本人则充满激情，在婴儿时期便是如此。小安德鲁在吃早餐的燕麦粥时要用两只勺子，左右开弓，吃完后就会用苏格兰口音哭喊："还要！还要！"长大一些之后，他会去村里的井中打水，这意味着有时需要排队等上一个小时。有的女人会在前一天晚上把水桶放在那里占位子，这样第二天便可以插到队伍前端。安德鲁认为这样很不公平。再也无法忍耐之后，他大胆地把那些水桶踢开，直接走到队伍前头。这些女人管他叫"怪人安德鲁"，意思是他既愚蠢又疯狂。但当怪人安德鲁随家人迁居美国之后，他就和破衣迪克一样，决心要变得受人"争敬"。一开始，他在匹兹堡的一家纺织厂里做最下层的苦工，但很快就得到一份送电报的工作。从这个职位开始，他先是升任发报员，后来又得到宾夕法尼亚铁路公司一名高管的雇用。通过加班加点地勤奋工作，他终于得以进入钢铁业。对卡内基而言，赫伯特·斯宾塞的书解释了各个国家如何通过竞争和奋斗而取得进步，就像他这样的男孩可以通过竞争成为最优秀者一样。"'一切都变得更好，因此一切都理所当然'成了我的座右铭，"他曾说，"在接触到斯宾塞的作品之前，我眼前只有一片黑暗。"

在变得富有和出名之后，卡内基决定见一见这位伟大的哲学家。这个愿望并不容易实现，因为赫伯特·斯宾塞痛恨旅行，不过他最终还是宣布将前往美国推广他的作品。卡内基立刻设法登上了斯宾塞乘坐的远洋客轮，并说服餐厅招待员将他的位置安排在斯宾塞的餐桌上，以便他们交谈。来匹兹堡吧，他恳求斯宾塞,来看一看世界上最先进的钢铁厂!还有什么事物比它更能证明美国的进化吗?斯宾塞不情愿地同意了。天哪,钢铁厂里的各种爆炸声、刮擦声和碰撞声几乎让这位神经过敏的思想家当场崩溃。更糟的是,"匹兹堡的恶心"也让他裹足不前:这里的穷人都挤住在被煤灰覆盖的棚屋里;俄亥俄河被污染得不成样子;绿意宜人的公园也无处可寻。这就是进化的巅峰?"只要在这里住上6个月,就没有理由不去自杀。"斯宾塞声称。

卡内基对他的偶像发出的批评并不介意,但这些批评却成了一个信号,表明"成功源于奋斗"并不能解决世界上所有的问题。那成千上万几乎难以维生的工人不也在奋斗吗?爬上列车车顶的制动员们难道没有表现出充分的勇气吗?如果坏运气让他摔死,那就算他的妻子给孩子们再读一个霍雷肖·阿尔杰写的故事,又有什么帮助?如果一个洗衣女工因为太过疲倦而放松警惕几秒钟,导致她的手被洗衣机的滚轮卷进去碾烂,似乎"一切都变得更好,因此一切都理所当然"的座右铭也无法给她带来什么安慰。

无论如何,当工会尝试帮助普通人与资产亿万的大公司抗争时,卡内基这样的工业巨子并不高兴。在卡内基的霍姆斯特德钢铁厂,工会拒绝了一份降低工人工资的新合同。工人们在1892年夏天举行了罢工。此时工会得到消息:卡内基的经理亨利·弗里克将请几百名私家侦探"平克顿"来对付罢工者,并让钢铁厂复工。(这些私家侦探之所以被叫作"平克顿",是因为这家侦探社的创立者是艾伦·平克顿,也就是多年前保卫当选总统林肯赶赴华盛顿的那个人。)

工会的哨兵日夜执勤,静候弗里克采取行动。在7月的一个有雾的晚上,他们终于发现了两条鬼鬼祟祟沿莫农格希拉河靠近的驳船。工会用工厂汽笛和警报器发出了警报,霍姆斯特德全镇工人立刻蜂拥而出,加入了战斗。他们用步枪射击,投出一捆捆炸药包,还用上了一门大炮,和"平克"❶们战斗了整整12个小时。工人的妻子们更是无所畏惧,用装着废铁的长筒袜猛击败退的"平克"们。可叹的是,这些私家侦探大部分也只是可怜的失业工人,走投无路,只好接受每天1美元的工钱为亨利·弗里克而战。想必弗里克会同意铁路大亨杰伊·古尔德在另一次罢工时发出的评论:"我能雇用一半工人阶级来杀死另一半工人阶级。"

这时候政府在哪里呢?在冲突之前,政府一直置身事外。冲突爆发后,宾夕法尼亚州州长调集了民兵,站在了企业主一边。民兵控制了霍姆斯特德,让弗里克回到厂里。罢工被镇压了。还是这个7月,因为工资遭到削减,并且工作时间从每天9小时延长到10小时,爱达荷州科达伦的矿工们也举行了抗议,同样遭到联邦军队的镇压。在工人和雇主的争端中,政府通常都无视工人的诉求。到罢工和抗议发生时,政府又会把"自由放任主义"抛诸脑后,开始插手偏袒资方。

以上还不是最糟糕的情况。6个月后,一家大型铁路公司破产,引发了一场金融恐慌,500家银行和15 000家企业因此

---

❶ 平克,"平克顿"的略称。

倒闭。绝望的人们在全国各个城市里游荡，无家可归，没有工作，没有钱，也没有运气。真能像"破衣迪克"那样在天气温暖时露宿街头还好，但此时报纸上已经出现人们在冬天冻死、在夏天饿死的消息。乡村地区的情况一样艰难。"人们过得苦不堪言，"内布拉斯加的一位银行家汇报说，"大群的女人和孩子只能赤脚躲在他们的草皮棚子里，因为没有可以用来包住脚的东西。他们遭遇的这一切都不是他们自己的错误造成的。"此时政府又在哪里？伊利诺伊州州长约翰·奥尔特盖尔德警告工人们说："你们将面临一段漫长的黑暗，这将是一段痛苦和令人沮丧的日子。我必须提醒你们，这样的苦难可能无从躲避，因此，我建议你们勇敢地面对它。"政府也无能为力，只能 laissez-faire——放任自流。

俄亥俄的企业主雅各布·考克西却认为政府有能力干预，也应该干预。他认定这样的情况必须改变，于是在华盛顿组织了第一次抗议游行，以争取推动政府雇用失业者来改善全国的公路状况。大约100名支持者在一个寒冷的复活节清晨出发了，领头的是一名黑人男子，打着一面美国国旗。他们自称"基督共同军"，却被报纸们谑称为"考克西军"。他们经过霍姆斯特德时，上百名支持者和一支铜管乐队出来欢迎他们，在其他地方则有友善的居民为他们提供食宿。抵达华盛顿后，在15 000名围观者的注视下，500名考克西军成员向国会大厦的台阶进发。考克西走在队伍前面，身边是他的妻子和他襁褓中的儿子——值得一提的是，孩子的名字是"法定货币"（Legal Tender）。然而，考克西刚刚摘下帽子准备对群众发表演说，就有两名警察揪住了他，其他警察则开始用棍棒驱赶游行者。考克西没能得到政府首脑们的认真倾听，却因为践踏草坪被逮捕——这是警方为了拘捕他能找到的唯一一条法律依据。降低失业率？真是胡思乱想——一名马萨诸塞州众议员声称：那将是"不道德的举措，因为失业现象乃是上帝的旨意"。

此时距哥伦布登陆美洲已经过去了400年，美国已经成为一个巨人、一片全新的土地，然而这个强大的国家正面临其历史上前所未有的一场严重经济萧条，各种产业体系还没有强大到能挺过艰难时期的程度。要成为一个真正伟大的国家，它需要的不只是运气和勇气，也不只是适者生存。

第二十九章　进步主义

考克西军自称基督共同军,他们使用的"共同"这个词让我们回想起约翰·温思罗普和清教徒们的"神圣共同体"观念,这种政府观与新工业世界所倡导的"成功源于奋斗"和"适者生存"迥然不同。

温思罗普希望他的"山巅之城"不只是一处个人可以自由选择道路的地方。他相信:在共同体中,大家"紧密相连,如同一人。我们必当以他人之幸福为己任,设身处地,同悲同喜,一起劳作,一起承受"。与温思罗普类似,雅各布·考克西也期待政府能为共同利益着想,"能在人们遭遇苦难时帮助他们"。他说:"我们在此敬告我们的代表们……生存的挣扎已经变得太过激烈和残酷。我们来到这里,举起我们手无寸铁的双手,一起高呼:'请帮帮我们,否则我们和我们所爱的人都将凋零。'"

考克西因为宣传这样的古怪观点而遭到逮捕。格罗弗·克利夫兰总统一语道破其中关键："民众应当有爱国热情，应该自愿支持他们的政府，而政府的职能却不包括供养民众。"然而，当绝望和毁灭随着萧条扩散开来，改革者们开始推动政府采取措施。

南部和西部的农民们首先行动起来。"划时代的大事件"给他们造成了数十年的苦难。他们从大银行贷款购买农场，通过巨大的铁路网运输谷物，铁路向他们收取的费用比向大企业收取的更高。当夏季的干旱毁掉他们的收成，或是小麦价格下跌，就会有许多人无力偿还贷款。这些人别无他法，只能借更多的钱用来购买来年播种需要的种子。一旦他们的债务累积到无法再借到钱的程度，银行就会收走农场，将他们从自己的土地上赶走。

最开始，农民们结成被称为"农社"的地方社团。在农社里他们可以共进晚餐，可以举办集市，也可以发表演说讨论他们遇到的问题。农社帮助他们集资购买物资，还能让他们以更低的价格贮藏谷物。1892年经济萧条来袭时，南部和西部的农民们组建了"人民党"，其成员被称为平民主义者，他们致力于呼吁分拆大银行和将铁路国有化。平民主义者们成绩卓著，以致到了1896年，民主党决定放弃格罗弗·克利夫兰的无为政府理念，提名热情洋溢的威廉·詹宁斯·布赖恩为总统候选人，因为他受到平民主义者们的支持。布赖恩善于点燃人群的情绪，能在一天之内发表20场支持政府干预的演讲。共和党候选人威廉·麦金利则恰恰相反，全无演说才能，因此他只在俄亥俄州坎顿他家的门廊上对小群听众发表讲话。他许诺只要当选，将为美国带来繁荣，并让工人们都能有"装得满满的饭盒"。麦金利可能是个乏味的人，但许多中产阶级都对激进的平民主义者们和愤怒的失业民主党人感到担心。共和党人警告说：穷人最想要的无非是"不劳而获的机会"。麦金利最终赢得了大选，人民党从此式微。

罢工和骚乱四起，无家可归者在街头游荡，城市里到处都是面孔陌生的新移民……这样的情景吓坏了许多美国人，他们抗议说：美国是美国人的美国，应该更纯洁——换句话说，美国人应该更像他们自己。这个国家应该更加统一，而不是被分为各种外貌不同、思维不同、行为也不同的人群。在19世纪90年代，看起来像外国人的美国人社群开始遭到歧视和排斥——也就是种族隔离。大学、社交俱乐部和度假区开始拒绝犹太人入内，虽然此前它们无此规定。诸如"美利坚保护组织"之类的团体推动通过拒绝移民的法律。（他们胡乱指责罗马教皇正在鼓动天主教徒移民杀害美国人。）出于对"纯洁化"的向往，美国的社会生活在许多方面都出现了隔离：黑人球员从1898年开始就无法进入各种大小棒球联盟，只好组织了自己的"黑人联盟"比赛；学校里也出现了种族隔离，不光将黑人学生，也将墨西哥裔学生与白人分开；在南方，各州议会通过更多的法律，将种族隔离进行到底，甚至连饮水龙头都分为"白人专用"和"有色人种专用"两类；更糟的是，这些新法律几乎让南方的非洲裔居民无法参加投票。当黑人们站出来挑战整个种族隔离观念时，最高法院在"普莱西诉弗格森案"❶中做出判决：既然各州对待各个族群是平等的，种族隔离就不构成违法。这被称为"隔离但平等"政策。

事实上，"隔离但平等"从未平等过。非洲裔居民专用车厢舒适程度较差；黑人学校从教育部门得到的拨款少得多；黑人公民也不能进入最好的餐厅和宾馆。种族隔离通过将所谓"次等人"拒之墙外，给他们带来了更多侮辱、仇恨和暴力。在西部，中国移民遭到殴打，被禁止从事农场工作；在东部，当罢工局势趋于紧张时，手无寸铁的波兰矿工遭到警察射杀；在南部，犹太商人们的店铺被夜袭的暴徒破坏，而非洲裔居民受暴力侵害的严重程度远远超过以上族群，约有3 000人在接下来的一年里被私刑杀害。白人暴徒们使用的方法包括绞刑、残酷折磨和活活烧死。大部分此类案件发生在南方，但在其他州也有发生。暴徒们对他们的计划经常不加掩饰，甚至会有大群人围观他们的行动，观众中有女人，甚至还有被学校放出来的孩子，如同过节。在急于维护"美国人的"美国时，太多美国人忘记了这个国家的宗旨：人人生而平等，和"我们必须紧密相连"。

在种族歧视中，心安理得的富人和激愤的穷人都有责任，成长中的中产阶级也并非无辜。奇怪的是，同样是这个中产阶级，却又催生了一场新的改革运动，为政府注入了活力，让它

---

❶ 普莱西诉弗格森案，1892年，有黑人血统的霍默·普莱西登上了新奥尔良的一节白人专用车厢，因违反种族隔离法律而遭拘捕。此案一直上诉到联邦最高法院，因判决维护了种族隔离的合法性而成为美国历史上的标志性案件。

能为更好的目标工作。虽然平民主义者带来改变的努力基本失败了，进步主义运动却获得了成功。

这些进步主义者是什么人？他们并不持有同一种观点，也不来自同一个政党，但他们都赞同政府应该为共同利益做出更多贡献。在现实生活中，每个个体真的都拥有同等的机会吗？他们对此表示怀疑。假设一个是男孩，父母都很有钱，另一个是女孩，住在脏乱出租屋里，父母每天要工作很长时间，这两个人真的是在同一条起跑线上吗？在那个年代，穷人常常因为贫穷而受到指责，一名牧师曾声称："在这片土地上，仅仅是犯错误不足以造成贫穷。没有一个人的贫穷不是源于他自己的罪孽。"进步主义者们不同意这样的观点，认为人们会受到自己生存环境的塑造，如果能改变这些环境，就能让他们有变得更好的机会。他们坚定地相信贫穷不是一种罪过，而是社会运行中出现的问题。要帮助穷人，就必须改变这个社会。

改革者们各自在本地开始行动。简·亚当斯在芝加哥买下了一座旧房子，给它起了个名字叫赫尔之家，并向有需要的邻近居民开放。赫尔之家变得越来越大，有了一个可以照看小孩的幼儿园，一个给成年人休憩的咖啡馆，一个图书馆，一个健身房，还有一些公寓。来到这里的人也是各种各样。一名刚刚结婚的 15 岁姑娘来到这里避难，因为她在工作时丢失了结婚戒指，整整一个星期每天晚上都遭到丈夫毒打。还有一位失忆的 90 岁老太太，她成天不由自主地剥离墙上的灰泥，因此被好几家公寓赶了出来，她的成年女儿因为要上班，也无法照看她。赫尔之家的工作人员教会了这位老太太如何制作纸链装饰墙壁，而不是破坏它们。当一名贫苦的邻居去世时，赫尔之家会帮忙收敛遗体以备下葬。因为城里大街小巷堆满垃圾，简·亚当斯又变身城市垃圾监督员，推动市政府做好自己的工作。赫尔之家有许多工作和使命，因为需要做的事情实在是无穷无尽。现在，这个衰败的社区有了一个社区中心，也就有了希望。赫尔之家是美国第一个"社区服务中心"，到了1910年，进步主义者们已经在全国各地建立起400多个这样的服务站。

亚当斯只是众多女性改革者中的一个，这些改革者最坚决的战斗大概莫过于对普选权（即投票权）的争取。从1848年在塞尼卡福尔斯举行的女性权利大会开始，女性们就一直在为此努力。一部分西部州在19世纪90年代开始允许女性投票——越是不拘礼节的地方，女性越能得到平等对待，然而东部和南部的男性拒绝这样做。新一代的年轻女性天天在白宫门前举行抗议，成为"无声的哨兵"。华盛顿警方将贵格会信徒艾丽斯·保罗和她的支持者们抓起来，剥掉衣衫，关进牢房，她们因此获得了许多同情，公众的观点也慢慢得到了扭转。到了1920年，宪法第十九修正案终于赋予了女性在所有选举中投票的权利。72年前塞尼卡福尔斯女性权利大会的与会者中，此时只有夏洛特·伍德沃德·皮尔斯一人尚在人世。

同时，进步主义者中的男男女女也致力于市政改革，他们受够了肮脏的街道、收费不菲的有轨电车，还有高昂的水、电、煤气账单。各个城市通常都只授权一家企业运营这些基础设施，因为同一座城市里不需要三家水务公司各自铺设自己的水管，也不需要几家电力公司为相互竞争而重复拉线，但这就意味着，如果你要用水或用电，只有一家公司可选，它想收取多少费用，你就得付多少费用。进步主义的市长们设法让城市接管了这些基础设施企业，收取合理的价格。他们依靠专家来运营市政服务，而不是像旧式政客那样任用自己的友人——那些仅仅因为认识某人或者某人欠他们的情就能得到职位的人。

如果一座城市可以被改造，那整个州同样也可以被改造。进步主义者们竞选州立法机构席位和州长，在中西部取得了最多的胜利。威斯康星州州长罗伯特·拉·福利特推行了一系列为人所仿效的改革，被称为"战斗的鲍勃❶"。各州开始对不合理的铁路运输价格进行管理，组成委员会对银行欺诈案和各种事故举行听证。这些委员会根据得到的信息来制定法律，规范银行、铁路和其他企业的行为。

1898年，40岁的急性子共和党人西奥多·罗斯福成为纽约州州长。泰迪❷小时候体弱多病，视力不好，两腿瘦骨嶙峋，还患有导致呼吸困难的哮喘，但靠着好运（出生在富人家庭）和惊人的意志，罗斯福将自己的体魄锻炼得强健起来。他有一段时间居住在达科他地区，终日捕猎、骑马和照看牛群。他曾在欧洲登上过白雪覆盖的马特峰，并乐于与任何自愿者来上一场拳击或摔跤。和家人居住在州长官邸时，他"几乎每晚都会和孩子们玩胆量游戏"，甚至会用绳子把孩子们从二楼窗户降到地面。在纽约州管理事务的共和党巨头托马斯·普拉特对这位新州长抱有疑虑，认为罗斯福会是个敢跟他玩胆量游戏的改

---

❶ 鲍勃，罗伯特的昵称。

❷ 泰迪，西奥多的昵称。

革者。不顾普拉特的反对，泰迪推动通过了一条法律，向有轨电车和电话运营商征税。这些公司此前都从州政府获得了专营权，在没有竞争对手的情况下提供公共服务。这条改革措施通过之后，罗斯福又解除了州保险事务委员的职务。这位委员由普拉特亲自选定，从那些本应受他监督的公司那里收取了40万美元。大人物普拉特愤怒了：这个泰迪开始像个平民主义者那样行事！更糟的是，人们已经在谈论选他再做一任州长。

试图阻止这一切的普拉特想出了一个绝妙的主意。1900年，麦金利总统正在争取连任，那么为何不提名罗斯福做麦金利的副总统候选人呢？副总统几乎没有任何权力，无论好事还是坏事都干不了。其他共和党巨头也赞同这个想法，但马克·汉纳表示反对，质疑说："难道你们看不出，这样一来那个疯子和白宫之间就只隔着一条命了吗？"但没有人听他的话。麦金利获得连任，泰迪成了副总统。随后的1901年，总统在纽约州布法罗的泛美博览会上遭到枪击，枪手是一名铤而走险的工人。他暂时保住了性命，但状况很快恶化。罗斯福收到消息时，正在丛林深处攀登纽约州最高峰马西山。他连夜沿着遭雨水冲刷而变得泥泞的道路下山，终于赶到北克里克的小火车站，一封电报在等着他："总统于今晨2时50分去世。""疯子"成了白宫的主人。

罗斯福当然并不疯狂，甚至也不是个平民主义者，他只是支持进步主义者的改革，并许诺为每个人带来"公平的政策"。在他的总统任上，大银行家J. P. 摩根组建了一家庞大的新公司——北方证券，罗斯福为此感到焦虑。我们已经知道，摩根是美国最大企业美国钢铁公司的创始人。美国钢铁公司和北方证券都属于托拉斯，即由许多小一些的公司合并形成的超级企业。北方证券托拉斯将控制北方太平洋铁路公司、大北方铁路公司，以及其他西部主要的铁路和航运线路，再加上西部之外的许多企业。一名记者指出："旅客能乘坐蒸汽船和火车一直从英格兰旅行到中国，其间一次都不用脱离摩根先生大手的保护。"罗斯福担心美国最富有的人掌握太多权力，于是把北方证券送上法庭，要将其拆分。

震惊的摩根很快冲到了白宫。"如果我们做错了什么，"他对罗斯福说，"让你的人来找我的人，他们能补救一切。"而联邦司法部长——他是泰迪的"人"——插进来说道："我们要的不是补救，而是阻止。"他们也的确做到了。北方证券托拉斯被拆分，泰迪从此被誉为"托拉斯杀手"。

事实上罗斯福认为部分托拉斯是有益的，只要它们不利用其规模和权力侵害共同利益。但他又说：坏托拉斯必须被制止，如果某些企业出售包治一切——从秃顶到背痛——的"专利药品"，尤其是当科学证明它们的疗法根本无效，甚至含有酸或润滑油之类的有害成分时，难道政府可以无视？"罐头镇"那些肉类罐头产业的状况也不容乐观。数以百万计的肉牛在这里被宰杀然后被制成牛肉罐头。作家厄普顿·辛克莱的小说《屠场》揭露了这些企业任由老鼠掉进煮肉容器的现象，令世人震惊。辛克莱写道："这些老鼠惹人厌烦，于是罐头工们用有毒的面包当诱饵。老鼠会因此而死，然后与面包和牛肉一起进入料斗。"在罗斯福的推动下，国会通过了《食品和药物卫生法案》以应对这些乱象。

为了获得木材，一些大企业大面积砍伐巨松，范围以平方英里计。仅仅芝加哥一地，每年就有25万棵树被运来。难道政府也应该袖手旁观？难道采矿企业可以不受限制地炸开山体，留下被污染的河流和被碎石覆盖的废墟？罗斯福坚信联邦政府应该将这些宝贵的地域保留一部分，留给未来的世代，还需要对全国的自然资源进行管理。这位总统将2亿英亩的土地划为森林保护区，并创建了更多国家公园。

罗斯福之后还有两位进步主义者成为总统，我们在下一章会讲到他们，然而罗斯福是先行者。和约翰·温思罗普一样，他期待着一个"让每个公民都尽其所能做出贡献"的共同体。普通公民有能力，也应该运用他们的政治力量来增进共同利益。"财富应该是共同体的仆人，而不是主人，"罗斯福坚称，"美国公民必须对他们创造的巨大商业力量进行有效的控制。"自由放任主义，即简单的"不加干涉"，是不够的。

第三十章　碰撞

　　西奥多·罗斯福成为总统时正当20世纪的破晓时分，他在1904年获得连任。4年之后，罗斯福欣赏的威廉·霍华德·塔夫脱接替了他的职务。塔夫脱生性平和，宽宏大量，身躯更是庞大（他需要时常节食以将体重控制在300磅以下）。在担任总统期间，他比罗斯福分拆了更多的托拉斯，也保护了更多的联邦土地，然而他在混乱的政治斗争中的表现则不如罗斯福。共和党巨头们认为他过于进步主义，而进步主义者们则认为他做得还不够。泰迪曾对一名记者这样描述塔夫脱："他还不错，但是太软弱，那些人会绕过他，也会欺压他。"为了说明他的意思，他还使劲推了这名记者一把。

　　泰迪去了非洲长期旅行，一年半之后才回来，回来之后他也开始"欺压"塔夫脱。他对这位老友的谨小慎微感到失望，在1912年再度竞选总统。巨头们不愿接受这个"疯子"再当4

年总统，选择支持塔夫脱，于是泰迪自己另行成立了进步党。"我感觉自己就像头公驼鹿。"他高声宣布。此后公驼鹿就成了进步党的别称。与此同时，民主党则提名来自新泽西的改革派州长托马斯·伍德罗·威尔逊为候选人，他同样持进步主义观点。劳工领袖尤金·德布斯则代表进步主义立场最激烈的社会党参选。由于共和党的分裂，威尔逊最终赢得选举，但是支持进步主义者的选民比此前任何时候都要多得多，让这次选举成为进步主义的巅峰时刻。

托马斯·伍德罗·威尔逊是个理想远大的人。他是坚定的长老会信徒，厌恶政治巨头——包括那些帮助他获胜的巨头在内。"我不欠你什么，"他曾对一名党内巨头说，"无论你出力多还是少，都别忘了，是上帝决定我会成为下一任美国总统。"与罗斯福不同，威尔逊不相信托拉斯有好坏之别，而是认为任何企业在规模变大之后都会倾向于滥用自己的力量，于是他强化了反托拉斯法。此外，威尔逊还支持征收新的税种——所得税。在此之前，联邦政府的收入主要来自出售国有土地、对酒类征税和对进口商品收取关税。进步主义者们青睐积极政府，而所得税则为积极政府偿付开支提供了一种新方式。此外，这种税还以阶梯方式征收，就是说，收入更高的人要支付的税率也更高。进步主义者们认为富有的公民从国家获取更多，因此也应该为这个国家承担更多。

威尔逊推动通过了许多进步主义法律，包括 8 小时工作制和限制工厂雇用童工。然而，尽管进步主义运动取得了这些成果和其他胜利，它却受阻于一场意外的战争。这场战争的规模巨大，让整个世界都陷入了战火。令人悲哀的是，这次"大战"成为又一个"划时代的大事件"。曾经哺育了巨型企业的工业革命现在成为诸多强国扩张的帮凶，让战争变得前所未有的可怕和残酷。

要弄明白战争和列强是如何变得"大"起来的，我们得向前回溯10年到20年。其实在某种意义上我们已经看到了这个过程。当安德鲁·卡内基打算保护他的钢铁厂不受竞争对手威胁时，他的做法是整座整座地收购矿山以保证铁矿石的长期供应，而那些强国，尤其是欧洲列强，以同样的方式把手伸到了其他富集原材料的大陆。当然，几千年来的男女君主一直通过征服土地来建立帝国，但是工业领域的新发明极大地帮助了欧洲人的扩张：蒸汽船、铁路和电报让派出商人和军队都变得更容易；在武器方面，新发明的机枪以每秒11发子弹的速度散播着死亡，那些只有少量步枪甚至只有长矛的民族无法与这样的军队抗衡。

欧洲人将这种建立帝国的欲望称为"帝国主义"，并告诉自己这是在对世界进行改良。在非洲靠钻石矿发了大财的英国商人塞西尔·罗兹对此直言不讳："我们是世界上最优秀的种族，我们在世界上占有的地方越多，就越对人类有好处。"无论是非洲的钻石矿或铜矿，还是巴西的橡胶园，是印度的茶园还是东印度群岛的锡矿，都被欧洲人所控制。然而在欧洲帝国扩张到的地方，当地居民们并不像欧洲人那样欢迎帝国主义。奴隶制和近奴隶制仍在许多殖民地存在，抗争此起彼伏，但都遭到了镇压。

美国人常常会认为自己不是帝国主义者,并为此感到庆幸——他们没有海外殖民地!但是美国已经攫夺了一片巨大的领土,横跨整个北美洲。当欧洲人在海外掠夺金银时,美国人在自己的西部追逐贵金属;当欧洲人在印度和中国镇压反抗时,美国人将印第安人从他们的土地上赶走,一直赶进了保留地。美国人不需要为了原材料而建立广大的殖民地,他们在自己的国土就控制着一片大陆的财富。

随着新世纪渐行渐近,一些美国领导人开始更加欣赏帝国主义。美国企业已经在世界各地进行贸易:热带水果公司从中美洲成吨进口香蕉;有6万人在从非洲到中国的世界各地销售辛格牌缝纫机;美国种植园主在隔着半个太平洋的夏威夷岛种植甘蔗和菠萝。1893年,一些种植园主推翻了这座岛屿的统治者利留卡拉尼女王,并请求美国吞并夏威夷。格罗弗·克利夫兰总统拒绝了他们的请求,认为那是"偷窃领土"。5年后,美国却被另一位总统和另一个岛屿拖入了帝国竞赛。

这位总统是威廉·麦金利,这个岛屿则是距佛罗里达仅90英里的古巴。1898年的古巴还是西班牙的一个殖民地,但古巴人已经开始起来反抗。美国是否应该承认古巴的独立呢?麦金利不愿与西班牙开战,但他也派出了美国军舰缅因号到古巴保护当地的美国企业。在一个平静的2月清晨,停泊在哈瓦那港内的缅因号爆炸了,爆炸的原因可能是船上储煤仓库起火,但美国报纸立刻开始指控是西班牙的特工在船上放置了炸弹。《纽约世界报》高叫:"勿忘缅因号,让西班牙去死。"爆炸之后两个月多一点儿,美西战争爆发了。

这场战争发生在夏季,似乎一眨眼的时间就结束了。美国海军刚刚用钢甲船替换了原来的木质军舰,轻松击败了西班牙的舰队。在陆地上,西奥多·罗斯福中校率领一群由牛仔、牧场主、猎人和大学运动员组成的志愿军,在一场后来被广为宣传的战斗中击败了西班牙人。❶ 泰迪的嗓音尖锐刺耳,往往需要喊两次才能让士兵们听清他的命令,不过这群被称为"莽骑兵"的家伙还是跟在他身后冲上了凯特尔山。6个月后,罗斯福成为纽约州州长,3年后,他成为美国总统。

国会在宣战时承诺美国不会占领古巴——它不希望受人指责,背上企图攫取殖民地的骂名,但战争总是出人意料。乔治·杜威上将率领美国海军航至菲律宾群岛,将西班牙人从这片殖民地赶了出去。帝国主义者们声称这些岛屿不应任由某些欧洲国家来剥削,虽然大多数美国人根本就不知道菲律宾位于地图上哪个角落。如果美国要占领菲律宾的话,夏威夷就会成为美国船只前往亚洲途中的重要中转港口,于是,在同一个夏天,麦金利说服国会吞并了夏威夷。作为属地,夏威夷有望在将来成为美国的一个州,其居民也同样有望成为美国公民。

另一方面,国会并不想以同样的方式吞并菲律宾或是邻近古巴的波多黎各,虽然西班牙在战争结束时也放弃了后者。美国的帝国主义者们希望以"保护领地"而不是"属地"的形式控制这些土地。印第安纳州参议员阿尔伯特·贝弗里奇与塞西尔·罗兹的腔调如出一辙,认为上帝已经安排美国和英国成为

---

❶ 圣胡安高地战役,美西战争决胜之战。

"世界的最高组织者……因此我们应当履行对野蛮民族和衰老民族的政治管理职责"。然而菲律宾人并不同意这个看法,他们展开了一场独立战争,反抗新来的美国统治者。这场残酷的战争可不是什么夏季之战,约5 000名美国人、25 000名菲律宾士兵和约20万名菲律宾平民在战争中丧生,双方都焚毁村庄,摧毁家庭,野蛮地折磨敌人。一名美军指挥官曾命令他的士兵收缴一份在菲律宾人中传播的危险文件,这可能是这场战争中最悲剧性的一幕,因为这份文件正是西班牙语版的《独立宣言》。此后菲律宾一直是美国的保护领地,直到1946年。

看起来美国似乎已经陷入殖民地争夺无法脱身,事实上,在这场为了变得更"大"而进行的竞赛中,下一步自然就是帝国主义。美西战争之后,美国开始经常性地干涉其南方邻居的事务,用罗斯福的话说,美国开始欺压它们。最大的欺压者就是泰迪自己,他主持修建了一条横穿巴拿马地峡,并由美国控制的运河。当哥伦比亚共和国拒绝这笔交易时,他策动一部分哥伦比亚人分裂出来成立他们自己的巴拿马共和国,然后再与这些人签订修建运河的条约。他还警告欧洲人不得在美洲所属的半球寻求新殖民地——每个强权都要成为自己势力范围内的警察。

问题在于,强权都希望变得更大,关于各自的势力范围从何处开始,在何处结束,它们从来不能达成共识。每个国家都想要最庞大的海军、最现代化的陆军、最威猛的大炮。平民们也支持他们的领袖参与这场权力竞赛,他们成千上万地涌上街头举行游行,他们的旗帜有两层楼高,在风中飘舞。某种意义上，这些旗子是我们在此前七章中看到的变化的一个象征，这种变化就是各种"划时代的大事件"的轮番登场：大工厂、大银行、大城市、大帝国、威力更大的军舰和大炮。这些"大"事件中的最大者——一场世界大战——发生在1914年夏天。

战争肇始于中欧。当时奥匈帝国控制着塞尔维亚，一名希望塞尔维亚独立的男子刺杀了奥匈帝国大公。❶这起悲剧本身影响到的国家并不多，但此时的列强为了增强自身的力量，与各自的友邦组成了一系列联盟，并承诺：如果一国遭到攻击，两国将共同作战。因此，当奥匈帝国为了报复大公之死而进攻塞尔维亚时，塞尔维亚的盟友俄国插手帮助后者，于是奥匈帝国的盟友德国对塞尔维亚和俄国开战，俄国的盟友法国也被卷了进来。多米诺骨牌效应让整个欧洲都陷入了混乱。28个国家结成协约国，与由德国、奥匈帝国、保加利亚和奥斯曼土耳其帝国组成的同盟国开战。全球各地的陆地和海洋都遭到战火波及，战争结束之际，已有800万军人阵亡。

这是一场前所未有的大战：尺寸堪比火车车厢的重型火炮取代了老式的大炮；机枪收割任何敢于向阵地冲锋者的生命；双方一共挖掘了25 000英里长的战壕，用以躲避子弹和炸弹；化学家们从前利用科学来增进人类健康和提高作物产量，现在却发明出在战场上弥漫的致命毒气，让没有戴上防毒面具的人难逃一死。此前16年，泰迪·罗斯福曾率领一支骑兵冲上凯特

---

❶ 奥匈帝国大公，指奥匈帝国皇储弗兰茨·斐迪南大公。他主张奥匈帝国兼并塞尔维亚。他和妻子索菲在1914年视察萨拉热窝时被塞尔维亚民族主义者加夫里洛·普林齐普刺杀，史称"萨拉热窝事件"。

尔山，这一次他又想组织一个"步枪骑兵师"，然而在遍布战壕和翻卷着毒气的战场上，马能有什么用呢？他的骑兵师未能组建成功。战争的性质已经完全改变，将过时的老罗斯福远远抛在了后面。

战争刚开始时，威尔逊总统宣布美国将保持中立。如果帝国主义者们要为土地和殖民地拼命，美国不会卷入其中。但战争的走向从来没有人能预测。德国使用潜艇这种强大的新武器对英国和法国实施了封锁，若有船只向协约国运送食物和武器，隐于水下的德国潜艇就会发射鱼雷将之击沉。美国作为中立国，则希望保有与英国和法国进行贸易，乃至乘坐同盟国船只出行的自由。1915年，一艘德国潜艇在爱尔兰海域击沉了英国的远洋客轮卢西塔尼亚号，造成约1 200名乘客丧生，其中包括美国人。接下来的两年里，德国变得越来越孤注一掷，让局势愈发恶化。德国潜艇不再只攻击英国船，也开始攻击美国船。伍德罗·威尔逊在1916年获得连任时，他的支持者们曾欢呼："他让我们免于战争。"然而到了最后，他却没能做到这一点。美国在1917年加入了协约国一方。"为了民主，世界必须保持安全。"威尔逊宣称。

200万美国军人航向法国，帮助法军击退了距巴黎只有50英里远的德国军队。1918年11月11日，被四年残酷战争消耗殆尽的同盟国同意停战，这一天也成为美国的退伍军人日，受人纪念至今。

战争耗尽了威尔逊的心血，但他的理想依然远大。他提出了一份被称为"十四点和平原则"❶的和平计划,其目的不仅是终止这一场战争,还打算终止所有战争。他认为和平协议不应对战败国做出惩罚,而应"以平等实现和平"。列强必须摧毁它们的重型武器,不再通过秘密交易来宰割世界。当威尔逊为帮助制定和约而抵达欧洲时,人们用如雨的鲜花迎接他。其余列强的首脑则没有那么高兴。法国总理表示:"上帝为我们制定了十诫,而我们把十诫打破,威尔逊又给我们送来了十四点。我们等着瞧吧。"他和其他协约国首脑坚持要求战败国承担高昂的赔款,但威尔逊的建议也有几点获得了通过。在凡尔赛达成的和约为欧洲增添了十多个新国家——全都以民主原则建立。对于威尔逊来说,最重要的一点则是国际联盟的创立,这个国际组织的宗旨在于调停将来的各种争端。

大部分美国人支持这个新的国际联盟,不过,威尔逊是民主党人,而此时的参议院为共和党所控制,这份被称为《凡尔赛和约》的和平计划必须得到参议院的通过。一些参议员全力表示反对,另一些人则愿意在对和约进行修改的前提下做出妥协。威尔逊坚持他的理想,不愿做出让步,并愤怒地表示:"我会打败任何反对和平计划的人!"他以极为密集的行程在全国巡回宣传和平计划,将它交由民众裁定。在发表了他平生最出色的一次演说之后,威尔逊在科罗拉多州的普韦布洛病倒了,4天后的中风又让他的一侧身体瘫痪。他的妻子和幕僚向

---

❶ 十四点和平原则,包括废止秘密外交、海洋自由航行、废除关税壁垒、裁减军备、设立国际和平机构、民族自决原则、公正解决殖民地问题、共同保证各国政治独立与领土完整等。

公众隐瞒了他严重的病情，但无论在政治上还是在身体上，威尔逊都已经油尽灯枯。参议院投票否决了和约，美国因此拒绝加入国际联盟，代之以另一份单独的和平协议。

世界大战并没有成为所有战争的终结，实际上，仅仅20年后，另一场更大的冲突即将到来，而过去的这场世界大战也将被更名为"第一次世界大战"。但是至少在一段时期内，这个已经疲于战火的世界能够重归和平。

第三十一章　大众

来自俄亥俄州的共和党人沃伦·加梅利尔·哈定在1921年成为新一任美国总统。正如他的父母在他平凡的名和姓之间加进了一个不凡的中名❶一样，哈定也喜欢在演说中加入一些生僻的大词，不过这并不妨碍他从外表到谈吐都有一位总统的派头。他向民众保证：尽管刚刚经历了人类历史上最惨烈的战争——一场以机枪、毒气和像火车车厢一样大的大炮为武器的战争，但"世界文明并没有出现问题，尽管人类对世界文明的认识受到了一场灾难性战争的影响。稳态被打破了，精神受到了拷问……人们偏离了安定的道路"。姑且不去在意他这些大而无当的用词，在1920年，更了解民众需求的人是哈定，而不是伍德罗·威尔逊。哈定曾说："美国目前最需要的不是豪言

---

❶ 哈定的中名加梅利尔源自《使徒行传》中的犹太法律学者迦玛列。

壮语，而是疗伤止痛；不是灵丹妙药，而是让一切归于正常。"不断推出新法律的进步运动和战争都让人们感到厌倦，美国人希望回归往日，希望回到常态。

然而往日真的能够回来吗？在这个时代里，旧的做法还算得上正常吗？女性刚刚从宪法第十九修正案获得了她们追求数十年之久的投票权，她们不会愿意回到过去。事实上，女性的生活方式已经发生了巨大的变化，人们已经开始谈论现代"新女性"这样的话题。新女性更加独立，她们的思想也更加自由。新女性要求的第一件事就是让服饰变得更简洁。她们抛弃了庞大笨拙的衬裙和长至脚踝的笨重羊毛裙，转而青睐用蚕丝或新出现的人造丝制成的更漂亮的外衣，新式的裙子有时候仅仅能勉强遮住膝盖。她们剪掉长发，留起短发。她们脸上的妆容、紧绷的呢帽也让许多人震惊，更不用说她们还会为了时髦，故意不系上套鞋的扣子，让它啪嗒作响。这样的姑娘被报纸称作"轻佻女子"。新女性不愿再被困在家里，更愿意去找一份工作，比如秘书、教师、护士，或是美容师。在得克萨斯和怀俄明，女性甚至开始竞选州长职位，而且还赢了。

当然，能在服饰和行为方式上如此独立的女性主要来自中产阶级。更明显的事实是大部分在外工作的女性都是蓝领阶层，她们做不了秘书或教师，只能选择做薪水少得可怜的仆人或是工人，要么终日给人准备雪茄，要么在肉类罐头厂里做掏内脏这样的工作。不过，这样的生活虽然艰难，但它更重要的意义在于证明了女性并非只能做家务。"我们不相信女性天生就只能在家庭和工作之间选择一样,而男性就可以两者兼顾。"专为女性开设的史密斯学院的一名学生如是说。

女性的生活方式远不是唯一发生改变的事。蒸汽机是19世纪的奇迹,驱动了从织布机到火车头等一切机器,然而随着电力供应的普及,工厂开始用电动机替换那些老式的蒸汽机。大公司的研究实验室创造出成百上千的新产品,让美国人惊奇地瞪大了眼睛。怀表竟然可以小到戴在手腕上,真是难以想象!各种新的化工产品纷纷涌现,除了人造丝,还有玻璃纸——一种透明的包装材料。电动的缝纫机不再需要用脚踩动。有了能让食物保持低温的电冰箱,人们不再需要卖冰商人每天送来冰块。黑人音乐家们创造出爵士乐,这种新的音乐旋律上口,很快就风靡全国,并点燃了一种新的舞蹈风潮——查尔斯顿舞。"来点儿舞蹈,来点儿跳跃,没错,还有什么能比/查尔斯顿舞,比查尔斯顿舞更美妙?天哪,你的舞跳得多么好!"❶年纪大一些的美国人对这种堕落的"扭来扭去"感到厌恶,而思想老派的年轻人同样这样想。有一首墨西哥歌谣就曾发出抱怨,因为妻子们开始"穿起短绸裙",而孩子们"说着漂亮的英语/却不说我们的西班牙语/管我们叫'老朽'又从不工作/成天为查尔斯顿舞着迷"。❷然而,不论人们喜欢不喜欢,不论这一切正常不正常,美国人生活的方方面面都变得和从前不同,难怪20世纪20年代被称为"新时代"。

这个时代与众不同,并非只是因为各种新事物,还因为新

---

❶ 引自爵士歌曲《查尔斯顿舞》。

❷ 引自歌谣《凉台之歌》,描述了墨西哥移民对美国生活的幻灭。

产品被数以百万计的人使用，新体验被数以百万计的人分享，我们将这些人称为"大众"。想象一下你曾跻身其中的最大规模人群是什么样。也许你会想到一场吸引上万人涌进球场的橄榄球赛，或者是一场总统就职典礼。但即使在自家的客厅里，只要你在看超级碗❶的比赛，或是奥斯卡颁奖典礼，或是一个热门电视节目，你就已经身处一个更大的人群之中。数以百万计的人同时观看一个事件的场景在今天已经变得如此寻常，以致在谈到"大众文化"时我们很难把它当成一件新鲜事，而20世纪20年代就是大众文化传播的开端。

电影和广播这两种关键的发明引领了大众文化的登场。早期的"动态画面"播放机从19世纪90年代开始在城市中普及，劳工阶层的人们会排起长队，急切地等待入场看电影。（当时的电影院被称为"五分剧院"，因为一张票的价格是5美分。）电影向人们展示了此前在室内无法看到的画面：海中的巨浪、大峡谷，还有狮子和老虎。后来制片人们开始用电影讲一些简单的故事，片长10分钟、表演夸张的《火车大劫案》就曾风靡全国。然而直到20世纪20年代，随着曼哈顿的洛克希电影院和好莱坞（后来成为世界电影之都）的格劳曼中国电影院这样规模宏大、名字不凡的电影院在大城市出现，电影才真正盛行起来。这些电影院拥有上千个座位和像教堂一样巨大的空间，戴着白手套的看门人会在电影院门口迎接顾客，在雨天甚至会为顾客撑开一把雨伞，引座员会将顾客带到他们的位子上。这

---

❶ 超级碗，美国国家橄榄球联盟的年度冠军赛，通常于1月或2月举行，是美国的年度盛事之一。

时的电影还没有声音，但会有管风琴现场伴奏。与剧场的现场演出不同，同一场电影可以让全国各地的人看到，让他们为同一个演员着迷，演员的脸可以充满整个银幕，让人们近距离观看。到了1926年，美国各地已经建起了2万家电影院。

大约同一时期，发明家找到了传播无线电波的办法，只要你拥有市场上新出现的收音机，就可以收到这些电波。1920年11月，在东匹兹堡的西屋电气公司，人们在楼顶上的一间小屋里进行了第一次真正意义上的广播，KDKA电台在广播中播报了沃伦·哈定获胜的大选结果。美国人爱上了这种将新闻和娱乐直接送进家门的方式，仅仅几年之后，300万美国家庭拥有了收音机。全国巡回旅行中的总统也在圣路易斯发表了广播讲话。（身为哈定，他不愿意将这次旅行称作与美国民众的见面之旅，而是将它称作"理解之旅"。）哈定在这次旅行中因心脏病突发而去世，再也无法继续他的"理解"。数月之后，新总统卡尔文·柯立芝向更大范围的听众发表了广播讲话。现在人们不光能读到总统的讲话，还能真正听到他从上千英里外发出的声音，这是一个奇迹。

新时代的大众的旅行方式也发生了变化。长久以来，发明家们就梦想能制造出靠自身动力驱动的车辆。早在1771年，法国就出现了"蒸汽车"，但直到一个多世纪之后，使用汽油发动机的实用机动车才得以问世。这种新发明会惊吓马匹，也不为人们所信任。佛蒙特州甚至通过一条法律，要求司机必须派一名举着红旗的人在汽车前方步行开路，以提醒其他行人，田纳西州的司机则必须提前一周登报通知他们出行的消息。第一次世界大战爆发时，已经有超过100万辆汽车行驶在道路上，但这些汽车价格十分昂贵，仍旧只是有钱人的玩具，这种情况直到赛车爱好者亨利·福特进军汽车制造业才得以改变。福特曾有言："每个人都希望去往自己没去过的地方。"在他位于密歇根州的工厂，福特创造出了"流水线"。从前机械工人们同一时间只能拼装一辆汽车，在流水线上，每辆车都由链条拉动，以每分钟约1英尺的速度从一名工人向下一名工人移动，而每名工人只负责一个环节。福特生产的黑色T型汽车每辆售价845美元，远远低于其他品牌，到了1925年，其价格更是下降到290美元。

这是一辆由大众制造，并面向大众的汽车。福特雇用了几千名工人，每人每天的工资是5美元，比汽车制造业中大部分工资水平高出一倍。然而这种工作极为枯燥，工人需要整天站立，重复同一项任务，每天只有15分钟的午餐和上厕所时间。福特还规定流水线上不得吹口哨、大笑或聊天，于是工人们学会了不动嘴唇的交谈方式。这样的工作令一名工人的妻子不堪重负，她写信求福特："您的链条系统就是一根驱赶奴隶的皮鞭！我的上帝啊！福特先生，我的丈夫回到家里就躺下，晚饭也不肯吃，他完全被榨干了！这个系统是否能改进一下呢？……每天5美元是一种莫大的恩赐，大过您的想象，但您可知道，这也是他们应得的。"

大量的汽车销售带动了经济的腾飞。依靠从汽油销售上征来的税款，各州和联邦政府开始兴建一个高速公路系统，将土路改造为碎石路，将碎石路面改造为混凝土或是沥青路面（原油提炼出汽油后剩下的黏稠焦油就是沥青)。数以百万计的人从事汽车制造、道路修建或是摩天大楼修建的工作。美国人的生活水平提升到了前所未有的高度,从前他们往往需要审慎考虑是否购买太过昂贵的商品,现在各个企业都推出了分期付款方案,让没法立刻付清全款的人也能买得起汽车、钢琴、洗衣机或是吸尘器。一言以蔽之:他们消费信用。为什么不呢?繁荣已经到来,而且将一直保持下去。

柯立芝总统十分欢迎这样的繁荣。作为一名共和党人,他以那些带来了繁荣的企业为傲。"建造一座工厂就是建造一座圣殿。在工厂中工作就是在圣殿中礼拜。"柯立芝如是说。进步主义者们担心太多工人"生活在工业奴隶制中",柯立芝则对此不以为然。总统认为企业有权按自己的意愿行事,并自夸说他只要"管好自己的事",就是最好地完成了总统工作。换句话说,这就是自由放任主义——对企业不加干涉。1924年,柯立芝在选民们的支持下连任总统,但他决定在4年后不再追求连任。他的商务部长赫伯特·胡佛在1928年轻松入主白宫,接替了他的位置。"救济院正在从美国消失。"胡佛宣称。

无数美国人与胡佛一样信心十足。他们开始留意华尔街上的纽约证交所,投资者可以在这里买到那些业绩令人兴奋的新公司的股票,美国无线电公司(RCA)就是这样的企业。1928年春天,RCA每股股票价格为94美元,如果你买上100股,就要付出9 400美元。好消息是,你可以用信用购买股票,只要支付5 000美元保证金,证券经纪商就会把剩余款项借给你。一周之内,RCA股票的价格跳蹿到了108美元,第二天又涨到

120美元，又过了一周，其价格已经是138美元。仍然有许多新投资者趋之若鹜，于是价格飞升到168美元。你为100股付出了5 000美元，此时却能以16 800美元的价格将股票卖掉。"每个人都应该成为有钱人。"当时的一份流行女性杂志宣称。通过股票致富的兴奋情绪传播到每个角落，用一名商人的话来说，从"电梯管理员、理发师、擦鞋匠、工程师、搬运工到卖报人"，都受到这种情绪的感染。证券经纪商们开设办事处，安装股票行情报价机——这是一种咔嗒作响的新发明，能在一条细长的纸带上打印出最新的股票价格。

然而大"牛市"破灭了。由于投资者们都担心股价即将下跌，恐慌在1929年10月24日来临。证券经纪商们收到数以百万计的交易指令，全是"卖！卖！卖！"，几乎无人买入，于是股价像瀑布一样下跌。使用保证金购买股票的投资者突然发现经纪商要求他们立刻还款，而他们的利润正化为乌有。焦急的人群聚集在华尔街，交易员在证交所的大厅里沮丧怒吼。"这个地方正在崩塌。"一名职员记述道。

繁荣一度看似永远不会离开。美国人创造出了一个大众社会，在这个社会里，数以百万计的人欣赏着电影明星、购买汽车和收音机、在流水线上工作、买入股票——现在变成了卖出股票，无论它们还值几个钱。短短几个星期，"新时代"就在一场飓风中结束了。

在这片混乱中，住在纽约一家旅馆里的一名男子想打一个电话，却怎么也打不通，于是他走下楼，终于找到了旅馆的电话接线员。接线员看上去现代而又时尚，也许甚至会自视为

"新女性"的一员,然而她放下电话时已经泪流满面。"刚刚是我的经纪商,"接线员说道,"我破产了。这件海豹皮外套就是我剩下的全部财产。"

第三十二章　新政

　　1929年10月24日和29日是大崩溃中最令人惊恐的两天，被称为"黑色星期四"和"黑色星期二"，但股市的暴跌并非仅仅几天，而是持续了数月之久。这一点非常关键，因为人们损失的不光是金钱，还有信心。股市偶尔会出现小小的反弹，让人们充满期待，随后就是新一轮暴跌，越陷越深，希望也开始破灭。

　　如果之前"腾飞"的经济足够健康，美国也许能挨过这次崩溃，不过是需要忍耐一两年苦日子，然而经济上的缺陷要严重得多。没错，工厂生产出了数以百万计的汽车和其他用品，但这些产品的生产者，即新生的大众，同时也是这些产品的消费者。工人们的工资不足以购买他们生产出来的所有产品，许多人通过分期付款购买这些东西，消费的是他们将来的预期收入。现在还有谁想买更多东西呢？如果经济不景气，就要缩减开支,这是简单的常识。

但是,当人们缩减开支时,企业也会缩减开支。面对消费群体的急剧萎缩,工厂会裁掉他们不再需要的工人,这也是常识。被裁掉的这些工人同样不会消费。每个星期都有大约10万美国人失去工作,到了1932年底,失业者数量已经达到1 300万。

也许你会说,至少人们还有储蓄,然而真的是这样吗?在腾飞的20世纪20年代,银行拿着人们的存款,将之投资于股市来赚取更多的钱。但是大多数这样的钱都被用于投资像RCA这样"注定上涨"的股票。同时太多的银行向他们的管理层支付巨额奖金,甚至不惜欺骗客户。大量普通人的存款被银行亏损掉了,甚至连那些从不接触股市的人的存款也在其中。当出现问题的消息开始散播时,人们会涌到银行兑取他们辛辛苦苦挣来的存款,一些大银行因此关门歇业,比如肯塔基国家银行,而那些面向工人和农民的小银行也不能幸免。接下来关门的会是哪一家银行呢?内布拉斯加州的非洲裔牧场主约翰·法尔听到消息时,"慢悠悠"地来到镇上:"千真万确。那里有个老大的牌子,写着'停业'二字。人们在银行外排成长队,大哭大闹。"犹太人开设的芝加哥诺埃尔州立银行倒闭了,面向波兰移民的斯穆尔斯基银行也倒闭了。从1930年到1932年,超过5 000家银行烟消云散。

农民也不能幸免。他们中的大多数人甚至在20世纪20年代也没有沐浴繁荣的恩泽,却在30年代遭遇了新的灾难。几百场风暴从大平原地区的农业用地卷走了数百万吨的土壤。这种"黑色风暴"让天空变色,让庄稼枯萎,把大量的尘土带到东部，仅仅在1934年的一场风暴中，就有1 200万磅沙尘降落在芝加哥。那个冬天，新英格兰下起了红色的雪，因为雪花中掺杂着来自大平原的沙尘。气候变化是大平原变为风沙侵蚀区的部分原因，但人类活动也难辞其咎。千百年来，大平原上的长草用深深的根系固定住这里的土壤。当农民们开始在这种土壤上种植作物，他们会犁掉这些根系，为玉米和小麦的生长腾出地方，而失去了固定的土壤更容易被风吹走。约有300万人收拾行囊，经过漫长的跋涉来到加利福尼亚，希望能开始更好的生活。这些人被称为"俄克"，因为他们中许多人来自受灾的俄克拉何马。

大崩溃发生时，赫伯特·胡佛当上总统才6个月。10年前，他组织了对战后欧洲的援助，挽救了上百万人的生命，因此获得了良好的声誉。受到帮助的城市为表示感激，以胡佛的名字为街道命名。德国和瑞士至少有三条胡佛大街；法国有两条胡佛大道；比利时则有一个胡佛广场。当1930年经济状况恶化时，胡佛拒绝了袖手旁观的提议。"顺其自然吧。"当时的纽约证交所主席建议说。但胡佛推行了减税政策，让人们有更多钱购买生活必需品。他还要求企业承诺不会降低工资或是裁员，并说服国会支出超10亿美元，用于雇用工人修建各种工程，其中包括科罗拉多河上的博尔德水坝（后来更名为胡佛水坝）。

然而这一切远远不够。到了最后，企业除了裁员之外别无选择。同时胡佛也像普通人一样开始听从老生常谈——如果政府收入减少，它就应该削减开支，花更少的钱。为了平衡预算，胡佛放弃了减税政策，开始加税。更甚的是，他不愿向失业者发放救济金，担心那会让他们变得懒惰而不愿意工作。接下来还能做什么呢？总统开始给民众打气。这样的经济不景气通常被人们称为"恐慌"，胡佛却把"恐慌"这个词换成了"萧条"，似乎暗示情况没有那么严重，很快就会过去。"我们已经度过了最艰难的时候。"胡佛在1930年宣称。

到了1931年底，乡村地区的绝望者已经开始靠吃野草维生，城里的人们则在垃圾堆里翻捡食物残渣。有的学校教师因为长期拿不到工资，饿晕在教室里。无家可归者聚集在棚户区，在帆布帐篷或是硬纸板搭的棚子里栖身。人们不再命名胡佛大道来向总统致敬，而是将那些棚户区谑称为"胡佛村"以表达讽刺。这位总统的用心是好的。他不知疲倦，起早贪黑地工作，双眼因缺少睡眠而布满血丝。"这个国家需要的是好好大笑一场，"他乐观地说，"如果谁能每10天想出一个好笑话，我相信我们的问题就会迎刃而解。"不幸的是，胡佛自己成了笑话的对象。(例如——胡佛："我能借5分钱给朋友打个电话吗？"幕僚："没问题，这里是10分钱，给你所有朋友都打个电话吧。"❶) 他口中的"轻度萧条"最终演变成美国历史上最为困难的年代。在1932年的大选中，这位总统被毫不留情地扫地出门了。

胡佛的继任者是与他完全两样的人。胡佛是一位数据和资料专家，也是一位聪明的工程师，在成为总统之前，胡佛从未通过任何竞选活动来获得政府职位。富兰克林·德拉诺·罗斯

---

❶ 这是讽刺胡佛没有朋友。

福则不同,他从骨子里就是个政治家,健谈、随和亲切,精于讨价还价。胡佛只会沉着脸等待别人来讲笑话,罗斯福却浑身散发着欢快和乐观的光芒。从某种意义上说,他这种乐观主义有些出人意料。年轻时的富兰克林走过的路与他的远房堂兄泰迪·罗斯福如出一辙,只不过他是民主党人,而泰迪是共和党人。和泰迪一样,富兰克林毕业于哈佛大学,后来成为海军部助理部长和副总统候选人。(与泰迪不同的是,他没能竞选成功。)39岁时,他突然罹患脊髓灰质炎,腰部以下从此瘫痪,这是足以击垮任何人的厄运,但罗斯福没有倒下。他给双腿安装了钢质的支架,为能走上几步而不知疲倦地锻炼。他曾夸口说自己双臂肌肉的发达程度超过著名拳击手杰克·登普西。在妻子埃莉诺的鼓舞下,富兰克林回到了政界,并当选为纽约州州长——再次和他的堂兄泰迪一样。泰迪在总统任上曾许诺为美国人带来"公平的政策",富兰克林则许诺"为美国人民带来新政"。

新政会是什么样?罗斯福并没有直接给出一套方案。和进步主义者们一样,罗斯福认为在困难时期政府必须有所作为,"并且不是做慈善,而是尽其社会责任"。他采用了实验主义的路线:"选择一种方法进行尝试,如果它不奏效,就从容接受,再尝试另一种方法。最重要的是,一定要试着做点儿什么。"当罗斯福在1933年3月4日宣誓就职时,他向他的同胞们保证他会努力尝试,并且一定会成功。罗斯福宣告:"我们唯一需要恐惧的,就是恐惧本身。"

实际上,让人恐惧的事情还有很多。在罗斯福宣誓就职前的几个星期，整个银行系统几乎都已崩溃，引发了新的恐慌。股市也已经关闭。为了让局势缓和下来，罗斯福宣布实行"银行假期"，要求全国所有银行停业4天。"假期"听起来几乎是个喜气洋洋的词。然后他迅速推动国会通过一条法律，允许所有经营状况良好的银行开业，对略有困难的银行实施救助，并关闭那些无可挽救的银行。这一坚决的行动令美国人松了一口气，并恢复了些许信心。当银行重新开业时，往里面存钱的人开始变得比往外取钱的人更多。

新政的第一个100天如同一场风暴。总统召集了一群教授和其他专家为自己提建议（这群人被报纸称为他的"智囊团"）。这个团队都是坚定的实验主义者，富于勇气，决心改变政府本身的运行机制。为了推行新政，罗斯福设立了数十个机构，但整套方案可以归为三个R：救济困苦（Relief）、恢复经济（Recovery）以及改革造成大萧条的体制（Reform）。

这三个R中，救济身陷困苦中的美国人最为紧迫。罗斯福设立了联邦紧急救济署，任命哈里·霍普金斯为救济署长官。皮肤苍白的霍普金斯是一名来自艾奥瓦州的社会工作者，妙语连珠，烟瘾极大。收到命令之后不到3个小时，他就已经在一条走廊里摆好了自己的办公桌，并花出去500万美元。这笔钱被发往各个州立机构和地方机构，用以帮助那些没有住处、没有工作、没有食物保障的人。接下来的几个月，救济署又支出了5亿美元，同时，新成立的公共事业署雇用了400万失业者直接为联邦政府工作。第三个机构是平民保育团，它雇用了200万年轻人从事各种急需人手的户外工作。以上三个机构雇用的劳动者一共修建了40 000所学校、1 000个机场，并修缮了50万英里的公路。他们种植树木、建造运动场、恢复独立战争和南北战争的战场遗址、砌起防火瞭望塔，并在各种水道里养殖了超过10亿条鱼。

批评者们指责政府只知举债，却不想办法平衡预算，也不去提高财政急需的税额。然而一些经济学家开始意识到，对个人而言是常识的东西并不一定适合整个经济体。如果大家都削减开支，包括政府在内，商业就会陷入泥潭。政府必须短期举债，让从政府那里获得救济和工作的人可以购买食品杂货、衣物和各种必需品，这同时也意味着食品杂货店和其他商店的店主可以增加自己的消费。

罗斯福希望他的救济计划只是暂时性的，但他也相信政府可以为恢复经济（第二个R）做出长期的贡献。田纳西河谷一带是美国最贫困的地区之一，可以作为一例。这个地区的农田和社区经常被洪水冲毁，山坡也因为砍伐而变得光秃，每3名当地居民中就有1人感染由蚊子传播的疟疾。罗斯福设立了田纳西河谷管理局（TVA）。这个政府组织修建防洪水坝，在山坡上植树造林，并向农夫们教授更好的种植技术。水坝还削减了用电成本，让此前只能用油灯照明的人家也用上了电。河谷居民的收入和健康状况得到了快速改善。还有一些新政机构与企业合作，在得克萨斯州的布朗斯维尔建起了一个港口，还修建了通往曼哈顿岛的林肯隧道。

改革是新政的第三个R，也是最后一个战场，旨在防止未来发生新的大萧条。其中一条改革措施是建立储蓄保险制度，让普通公民的银行存款不再遭受损失。另一些机构则致力于防止银行和证券公司进行高风险投资或是误导客户。新的法律保障劳动者拥有加入工会、对工资进行讨价还价的权利。为衰老、残疾或是失业的劳动者建立保障系统可能是罗斯福新政中最值得称道的措施。总统任命他的劳工部长负责这项改革。这位劳工部长名叫弗朗西丝·珀金斯，是一名精力充沛的女性，也是美国第一位女性内阁成员。她年轻时曾在简·亚当斯建立的赫尔之家工作，还曾参加其他进步主义事业。她帮助建立的社会保障系统不仅为个人提供了一道安全网，还和其他新政改革一道，让经济变得更加稳定，也让未来的衰退不再会如此惨烈。

反对罗斯福的共和党人对这数十个新政机构提出了严厉的指责。这些机构都有一个缩写名，用来代替它们冗长的原名（例如：CCC是平民保育团，FDIC则是联邦存款保险公司）。罗斯福自己也被人简称为FDR。的确，这些新机构存在浪费现象，也造成过不少错误，TVA水坝系统就是一例：它不顾数千居民的许多利益，迫使他们离开家园。另一方面，罗斯福采取的是先试试这个再试试那个的方法。一些智囊为了将自己青睐的方案推销给他，绞尽脑汁，几乎要把自己的头发拔光。

虽然新政有这样那样的缺陷，它还是让这个饱受摧残、濒临崩溃的国家恢复了活力。富兰克林·罗斯福和他的夫人埃莉诺成了新希望的象征。埃莉诺在全国各地频繁走访，视察了数以百计的新政工程，并与平民沟通。她的交谈对象中有西雅图小饭馆里的工人，有旧金山托儿所的华裔，也有居住在粗陋棚屋里的西弗吉尼亚矿工的妻子。富兰克林则通过广播发表"炉边谈话"，让数百万美国人在家中就能听到他的声音。这些谈话令人们觉得总统似乎就坐在他们的壁炉边。"我到过的每一户人家都有总统的照片，"一名新政官员报告说，"在赤贫人家，这些照片可能只是一块剪报，在另一些地方，也可能是用镀金硬纸装裱的大幅彩版照片……这些人对总统的感情是我所见过的最不可思议的现象之一，对他们而言，总统既是上帝，也是密友。他似乎知道每个人的名字，熟悉他们的小镇和工厂，了解他们的平凡生活和困难。尽管其他事情可能还是一团糟，但总统一直都在他们身边，并且不会让他们失望。"罗斯福在1936年再次当选，他得到了531张选举人票中的523张，比历史上任何一位总统都要多。他此后又赢得了第三个和第四个任期，在所有总统中独一无二。

归根到底，最重要的并非罗斯福赢得了多少选票，也并非他为人们带来了多少信心，而是他如何改变了人们对政府的观念。罗斯福曾说："这个国家的人民历来珍视政治权利，其中包括言论自由、出版自由、宗教信仰自由和陪审团审判制等等权利……然而，随着我们的国家变得越来越大、越来越发达，随着它的工业经济不断扩张，仅仅这些政治权利已经不足以保证我们拥有平等追求幸福的权利。我们清楚地认识到，没有经济安全和经济独立，就没有真正的个人自由。"有所作为是政府的责任，它应当在艰难时期保证人民的经济安全，就此而论，罗斯福新政对美国的意义至关重要。

第三十三章　全球战争

富兰克林·罗斯福宣誓就任美国总统之后一天，也就是1933年3月5日，德国人选举产生了他们的立法机构——帝国议会。召集这次选举的是新总理阿道夫·希特勒。希特勒有一张苍白的脸和褐色头发，留着一撮牙刷式的唇髭，锐利的眼神中时常燃烧着憎恨，是个喜怒无常的人。他此前曾数次尝试让他所领导的国家社会主义党（即纳粹党）夺取国家权力，都未能成功。但这次选举不同了。在其野蛮的竞选活动中，纳粹党的军事化组织"褐衫队"攻击对手的竞选集会，殴打对方领导人。希特勒的得力助手赫尔曼·戈林警告商界领袖们最好打开钱包支持纳粹党。"这次选举必然将是未来十年之内的最后一次，"他预言道，"甚至可能是未来百年之内的最后一次。"纳粹党在选举中控制了国会，随后通过了一条法案，授予希特勒制定任何他想要的法律的权力。在罗斯福与美国国会共同致力于新政之际，希特勒成了一名独裁者，声称要纯洁德国，让它变得强大。他宣布他的人民需要土地——他将之称为lebensraum，即生存空间。

美国正身陷大萧条中不能自拔，很少有人留意欧洲正在发生的事，然而六七年后，希特勒就将欧洲和整个世界带入了一场新的战争。这场战争规模之大，令1914年到1918年那场"世界大战"相形失色。第一次世界大战导致1 600万人丧生，第二次世界大战则杀死了6 000万人。各种"划时代的大事件"组成了漫长的历史，然而第二次世界大战的重要性无疑在人类历史上位居第一，人类此前从未酿成过如此惨烈的事件。

让这样一场战争成为可能的各种力量已经积蓄了一个多世纪。工业和科学让许多国家变得更大更强，这些被称为列强的国家竞相控制越来越多的殖民地、财富和武器，这些力量的第一次碰撞造成了第一次世界大战。当其结束时，伍德罗·威尔逊开始梦想通过国际联盟解决未来的争端，建立一种能终结所有战争的和平机制，然而为结束战争而签订的《凡尔赛和约》没有让任何一方满意。战败的德国被迫向胜利者支付数十亿美元以帮助欧洲重建，它为此怒火中烧。派出军队加入战胜方的意大利和日本抱怨他们没有得到应有的回报。作为一个岛国，日本希望扩大其领土，将中国大陆的一部分据为己有，意大利的新独裁者贝尼托·墨索里尼则梦想站在一个新罗马帝国的权力之巅。另一方面，英国和法国在战争中损失了数十万年轻人。再因为某个大公被枪杀这种争端而被拖入另一场战争，是这些民主国家的首脑最不愿看到的事。

美国同样决心避免战争。乔治·华盛顿和托马斯·杰斐逊都曾警告说不要与欧洲诸国结成"纠缠不清的联盟"。杰斐逊的话语产生了经久不衰的影响,因此沃伦·哈定在引导这个国家回归正常时,才会向美国人保证"我们没有意愿……将自己与旧世界的命运捆绑在一起"。上策莫过于安处宽阔的大西洋对岸,保持孤立。"让我们把眼光转向国内,"一名政治领袖曾说,"如果这个世界要变成一片满是废墟、仇恨和痛苦的蛮荒,我们只能更努力地保护和延续我们拥有的这片自由绿洲。"支持这种观点的人被称为孤立主义者。事实上,大多数美国人都持这样的立场。

然而随着世界滑向战争的深渊,专注于国内事务变得越来越困难。当日本入侵中国的东三省时,国际联盟表示了反对,因此日本代表团的成员直接退出了国际联盟的会场,并声称"我们不会再回来"。德国发现国际联盟那些动听的言辞毫无效力,也选择了退出。很快意大利就入侵了北非的埃塞俄比亚。日本也发动了进攻,要夺取更多的中国土地。希特勒将他新组建的军队一直开进到法国边境,同时向东派出另一支部队占领了奥地利。如果欧洲的民主国家及早介入的话,本有机会阻止希特勒的行动。"我们将不得不夹着尾巴撤退。"希特勒曾私下承认。然而,世界大战在英国人和法国人脑中留下的记忆太过深刻。在慕尼黑举行的一次首脑会议上,希特勒承诺:只要允许他吞并捷克斯洛伐克的一部分,他就会收手。他所要求的这部分土地上居住着许多说德语的居民。英国和法国一致同意他们将再"满足"希特勒一次。英国首相内维尔·张伯伦回到伦敦后，宣布他已经达成了"我们这个时代的和平"，然而仅仅过了6个月，希特勒就背叛了他的承诺，吞并了捷克斯洛伐克的其余领土，又过了6个月，他入侵了波兰。这一次，法国、英国和波兰纷纷宣战，组成了同盟国（这一联盟将逐渐扩展到20多个国家），与主要由德国、意大利和日本组成的轴心国对抗。

美国没有加入战斗。尽管富兰克林·罗斯福确信"通过简单的孤立或中立……无法避免"战争，德国的兵锋已经贯穿整个欧洲并迫使法国投降，美国国会仍然没有同意开战。英国也已经危在旦夕——德国的飞机正在对伦敦和英国其他城市进行一轮接一轮的轰炸。英国的新首相温斯顿·丘吉尔向美国发出援助请求，希望得到弹药和飞机，并提出"借用四五十艘你们的老式驱逐舰"。然而罗斯福的将军们担心一旦德国入侵英国本土并将之征服，美国的战舰和其他物资就会落入纳粹手中。他们认为更好的办法是加强美国的防御，让英国人孤军作战！罗斯福拒绝了将军们的建议。他给英国送去了军舰，并向他们提供了各种低调的帮助，最终英国顽强地取得了不列颠战役的胜利。希特勒放弃了入侵英国本土的计划。

最终将美国拖入战争的打击却来自一个完全不同的方向。长久以来，日本一直坐视英国、法国、荷兰和美国在亚洲攫取殖民地，并羡慕不已：为什么日本不能做同样的事呢？让东南亚成为日本的领土，比让它们落入欧洲人或是美国人手中更顺理成章。德国和意大利在欧洲节节胜利的同时，日本秘密地向东派出一支舰队。这支舰队由日本海军大将山本五十六指挥，

297

其目标是对美国海军位于夏威夷的重要基地珍珠港发动攻击。山本早年曾作为海军外交官在华盛顿生活，那时就以其高超的扑克技巧而知名。事实上，对珍珠港的偷袭行动也与一局下注极高的扑克牌游戏非常相似。偷袭如果成功，这次赌博就能收获巨大的回报，但这次行动同样蕴含着风险。山本曾对他的上司们说，"如果你们要求我不计后果地作战，我可以在前半年甚至一年里狂飙突进"，但如果这样的巨大攻势没有带来胜利，"我对接下来的第二年或是第三年没有一丝信心"。这位大将非常清楚：美国是一个拥有巨大工业力量的大国，有能力加强其陆军和海军进行反击，也有能力战斗到最后。

1941年12月7日，日本偷袭珍珠港。日本轰炸机炸沉了8艘美国战舰，杀死了2 400多名美军士兵，并破坏了300多架飞机。罗斯福将这一天称为"将被永远铭记的耻辱日"。4天后，希特勒和墨索里尼对美国宣战，美国人终于加入了这场他们一直希望回避的世界大战。

幸运的是，日军对珍珠港的偷袭并没有摧毁美军的燃料库，这些燃料对美国海军和空军至关重要。袭击发生时也没有一艘美军航空母舰停泊在珍珠港，这是天大的好运。在身处广袤的太平洋中时，航空母舰这种新型战舰有能力直接从海上发起空中打击。不过，日本的舰队更为现代化，其指挥官们又策划了一次对中途岛美军基地的袭击。然而美国的密码破译员们夜以继日地对日本的无线电通讯信号进行破译，让美国人提前知道了敌军即将到来。持续一天的殊死战斗结束后，日军不仅损失了4艘宝贵的航空母舰，还损失了大量熟练飞行员。这些飞行员通过艰苦训练才掌握了在颠簸的航母甲板上起降的技巧。山本的"狂飙突进"没能取得成功，美国开始走向太平洋战场的胜利。然而此时距胜利的最终到来还有3年时间。3年中，美军艰难攻下一个又一个岛屿，逐渐接近日本本土。

希特勒下的赌注更大。德军通过一场成功的攻势横扫了北非，又在欧洲对位于东方的苏联（从前的俄罗斯帝国）发动了突袭。希特勒夸口说他将建立一个持续千年的新德意志帝国，并在欧洲展开了对不忠诚者和"非纯"种族的无情清洗。被清洗者中有吉卜赛人、有艺术家，也有批评纳粹的思想家，但首先需要被清洗的是犹太人。约600万犹太人惨遭杀害，有的被故意饿死，有的被枪决，有的在强制劳动中累死，还有的死在40 000多座强制劳改营、集中营和6座灭绝营中——希特勒的安全部队在那里建造了毒气室。希特勒认为这些死难者都是"垃圾"，是属于"亚人类种族"的低等生物。他主导的这种大规模谋杀行动后来被称为"大屠杀"。

然而，为了实现他那些扭曲的梦想，希特勒的兵力变得过于分散。苏联位于东欧，其领袖约瑟夫·斯大林是一位同样无情的独裁者。斯大林格勒战役在数十年来最寒冷的冬天发生，双方均投入了超过100万兵力，短兵相接，最后斯大林的部队顽强地击败了轴心国军。在非洲，英军和美军终于将德军击退，并开始计划从英国发起对欧洲本土的进攻。这次大规模进攻行动由德怀特·戴维·艾森豪威尔组织，他是一名性格坚定且一丝不苟的美国将军。希特勒知道进攻即将来临，却不知道它将在何时何地发生。决定性的一天——诺曼底登陆日——在

1944年6月6日到来。近300万名士兵，1.1万架飞机和2 000艘舰艇出发了。盟军在法国的诺曼底海滩上站稳了脚跟，开始缓缓向德国推进。同一时期，苏军也从东方发起进攻。英军和美军还从南方攻入了意大利。到了1945年春天，消耗殆尽的德军不得不征召老人和少年入伍，德国人的失败已成定局。躲在地堡里的希特勒最后开枪自杀，而日本仍继续战斗。

以上是战争进程的一个粗略轮廓，但将6年的时间压缩到薄薄几页之中，完全无法传达出战争造成的伤痛和恐惧。第二次世界大战如同一个火焰风暴的旋涡，将每个人卷入其中，以各种或大或小的方式影响着他们。

英国飞行员戴维·克鲁克仅仅是看到了一条毛巾，就陷入了最深的伤痛。在一次任务中，克鲁克的同伴彼得的飞机被击落。他回到宿舍时，看到同伴的毛巾还挂在窗子上。他无法不让自己想起彼得——"就在那一天我们还曾一起谈论欢笑，现在他却躺在那架被击落的喷火式战斗机的驾驶舱里，在英吉利海峡的水底长眠"。

"大锤"是一名战斗在太平洋上的美国海军陆战队士兵，他的真名是尤金·斯莱奇❶。他最害怕的声音是炮弹发出的尖啸："你会感到彻底孤立无援。那个鬼东西就像一列货车朝你袭来，然后是惨烈的撞车。"他回忆说："曾有一发炮弹从距我头顶不到一英尺的地方飞过。离我两个散兵坑远的地方，一个家伙正坐在头盔上喝C型口粮里的热巧克力……他立刻飞上了天，另

---

❶ 斯莱奇（Sledge），意为"大锤"。

两个小子则向后翻倒。当然他们都没命了。"

有许多苏联女性曾驾驶用胶合板和帆布制造的老式农用飞机执行轰炸任务,纳迪娅·波波娃就是其中一位。这种飞机上没有枪炮,没有无线电,也没有降落伞。波波娃和她的同志们在晚上起飞,这样飞机经过德国人头顶时,他们只能听到一声呼啸。纳粹管这些飞行员叫"夜之女巫"。这种飞机只要被一颗胡乱射出的曳光弹击中就全完蛋了——它会像纸糊的一样烧成灰烬。

汉斯·米夏埃利斯是一名德国犹太人。得知自己将被送到集中营后,他和侄女玛丽亚谈了起来,他知道等待着自己的是什么。"我该怎么办?哪条路最容易?哪条路最有尊严?是活着还是死去?是忍受可怕的命运,还是结束自己的生命?"玛丽亚和他谈着,而时间一点一滴地流逝着。"我最多还能在这里待50个小时!"他说,"感谢上帝,我的格特鲁德❶死在希特勒之前,得了个善终。我愿意用一切来交换这样的机会!"两人分别时,玛丽亚对他说:"汉斯叔叔,你会知道该怎么做。永别了。"最后汉斯服毒自杀。

在美国的大后方,佩姬·特里在肯塔基州的韦厄拉组装炮弹,一种叫特屈儿的炮弹原料把工人们都染成了橙色。"我们的头发里夹杂着橙色,我们的手、脸和脖子都变成了橙色,甚至连眼球也一样……我们中没有一个人问过这东西是什么,是否有害。"孩子们则帮忙照料"胜利菜园"——生产食物的家

---

❶ 格特鲁德,米夏埃利斯的妻子。——编注

庭菜园，或是到处搜集破铜烂铁——它们被熔化后可以在战争中派上用场。

无论是我们的侄女、侄子、儿子，还是女儿，没有一个人能在战争中独善其身。在本书的序言中，我曾提到我妻子的父亲在菲律宾作为战俘参加了巴丹死亡行军。他妻子的第一个孩子死于破伤风，因为日本人到来时，所有医生都逃走了。我自己的母亲那时从大学毕业不久，她加入了红十字会，乘船去了英国。我父亲当时是伊士曼柯达公司的一名化学家。有一天，一名神秘的政府特工找上门来，问他是否愿意为国家效力。特工警告我父亲说他不能告诉任何人自己的去向，然后给了他一张去芝加哥的火车票。我父亲在芝加哥收到另一张火车票，向南来到了橡树岭。这是一个奇特的工业城市，在这片田纳西荒野中仿佛是凭空冒出来的。在橡树岭，人们在绝密状态下工作，制造一种新式炸弹的原料。

这种炸弹的外号叫"小玩意儿"，然而它的真名是原子弹，是此前世界上从未出现过的武器，它的爆炸威力来自原子裂变释放出的巨大能量。逃离德国的科学家们曾警告罗斯福说希特勒正在研制这种武器，美国必须有所防范。德国的研制努力没有成功，然而在美国的许多秘密地点，有超过12万人参加这项工程。这些地点分布于田纳西州、华盛顿州、纽约州等地，甚至还包括芝加哥大学一块橄榄球场地下的旧壁球馆。最重要的研究在新墨西哥州沙漠中的洛斯阿拉莫斯完成。物理学家罗伯特·奥本海默在这里指挥第一颗原子弹的研发团队。1945年7月，第一颗炸弹进入试爆阶段，科学家们都绷紧了神经。有人在计算后认为核爆炸的威力可能引燃地球的大气层，这种可能性并非离奇。此时盟军飞机已经在用燃烧弹对德国德累斯顿、日本东京和其他一些城市实施大规模轰炸，这些空袭造成的火焰能让一条运河沸腾，也能瞬间耗尽空气中的氧气，造成超过100万人死亡。遇难者可能被烫死，被烧死，或是活活窒息而死。

在洛斯阿拉莫斯进行的试爆威力惊人。乔治亚·格林是一名几近失明的大学生，当时正在50英里开外的一条沙漠公路上旅行，连他也看到并感觉到了爆炸的闪光。试爆成功的消息立刻被递交给了总统。在1945年7月，总统已经不是富兰克林·罗斯福。罗斯福在6个月前开始了他的第四个任期，但他当时看上去就已经形销骨立、憔悴不堪。他在4月死于中风。新总统哈里·S.杜鲁门下达了用原子弹轰炸日本的命令。8月6日，日本广岛的居民们吃惊地看到天空中发生巨大的闪光爆炸，紧接着出现了一朵翻腾上升的黑色蘑菇云。这次爆炸在一瞬间杀死了4万人，还有超过10万人因烧伤和辐射而逐渐死去。3天后，第二颗原子弹降落在长崎。此后不到一周，日本宣布投降。战争结束了。

美国曾决意不卷入战争，却再一次事与愿违。罗斯福在他最后一次就职演说中提醒道："我们要活得像人，而不是像鸵鸟。"在这个飞机可以跨越大洋，而炸弹能将城市化为灰烬的时代，将脑袋埋在沙子里假装看不见是没有用的。孤立主义不再是美国的选项之一。

第三十四章　超级大国

世界从战火中重生了，却已经满覆劫灰，和1939年的战前世界完全不同。废墟是这个世界给人的第一印象。城市里到处是坍塌的建筑、瓦砾、碎玻璃，街道到了夜间就漆黑一片，因为发电厂已被炸毁。有1 200万战俘需要处理。食品和钱都严重匮乏，人们常常以物易物，比如一只手镯换一些培根，或是一件旧外套换一只鸡。人们看到和听到的一切都如此陌生：除了伤痛、恐惧，就是单纯的怪异。年轻姑娘们在苏联人的坦克上搭便车，某个身穿西装的德国老绅士用手杖将一只鸭子敲打致死。某座集中营外的死寂令人毛骨悚然。"恶臭是第一个印象，那是人发出的恶臭，"一名美军士兵回忆道，"此时你开始意识到，这里发生过某种可怕的事情。"

这是人性的悲剧，也是物理意义上的毁灭。不仅如此，国家与政治的世界也已经面目全非。列强曾经为成为帝国而竞争，如今却面临着凋敝的经济和不确定的未来。战败国当然失去了它们的殖民地，战胜的同盟国列强也未能幸免——亚洲和非洲的许多民族摆脱了欧洲主人的控制。印度脱离了英国；印度尼西亚脱离了荷兰；印度支那❶的人民也起来反抗法国人的统治。

美国的情况如何呢？战争夺去了大约40万美国人的生命，但这个数字跟整个世界的6 000万死难者比起来似乎微不足道。此外，美国没有一座城市被夷为平地，也没有被炸毁的工厂需要重建。战争开始时，这个国家还处于经济萧条之中，到战争结束时，它的经济已经一片繁荣。美国拥有了世界上规模最大的海军和空军，也有了装备最精良的陆军。温斯顿·丘吉尔简单地道出了一个事实：美国已经站在"世界之巅"。现在的美国不仅是一个大国，而且是一个超级大国，没有任何国家有能力挑战美国。或许有一个例外？

这个可能的例外就是苏联。苏联的全称是苏维埃社会主义共和国联盟，两个世纪之前，它被称为俄罗斯帝国。在美国向西扩张直至横跨北美大陆的同一时代，俄国也向东扩张到了亚洲的尽头。美国人修建了1 900英里长的跨大陆铁路直抵太平洋，俄国人的跨西伯利亚铁路则长达5 700英里，同样蜿蜒通往太平洋海岸。美国版图横贯4个时区，俄国的土地上却有12个时区。俄罗斯帝国长久以来一直由强大的沙皇统治，直到1917年帝国被革命推翻。俄国革命的领导者弗拉基米尔·列宁将平等观念向一个激进的新方向推进。贵族们被剥夺了权力，

---

❶ 印度支那，此处指法属印度支那，中南半岛的法国殖民地，包括今柬埔寨、越南和老挝等地。

开办工厂、银行和企业的"资本家"们同样不能幸免。工人和农民则在被称为苏维埃的革命委员会中召开会议、制定政策。列宁反对安德鲁·杰克逊推崇的那种机会平等。在机会平等的前提下,公民可以通过辛勤的工作或是创新来取得成功,或者说变得"更平等"。列宁领导的共产党宣布要废除财产私有制,往后将不再有富人存在。每个人都应各尽所能地工作,获取一份维持体面生活所需的报酬。

我们必须承认:这至少是一种美好的理想。然而,苏联共产党的领袖们通过革命,很快就拥有了和从前的沙皇一样的权力。列宁发起了一场恐怖的运动来清洗其政治对手[1],他的继任者约瑟夫·斯大林变本加厉。在20世纪20年代到30年代,数百万人死于各种思虑不周的改革措施,另有数百万人被送往劳改营或直接处死。

大部分美国人谴责斯大林的行为,但在希特勒出人意料地开始进攻俄国后,苏联就成了英国和美国的盟友。事实上,苏联为"二战"胜利做出了不可或缺的贡献,也付出了惨痛的生命代价和经济代价。在与德国的战争中,有超过2 000万苏联公民丧生,7万座苏联村庄被毁坏,还有2 500万苏联人无家可归,然而苏联仍是唯一有可能成为另一个超级大国的国家。苏联将德国人从东欧诸国领土上赶出去后,斯大林掌握了这片地区的控制权,废除了自由选举,建立起亲苏政权。丘吉尔发出了警告,"一幅横贯欧洲大陆的铁幕已经拉下",将各个共产

---

[1] 指1918年8月30日列宁遇刺受伤后,苏维埃俄国发起的大规模政治镇压运动。这场运动一直延续到20世纪20年代初。

主义国家掩于幕后。"凭空想象而已。"斯大林不屑一顾地还击道。然而铁幕并非想象，很快，一场新的对立就发生了。这一次的对立不是两个超级大国派出大军相互厮杀的"热战"，而是一场将近50年持续不断的"冷战"。冷战曾引发多次危机，有时还酿成公开冲突。

如果我们从地球上方往下看，就能看到冷战造成的各种热点。苏联在东方的盟友是中国——在长达22年的内战之后，毛泽东领导的共产党取得了中国的政权，美国、加拿大和它们的西欧盟友则位于西方。两个对立世界的交界地带爆发了各种热点冲突，其中最严重的事件发生在德国、朝鲜半岛、越南和古巴。

世界已经面目全非，需要面对它的美国总统是哈里·杜鲁门。在被罗斯福选中成为1944年大选的副总统候选人之前，前密苏里州参议员杜鲁门一直藉藉无名。当罗斯福告知人选时，一名上将问："这个见鬼的杜鲁门是谁？"杜鲁门曾经是一名农夫，出言无忌，充满斗志。他放弃了农场生涯，投身政治。突然被推上总统宝座后，杜鲁门曾感叹说，"似乎月亮、星星和所有的行星"全都落在了他身上。他坚决不让自己表现得软弱或是缺乏经验，勇于做出艰难的选择——甚至可能过于坚决。他在椭圆办公室❶的办公桌上放了一块牌子，上面写着："推卸责任至此而止。"在国务卿乔治·马歇尔的推动下，杜鲁门说服国会出台了一个对外援助计划，并投入数十亿美元，帮

---

❶ 椭圆办公室，位于白宫西翼，是美国总统的正式办公室。

助欧洲各国修建新的工厂、铁路和桥梁。当时的欧洲风雨飘摇，人民食不果腹，权力随时可能落入共产主义者手中——正如当年希特勒在德国经济衰退中上台一样。"马歇尔计划"获得了巨大的成功，帮助欧洲站稳了脚跟，它与《GI法案》并列，堪称杜鲁门最伟大的成就。(GI是"政府事务"的缩写，在"二战"期间成为美军士兵的流行代称。《GI法案》曾帮助超过200万退伍军人进入大学深造。）此外，杜鲁门还采取"遏制政策"，对苏联施以军事和外交压力。一旦斯大林尝试在全球任何地方扩张其势力，杜鲁门都会采取反制措施加以遏止。连杜鲁门远在密苏里的母亲也就斯大林问题发出了她自己的警告："告诉哈里要善良，要正直，要守规矩，不过我也认为他是时候对某人保持强硬了。"

一开始，遏制政策似乎毫不费力，毕竟美国拥有世界上最强大的武器，而别国没有。战争期间，当杜鲁门得知原子弹试爆成功的绝密消息时，正在与斯大林和丘吉尔举行会晤。丘吉尔注意到这位总统突然"像变了个人似的，开始对俄国人提出各种要求和警告，基本上操纵了整个会晤"。拥有这样的武器的确能给一个国家带来强大的自信。事实上，许多美国人也为这种不可思议的神奇新技术欢呼——它终结了战争。在华盛顿，一家酒吧开始提供"原子弹鸡尾酒"；在时尚的纽约第五大道，一家商店打出了"原子弹珠宝"的广告，声称它拥有"像怒火一样令人目眩的色彩"。孩子们只要花上15美分，再加上一个麦片盒盖，就可以从奇克斯早餐麦片生产商那里兑换一枚"原子弹指环"。指环的说明书上写着："拉开尾翼，往观测镜里看,你就能看到可怕的闪光。这种闪光源于疯狂裂变的原子释放出的能量。"神奇的是,这种指环真的含有微量的钋-210。观测屏能亮起来,正是因为这种元素释放出具有轻微放射性的粒子流。

与此同时,核武器的巨大危险性开始浮现。在被美国占领的日本,美国医护人员和记者都观察到了原子弹辐射对幸存者造成的伤害。这些人的皮肤上布满红斑,头发也在脱落。开始有杂志发出警告:如果别的国家也研制出原子弹,并将它们安在制导导弹上,该怎么办?"任何城市都会在30分钟内被抹去,"一篇文章预测道,"纽约将变成一堆熔渣。"此外,原子弹中的辐射能还能随着辐射尘在空气中散播,远达几百英里,"让整片土地变得无法居住",并持续数十年甚至数百年之久。一家芝加哥报纸预言道:核战争将让整个地球变成"一片荒芜的瓦砾场,(人类)幸存者只能在洞穴中躲藏,或是在废墟中生活"。杜鲁门开始认为对核武器的使用不能成为常规手段。在德国首都柏林,斯大林关闭了通往美国占领区的道路,引发了一次危机。杜鲁门组织了大规模的空运以保障被困地区的食品供应,但拒绝将原子弹的控制权交到美军军官手中。他不希望"由某个愣头青的中校来决定什么时候该扔一颗原子弹"。最终斯大林退却了,柏林分裂成两部分,分别成为西德和东德的首都。

1949年,美国科学家们报告了一个令人警醒的消息:太平洋地区出现了有放射性的降雨,证明苏联人已经秘密试爆了他们自己的核武器。美国不再是唯一拥有核武器的国家。第二年，共产主义阵营的朝鲜进攻美国的盟友韩国。杜鲁门立刻派出了军队，但没有决定宣战——这次行动将是一次以联合国名义进行的"维和行动"。联合国是一个新的国际组织，取代了原来的国际联盟。美国人击退了朝鲜军队，把他们逐往中国和朝鲜的边境。随后数十万中国志愿军跨过边境进入朝鲜半岛，又将美国人赶了回去。在美军处于守势时，杜鲁门曾告诉记者说，他将"采取战争局势所要求的一切必要措施"。"包括使用原子弹吗？"一名记者问。"使用原子弹的可能性从未被排除。"杜鲁门答道。这条新闻吓坏了他的欧洲盟友们，以致英国首相立刻坐上飞机赶到华盛顿表示反对。这位首相坚持认为：不能轻易把核战争作为威胁的手段。此后朝鲜战争又持续了两年，直到共和党人德怀特·艾森豪威尔成为美国的新总统。这位外号"艾克"、曾指挥诺曼底登陆的战争英雄终止了朝鲜半岛上的冲突，此时已有54 000名美国军人在这次战争中丧生。

伴随着紧张的国际形势，美国国内的政治斗争也日趋激烈。美国人发现一些科学家将原子弹的机密告诉了苏联人，加快了他们自己造出原子弹的速度。一名曾为富兰克林·罗斯福工作的国务院官员也被指控为间谍。在政府里是否还潜藏着其他共产主义者呢？共和党人开始指责民主党的杜鲁门，认为他在挖出官员中的共产主义"同情者"方面做得不够。再次处于守势的杜鲁门推出了一个忠诚审查方案，要求政府部门长官解雇任何有嫌疑的官员。在国会中，"众议院非美活动调查委员会"要求一大批电影明星出来作证，试图发现对共产主义的态度过于正面的好莱坞导演和演员。尽管可能证据不足或是根本没有证据，受到指控的人仍会被列入"黑名单"，从此难以找到工作。在参议院，威斯康星州共和党人约瑟夫·麦卡锡声称他拥有一份名单，上面有205名在美国国务院工作的共产主义者，引发了轩然大波。关于名单上的人数，还有57人和81人的说法，包括麦卡锡本人在内，没有人能确认他首次提出的那个数字到底是多少。不过无论如何，它都意味着"大量"的共产主义者。这些无端的指控每个月都变得更加夸张，毁掉了许多清白美国人的职业生涯。到最后，公众终于对这位参议员的哗众取宠感到厌倦，自视为"现代"共和党人的艾森豪威尔总统❶表示拒绝"与那个家伙同流合污"。1954年，参议院正式谴责了麦卡锡不负责任的做法。那时斯大林已经死于中风，美国人对共产主义间谍的担忧也逐渐平息下来。

然而冷战却没有平息。苏联人和美国人开始了制造核武器的竞赛，人们也开始学着在核战争的威慑下继续生活。小学一年级孩子们就会被告知：一旦看到核爆炸的闪光，要保护好头部，钻到桌子下面。一些家庭在地窖里修建辐射避难所，并装满罐头食品和瓶装水，以备平安渡过核爆炸阶段。杜鲁门政府的国防部长还推动他的部属写了一本问答手册——《如何在核爆炸后活下来》：

> 好了，假设我已经采取了所有的安全步骤：我已经面朝下卧倒，也用手臂护住了头部；爆炸已经过去；空袭警

---

❶ 艾森豪威尔的政治方针被称为"现代共和主义"，介于罗斯福新政的自由主义与老派共和党人的保守主义之间。——编注

报也已经解除……下一步该做什么呢?

第一件事就是:做好准备,预防心理冲击。

为什么要做好心理冲击的准备?

因为一切看上去都会变得不一样……如果炸弹在距你1.5英里远的地方引爆,一切看上去都会变得完全不一样。你需要提前理解这一点,才不会在走出掩体时被吓一大跳——你会发现许多你曾经熟悉的地方已经被完全破坏或是毁灭。

人们真的在意这样的建议吗?有时候是,有时候则并非如此。在那个年代长大的我也会和朋友们聊起辐射避难所,也会聊起空袭警报拉响时我们应该怎么办。但是我们仍然会在后院里玩棒球,会用家里刚刚买来的漂亮电视机看西部片。到了夏天,我们还会在充气游泳池里戏水玩耍。毕竟,生活还得继续。

然而,到了1962年秋天,一切突然变得和从前不同。

第三十五章　世界末日

　　第一颗落在日本的原子弹的威力相当于1.5万吨TNT炸药，这意味着需要1.5万吨类似TNT的"普通"炸药，才能制造出与这种5吨重的新炸弹威力相当的爆炸。1.5万吨TNT炸药可以装满150节火车车厢。然而到了1962年，美国已经在试爆兆吨级当量的核弹——每兆吨当量的威力相当于100万吨TNT炸药。一颗50兆吨当量的核弹，换算成TNT炸药的话，能装满的火车车厢总长度相当于美国大西洋海岸到太平洋海岸距离的1.5倍。如果世界大战再次爆发，美国的应对方案包括发射3 423枚核武器，这些武器还能通过空气传播有害的辐射，光是想象一下这样的事件就令人毛骨悚然。当新总统约翰·F. 肯尼迪收到这一方案的简报时，他摇了摇头说："这样一来，我们还好意思自称人类吗？"军事战略家们希望这样的灾难永远不会发生。当然，在知道对方拥有的核弹足够将本国夷为平地的情况下，任何一方都不会率先发起核战争。这种观点被称为"相互确保摧毁"理论，简称MAD。就人们的认知而言，没有人会"疯狂"❶到甘冒毁灭地球所有生命的危险。

然而真的没有吗？

在20世纪50年代，随着冷战愈演愈烈，战略家们只能交叉手指以求好运❷。在亚洲，共产主义革命家胡志明将法国人赶出了他们的殖民地，后来成为新国家越南的领袖。苏联军队在匈牙利镇压了一次反抗。美国人则招募雇佣军，推翻了对美国不够友好的危地马拉政府和伊朗政府。在这些冲突中，艾森豪威尔总统不止一次考虑过使用核武器，尽管他很清楚那可能会将世界拖向核战争的边缘。"如果你害怕接近边缘，你就输定了。"艾森豪威尔的国务卿警告他说。艾森豪威尔尝试接近那个边缘，但最终还是退缩了。

即便如此，新任苏联总理尼基塔·赫鲁晓夫还是差点儿让美国人进退失据。赫鲁晓夫身材矮壮、秃顶。他生长在乌克兰的一个农场上，和另一个农场男孩哈里·杜鲁门一样粗鲁而出言无忌。一位认识他的苏联人曾评价说："赫鲁晓夫体内至少有10个人的情感。"有一次赫鲁晓夫出席联合国大会时，竟脱下一只鞋子，在桌上大敲一气。1962年春天，美国对苏联的封锁政策令赫鲁晓夫尤为不满。他的度假地在黑海海滨旅游胜地索契，与美国的盟友土耳其隔海相望，距离只有200英里。这

---

❶ 相互确保摧毁（Mutual Assured Destruction），其首字母缩写正好和"疯狂"（mad）一样。

❷ 交叉食指和中指是一种祈求好运的手势，起源于早期基督教信仰。

位苏联领导人常把望远镜递给客人,问他们在海的方向看到了什么。一头雾水的客人们会回答说只看到了水,这时赫鲁晓夫就会反驳说:"我看到了美国人的导弹。"他说得没错,美国不久前刚刚在土耳其布置了核导弹,这些导弹5分钟内就能到达苏联领土。赫鲁晓夫希望扭转这种不利局面。在索契的一天下午,他微笑着,向他的国防部长提出了一个神秘的问题:"要是我们往山姆大叔的裤裆里扔一只刺猬,你说会怎么样?"

当然,美国人对这番对话一无所知。几个月前,他们刚刚欢庆约翰·格伦成为美国第一名环绕地球飞行的宇航员。此前一年,苏联火箭已经将一名宇航员送入了太空,格伦则成为追赶者。不过美国人仍有足够理由感到得意——他们正经历着这个国家历史上持续时间最长的繁荣。由于大萧条和第二次世界大战,许多夫妇推迟了生育。大量婴儿在1945年后出生,以致报纸上开始出现"婴儿潮"的说法。许多成长中的家庭开始向被称为郊区的新社区扩散。这些社区环绕在美国各个城市周围。郊区住宅的业主们迫不及待地添置洗衣机、烘干机、电冰箱,并以客厅里多出的一样新发明——电视机——为傲。因为住在郊区,他们出行就需要汽车。四四方方的T型汽车已经不再流行,新款汽车都以模仿飞机后掠翼设计的尾翼为美,每年的新型号都有比上一年旧型号更花哨的尾翼。艾森豪威尔总统启动了遍布全国的州际高速公路网的建设,这是美国历史上最大的公共工程项目,也有助于汽车工业的繁荣。

古巴当时是赫鲁晓夫在北美洲的新盟友,也是他让美国大吃一惊的计划中的一部分。从泰迪·罗斯福冲上凯特尔山,帮助古巴将西班牙人赶出殖民地开始，古巴就一直深受美国企业的影响。在20世纪50年代，古巴一半的公共铁路、接近一半的蔗糖产业和90%的电力与电话运营企业都属于美国人。然而，自菲德尔·卡斯特罗1959年通过起义上台之后，一切都变了。卡斯特罗留着大胡子，是个性如烈火的革命者。他爱穿一身绿色的军用工作服，爱抽雪茄（当然是古巴雪茄），一心要消除美国给他的祖国带来的不良影响。古巴的美国企业被卡斯特罗的政府接管之后，美国人便终止了与古巴的贸易，于是卡斯特罗转而向苏联求助。一夜之间，距离美国海岸仅有90英里远的地方出现了一个共产主义阵营的国家。

约翰·F. 肯尼迪在1961年成为美国总统，时年43岁，是美国历史上最年轻的总统。他发现艾森豪威尔时期的美国政府对1 400名逃亡到美国的古巴人进行了秘密训练，训练计划的目的是让这些逃亡者在古巴的猪湾登陆，并聚集其他古巴人一起推翻菲德尔·卡斯特罗。肯尼迪对这个入侵计划心存疑虑，不过还是批准了它。他的疑虑被证明是正确的——入侵者刚刚登陆，就被古巴人轻松地一网打尽，让肯尼迪和美国丢尽了颜面。接下来的几个月里，卡斯特罗相信美国人并未放弃推翻他的努力。他的猜测也没有错——美国中央情报局（CIA）策划了几次异想天开的刺杀计划，其中包括在卡斯特罗最爱的雪茄中下毒，和在水下引爆一只大海贝（因为卡斯特罗喜欢潜水）。

正是在这一时期，赫鲁晓夫开始秘密地向古巴运送核武器，打算让美国人也尝尝"被敌人的导弹瞄准的滋味"。在长达几个月的时间里，这一行动都没有被美国人察觉。然而，高空侦察机 U–2 拍到苏联导弹的消息在 1962 年 10 月 16 日被上报给肯尼迪总统，肯尼迪被激怒了。他公开发出警告：如果苏联在古巴布置进攻型导弹，会导致"最严重的事态发生"，而苏联此前曾承诺不会做出这种行动。肯尼迪组建了一个秘密的执行委员会（ExComm），讨论如何做出应对。那些苏联导弹是否处于发射就绪状态？他的幕僚们认为暂时还没有，但很快就会就绪。陆军、海军、空军和海军陆战队的参谋长联席会议则建议对那些导弹基地进行轰炸。"我们当然……要消除这些导弹的威胁。"肯尼迪表示同意。但古巴是个大岛，从它的一端飞到另一端的距离约等于从纽约飞到芝加哥的距离。U–2 侦察机是否已经定位了每一枚导弹的所在地？"不可能达到 100% 准确，总统先生。"一名将军承认。毕竟，古巴岛上空常有云层遮盖。事实上，苏联人偷偷运进古巴的导弹的确比美国人知晓的要多，另外还将 4 万苏联部队运进了古巴（这些苏联军人不穿军服，而是穿格子衬衫，这让他们不容易被发现）。

此外，如果美国对古巴不宣而战，会令人想起日本对珍珠港的突袭，这样的联想不会令人感到愉快。肯尼迪最终决定把事实公之于众。"首都的紧张气氛暗示古巴事态"，《纽约时报》的头条这样写道。10 月 22 日，总统披露了古巴导弹的存在，整个美国为之震惊。美国海军立刻实施了"严格的封锁计划"：任何前往古巴的船只如果载有攻击性武器，都将被勒令返回。接下来的一天半里，整个世界焦急地关注着几艘接近古巴的苏联船只，这些船在抵达封锁线前就返航了。美国国务卿迪安·腊斯克大喜过望："我们面对面对峙，最后露怯的是对手！"但危机并没有结束。看上去,已经布置在古巴的导弹3天之内就能进入发射就绪状态。一旦就绪,它们在10分钟之内就能到达华盛顿,甚至纽约。"这会杀死多少人?"肯尼迪问道。答案是每枚导弹可以杀死60万人。"整个南北战争的伤亡人数也不过如此!"总统惊呼。他开始认为:"坐在世界对立两端的两个人竟有能力决定毁灭人类文明,这太过疯狂。"

赫鲁晓夫也产生了疑虑。他在给肯尼迪的信中承认:"如果战争真的爆发,那将不是我们的能力能够制止的,因为这就是战争的逻辑。我参加过两场战争,很清楚战争只有在碾过城市和村庄,到处播撒死亡与毁灭之后才会停止。"两天之后,他发出第二封信,坚持不会撤回他的导弹,除非肯尼迪撤回布置在土耳其的美国导弹。赫鲁晓夫表示,这场危机好比一条打着结、被敌对双方往两端拉扯的绳子,"总有一个时候,绳结会紧到让打结的人也无法解开,此时就只能将绳结剪断,那意味着什么无须我来向你解释,因为你自己也很清楚我们两个国家拥有何等可怕的力量"。总统最终决定接受赫鲁晓夫的交易提案,但只能暗中进行。美国布置在土耳其的导弹将再保留4到5个月,随后会被低调撤除。肯尼迪同时还愿意做出不再入侵古巴的承诺。

然而,直到后来被称为"黑色星期六"的10月27日,交易尚未正式达成,核战争的爆发却似乎已经不可避免。卡斯特罗认定美国人将要入侵他的祖国。驻古巴的苏军指挥官伊萨·普利耶夫将军报告说:"在我们的古巴同志们看来,黎明之前我们必然迎来美国人的空袭,我已经采取措施,将'技术产品'在作战行动区内疏散。""技术产品"是苏联人给核导弹起的代号。普利耶夫还说，如果美国人发动攻击，"我已决定使用一切可用的防空力量"。到了那个星期六早上，苏联雷达在古巴上空侦测到一架美国 U-2 侦察机。这是入侵开始的信号吗？苏联军官希望普利耶夫将军发出指令，却到处都找不到他。一阵犹豫之后，他们选择了开火。U-2 从天空坠落，导致机上的飞行员丧生。远在华盛顿的 ExComm 震惊了。"他们开了第一枪。"一名 ExComm 成员说。参谋长联席会议一致建议 3 天之内发动大规模空袭，摧毁那些导弹基地，肯尼迪却拒绝这样做。天知道大规模空袭会杀死多少苏联人，天知道苏联会做出什么样的反应——此时就只能将绳结剪断，那意味着什么无须我来向你解释。

星期六傍晚，肯尼迪向赫鲁晓夫开出了他的交易价码，然后开始等待。美国国防部长罗伯特·麦克纳马拉在这个美丽的秋日看着夕阳西下，心中却在担忧自己也许"无法活着看到下一个星期六夜晚"。

赫鲁晓夫在星期日早上会见了他的幕僚。为了"避免可能毁灭人类的战争和核灾难的危险"。他说他已经做出了决定，"要挽救世界，我们只能退却"。导弹将被撤除。当消息传到肯尼迪耳中时，他的反应是："我宛如获得了新生。"半年之后，布置在土耳其的美国导弹也被撤除了。

古巴导弹危机从开始到结束只有 13 天。在漫长的历史中，它连雷达屏幕上的一个小小光点都比不上。然而正是这个光点险些让我们所熟知的世界毁于一旦。迪安·腊斯克曾吹嘘说:"最后露怯的是对手。"然而最后肯尼迪和赫鲁晓夫双方都选择了退让,这对他们中的任何一人都是艰难的决定。苏联领导人放弃了首先向美国发射核导弹,令卡斯特罗暴跳如雷。在拒绝他的军事幕僚的提议时,肯尼迪同样展示了巨大的勇气。(肯尼迪曾抱怨说:"这些将军们在这场赌博中占了巨大的便宜——如果我们听从了他们,采取了他们希望我们采取的行动,就不会有人活下来让他们知道他们是错的。")站在核战争的边缘,赫鲁晓夫看到了"死亡与毁灭",肯尼迪则看到了一个"被火焰、剧毒、混乱和灾难"毁灭的地球,因此两人都向后退让了。

整个世界的人都松了一口气,继续过他们的生活。

第三十六章　是你，是我，或者是他

有时候，历史的中心似乎永远都是那些大人物，如肯尼迪总统所言："坐在世界对立两端的两个人"可以决定是否要"毁灭人类文明"。然而历史同样在底层发生。不为人知的普通人也能做出大人物绝不敢做的事，也能推动历史前行。在古巴导弹危机之后的那一年，肯尼迪就目睹了这一切：25万美国人来到华盛顿，重拾自由与奴隶制之间未完成的斗争。

我们已经看到，平等和不平等之间那令人不安的张力贯穿美国历史的始终。在殖民地时期，当平等理念开始传播时，奴隶制也在发展壮大。后来，当废奴主义者们开始声讨"特殊制度"时，棉花带来的繁荣和工厂体制却让奴隶制变得更难于消灭。消灭奴隶制的代价是一场内战。在这场惨烈的战争中死去的美国人，比在独立战争、1812年战争、美墨战争、美西战争、朝鲜战争、第一次世界大战和第二次世界大战中死去的美国人加起来还要多。

即便如此,在奴隶解放运动取得胜利之后,美国社会却由于种族隔离政策而愈加分裂。曾经的蓄奴州通过各项法律,保证不同种族的人上不同的学校,住不同的旅馆,进不同的医院,用不同的公共饮水龙头。亚拉巴马州禁止白人和黑人一起玩跳棋。俄克拉何马州为白人和黑人分别修建了电话亭。黑人与白人之间的分界取代了奴隶和自由人之间的分界,并因野蛮的私刑而得到前所未有的强化。

非洲裔美国人并没有保持沉默。1883年,在田纳西州的孟菲斯,年轻的学校教师艾达·韦尔斯起诉了C&O铁路公司——她被逐出了一等"女式车厢",因为她是黑人。韦尔斯后来成了一名记者,大力呼吁反对私刑,以致不得不离开孟菲斯以保全性命。她认为大声表达意见,"死于与不公的斗争",总比"像一条狗或是一只老鼠一样死在笼子里要好"。韦尔斯只是许多发出声音的人中的一个。1910年,一些黑人和白人共同建立了全国有色人种促进协会(NAACP)。NAACP致力于争取"法律面前人人平等"。在20世纪30年代和40年代,NAACP最出色的一名律师瑟古德·马歇尔❶开着他"又破又老又小的1929年福特车"周游南方,为寻求正义的非洲裔美国人提供法律援助。最高法院曾在1896年裁定:只要被隔离双方拥有平等的设施,种族隔离就是合法的。马歇尔却在法庭上证明了所谓平等的设施并不存在——如果为黑人设置的州立法学院只有

---

❶ 瑟古德·马歇尔(1908—1993),后来成为最高法院大法官,是第一位担任此职的非洲裔美国人。后文"布朗诉托皮卡教育委员会案"的原告律师。

5名教授,而白人的法学院有19名教授,就难有平等可言。然而NAACP渐渐开始不满足于这种努力,他们提出:"隔离但平等"在理念上就是完全错误的。

1954年,最高法院终于认同了他们的看法。在堪萨斯州的托皮卡,非洲裔美国人奥利弗·布朗起诉了地方教育委员会,因为离他家只有几个街区的地方就有一所白人学校,而他8岁的女儿琳达每天早上都不得不通过一个危险的铁路车辆段,才能到黑人学校上学。在"布朗诉教育委员会案"中,9名法官一致同意种族隔离违宪。种族隔离的设施永远都是不平等的,因为它们会导致一种"低人一等的感觉",在学生"心中和头脑中造成几乎不可能消除"的影响。

已经延续了一个世纪的习惯不会如此轻易地被改变。100多名南方众议员联署了一份公开信,鼓动他们各自的州挑战法院的裁决。由法律确保的种族隔离制度在南方大部分地区仍然保留着。此后,在亚拉巴马州蒙哥马利的一辆公共汽车上,女裁缝罗莎·帕克斯拒绝为一名上车的白人男子让座,因此被捕入狱。帕克斯并不想找麻烦,但她也不愿意逆来顺受。当NAACP问帕克斯他们是否可以用她的案子在法庭上挑战种族隔离制度时,她有些犹豫。"白人会杀死你的,罗莎。"她丈夫警告她,而且并非虚声恫吓。然而帕克斯还是同意了。当天晚上,一群黑人女性举行秘密集会,印刷了一本小册子,呼吁人们更大胆地抗争。"又一名黑人女性因为不肯让座而入狱了,"她们写道,"除非我们采取行动制止这种逮捕行为,否则这样的事还会发生,下一个也许就是我们中的任何一个。这名女性的案子将在周一宣判。我们在此请求每一位黑人同胞在周一拒乘公交车，抗议这次逮捕和审判。"城里新上任的牧师马丁·路德·金被推举为抵制行动的领袖。周一晚上，当金和一位友人开车前往集会时，一场交通堵塞迫使他们下车走完剩余的路程——超过5 000人前来参加集会，将街道堵得水泄不通。

金在教堂里对人群发表了演说，教堂外也安装了扩音器，让没有挤进去的人群也能听到。他的演说开场很平静，随后变得越来越充满力量。他解答了为何有这么多人前来："总有一个时候，人们会感到忍无可忍。"奴隶制在近一个世纪前就结束了，取而代之的是种族隔离。"布朗诉教育委员会案"推翻了种族隔离，但非洲裔仍被当成皮球踢来踢去，被当成二等公民差别对待。除了抗争，他们别无选择。人群中爆发出一片欢呼声和"阿门"声。然而金不只是要传达一个抗议的信息，他还有一套方法——使用爱和非暴力行动来达成他的目标。他读过亨利·戴维·梭罗关于拒绝服从不公法律是一种道德责任的论述。在神学院读书时，他还研究了圣雄甘地如何运用非暴力策略使印度从英国独立出来。面对暴力和威胁，他告诉听众要坚定立场，但不要以暴易暴。不会有蒙面的黑人半夜把白人从家中拖出来野蛮杀害，不会有焚烧十字架的行为，也不会有暴徒夜间在路上游荡。金向听众做出承诺，如果他们遵循这些原则，历史将会这样铭记他们："曾经有一群伟大的人，一群伟大的黑人……他们在捍卫自己的权利时，仍不失道德上的勇气。"

蒙哥马利的黑人社区行动起来了。城里的公交车空空荡荡，让公交车公司每天损失超过3万单车费。要让抵制行动日复一日甚至月复一月地持续下去，需要付出超人的努力。数以百计的司机自愿用他们的私家车和出租车帮助需要上班的居民。第二年，金的房子遭到炸弹袭击，他和其他一些人还遭到逮捕，被指控伪造车票和威胁警车。但最高法院最终站在了罗莎·帕克斯一边，蒙哥马利的黑人公民们胜利了。

　　他们也为民权斗争树立了一个典范：各个组织在行动协调中发挥了重要的作用。NAACP仍在努力。金和其他牧师组建了南部基督教领导同盟（SCLC），除此之外，还出现了种族平等大会（CORE）、学生非暴力行动协调委员会（SNCC，读作"斯尼克"）。然而这些组织的发展都有赖于普通人的努力——往往是普通人自己踏出了决定性的一步。罗莎·帕克斯是这样做的，那些在深夜印刷小册子的女性是这样做的，大学生约瑟夫·麦克尼尔也是这样做的。麦克尼尔在1960年1月的一天晚上外出就餐，却被告知："我们这里不为黑人提供服务。"第二天，他和他的室友们决定在北卡罗来纳州的格林斯伯勒一个实行种族隔离的便餐馆举行"静坐"抗议，直到他们得到服务。吃惊的经理关闭了柜台。第二天，27名学生加入静坐。第三天，静坐者增加到63人。到了那个周末，已经有1 600人加入静坐的队伍。店主最终屈服了。这样的便餐馆静坐行动从一个城市扩展到下一个城市，为黑人们打开了一个原本"白人专属"的世界。

　　看到这样的行动，当权者往往会感到迷惑、震惊，或是恐惧。艾森豪威尔总统和肯尼迪总统都不是种族隔离主义者，但他们都尽力避免卷入这场为在学校、公交车和餐馆中取消隔离的斗争行动。"情感是这种行为最深的动力,"艾克评论说,"那些告诉我说可以通过强力做到这些事的人根本就是白痴。"当一群暴徒在阿肯色州的小石城阻止9名该校首批黑人学生进入小石城中央高中时,艾森豪威尔别无他法,最终决定派出联邦军队。肯尼迪则看到了一场更血腥的事件爆发。当时一群黑人志愿者乘坐灰狗公司和旅途公司的巴士在南方旅行,呼吁取消候车室的种族隔离制度。这些"自由乘车者"中有黑人,也有白人。他们遭到足足数千名暴徒的阻挠。这些暴徒对他们拳打脚踢,有的还使用铅管,让"自由乘车者"们血流满面,甚至牙齿脱落。有一次,暴徒们甚至伏击了一辆巴士,打算点燃它,把车上的"自由乘车者"们活活烧死。肯尼迪在1960年大选中的胜利有赖于南方白人的支持,他深知这些支持者希望联邦军队不要介入南方。但暴力变得越来越严重,让总统不得不派出联邦警察为"自由乘车者"的巴士提供保护。

报纸上那些关于抗议者被打伤的头条令人不安。部分出于消灭这些头条的原因,司法部长罗伯特·肯尼迪(总统的弟弟)鼓励黑人领袖们不要老把注意力集中在取消学校、公交车和候车室的种族隔离制度上——为什么不集中力量争取让非洲裔美国人获得投票权呢?从19世纪晚期直到此时,只有很少一部分南方黑人获得了投票权。只要选举官员们乐意,他们就可以轻易地拒绝让选民登记。罗伯特·肯尼迪相信反对选民登记的白人可能会少一些。他认为,毕竟投票站和学校有所不同,在学校里人们才会抱怨:"我们不想让我们金发碧眼的小女儿跟黑人一起上学。"然而事实证明他大错特错。

SNCC的学生们率先站了出来。他们走遍深南，鼓励那些从来不敢去投票的黑人农民去投票站。然而暴力愈演愈烈。种族隔离主义者们对黑人使用燃烧弹、殴打他们，甚至残忍地谋杀他们。在这样充满敌意的环境里生活令人无法承受。"如果你带某人去做投票登记，你就会被两车白人跟踪，"一名志愿者回忆道，"也许他们什么都不会做，但你无法确定。也许他们会从车里出来，用鞭子抽你。""布朗诉教育委员会案"过去了10年，仍有2 000多个南方学区保留着种族隔离制度。联邦官员不愿意介入，北方白人对此也很少关注。"我们需要一次危机来讨价还价，"金的一名助手建议道，"希望通过低调的手段来博取白人的帮助是没有效果的。"针对美国种族隔离最为严重的城市——亚拉巴马州的伯明翰（Birmingham），金和SCLC策划了一次非暴力抗议来引起全国的注意。伯明翰在民权运动工作者中有"爆明翰"（Bombingham）之称，因为"二战"之后那里曾发生过约50起恐怖主义爆炸。这座城市的警察长官"公牛"康纳发誓将制止任何抗议。

面对康纳的强大警力，面对着他们的头盔、警棍和枪口，金派出了一群弱小无力的抗议者。他孤注一掷地召集了1 000名儿童——有的10多岁，有的只有6岁——让他们唱着抗议歌曲，跳着舞，拍着手，走出第16街浸信会教堂。此举令"公牛"康纳的部下们大吃一惊，但他们还是驱赶这些孩子，并把他们拖进了监狱。抗议者们将这一天称为"逃课日"，他们还保证下一次会有另外1 000名孩子出来游行，那将是"第二个逃课日"。康纳被激怒了，他命令部下发起进攻，对抗议者和围观者一视同仁地殴打。他放出警犬攻击抗议者，用上了电击赶牛棒，还打开了压力足以撕开树皮的高压消防水龙。这些事件的新闻照片传遍了全国和整个世界。从前不曾留意的北方人被吓坏了，连肯尼迪总统也承认这些照片令自己感到"恶心"。伯明翰的商界领袖们告诉康纳必须让抗议结束，他们制订了一份在便餐馆和其他公共场所取消种族隔离的时间表。总统也首次向国会提交了一份强有力的民权法案❶，该法案授权联邦政府采取行动，取消学校中的隔离制度，并保障公民的投票权。"只有当每一个公民都是自由的，"肯尼迪宣布，"这个国家才会真正自由。"

3个月后的1963年8月，25万名美国人参加了"向华盛顿进军"行动，表达对民权法案的支持。到了此时，肯尼迪仍然保持谨慎。他说："我们要的是让国会通过法案，而不仅仅是国会山上的一场大型表演。"然而人们仍然蜂拥而至。整个国家都听见了金的演讲。他提醒美国人：100年前，林肯就已经发表了《解放奴隶宣言》。他说：

> 我有一个梦想。有一天，在佐治亚的红色山丘上，昔日奴隶的子孙和昔日奴隶主的子孙可以坐在同一张友爱的餐桌上……
>
> 让自由之声响起来……让自由之声从佐治亚的嶙峋石山响起来，让自由之声从田纳西的卢考特山响起来，让自

---

❶ 指《1964年民权法案》。该法案认定基于种族、肤色、宗教、性别、来源国的歧视为非法，至今仍是美国历史上最重要的立法成就之一。

由之声从密西西比的每一座丘陵响起来，让自由之声从每一片山坡响起来。当我们让自由之声响起，从每座小镇、每个村庄、每个州、每座城市响起来时，我们就能让那一天提前到来。那时，上帝的所有儿女——黑人和白人、犹太教徒和非犹太教徒、新教徒和天主教徒——都将携手共唱一首古老的黑人灵歌："终于自由啦！终于自由啦！感谢全能的上帝！我们终于自由啦！"

这场演说成为民权运动的顶峰，然而并非民权运动的终点。伯明翰事件之后的3个月里，整个南方发生了近800起抗议事件，超过15 000名抗议者被逮捕。第16街浸信会教堂也发生了炸弹爆炸，导致4名黑人女孩丧生。平等与不平等再一次以令人不可思议的方式携手登场：如果没有"公牛"康纳的野蛮打击，金在伯明翰的抗争永远不会成功。那么多的年轻人不顾"下一个也许就是你，是我，或者是他"的警告，站了出来，同样令人震惊。

换作我们，会怎么做？"我们会去游行"这句话现在说起来自然轻松，但我们应该知道当年做出这样的决定无比困难。在蒙哥马利抵制公交车运动中，金家厨房中的电话曾经响起，电话那头的声音警告他：如果不离开这座城市，我们会炸掉你的房子，让你脑袋开花。金回忆道："我无法继续忍受下去。"他满心痛苦，试图"找到一个能让自己离开同时又不显得懦弱的办法"。他大声祈祷，然后听到心中一个声音响起："马丁·路德，你要为正义挺身而出，为公平挺身而出，为真理挺身而出。

你看，我会和你在一起，直到世界尽头都会和你在一起。"

他需要他能集聚的每一分力量，因为民权运动已经引发了一场雪崩，这场雪崩不会止于民权本身。它艰难地走过了20世纪60年代剩下的年头，在无数个方面改变了美国人的生活。

第三十七章　雪崩

我们很容易认为民权运动就像一个滚下山的雪球一样，随着越来越多的人加入，变得越来越大，越来越快。但历史运行的方式并非如此。没错，罗莎·帕克斯在1955年拒绝让出她在公交车上的座位，点燃了一场抗争之火。然而当艾达·韦尔斯在1883年拒绝离开种族隔离的车厢时，造成的影响却小得多，因为当时的美国社会并未准备好迎接一场民权革命。因此，与其将民权运动想象为一个雪球，不如将其想象为一场雪崩。雪花日复一日、周复一周地在山坡上堆积，然后，也许在某个晴朗而平静的日子里，一块滑雪板带来的压力就足以让积雪向每一个方向崩塌。个人行为在这场雪崩中起到了关键作用，但这些行为需要合适的条件。在艾达·韦尔斯的年代，大多数非洲裔美国人还在相互隔绝的南方农场上工作，让联合抗议变得困难重重。到了20世纪，在南方和北方都有数百万黑人离开农场进入城市。第一次静坐、第一次"自由乘车",都是积聚了数十年之久的压力发出的信号。接下来的雪崩让社会的每个角落都发生了地震,而不仅限于民权领域。各路美国人开始再次提出那些已经争论多年的问题:所谓自由到底意味着什么?意味着平等吗?在这样一片混乱与分裂之中,如何才能找到自由之路?

民权运动首当其冲,在雪崩面前产生了裂痕。针对"自由乘车"、静坐和游行展开的暴力行动令一些民权运动者放弃了马丁·路德·金的非暴力理想。黑人宗教团体"伊斯兰民族"长期以来一直拒绝消除隔离,并呼吁非洲裔美国人为自己划出独立的空间。"非暴力抵抗的时代结束了。"该组织最有名的领袖马尔科姆·X宣称。马尔科姆倒在其仇敌的枪口之下,但其他非洲裔美国人记住了他的呐喊。"我们口呼'自由'已有6年之久,却依然两手空空,"年轻的黑人领袖斯托克利·卡迈克尔也大声疾呼,"现在我们的口号将会是'黑人权力'!"

这些观点的传播远远超出了南方的边界。北方各州并没有种族隔离的法律系统,但种族隔离的现象仍然广泛存在。大多数想要迁入城市周边整洁白人社区的北方黑人都会受到阻挠。他们被迫进入衰败的市区,那里失业率极高,看不到希望。随着南方的抗议愈演愈烈,北方黑人的怒火也熊熊燃烧起来。金领导伯明翰游行之后数周时间里,全国各地的城市就发生了750起骚乱事件——商店遭到洗劫,汽车被焚毁,建筑被纵火。接下来的几年中,芝加哥、纽瓦克和洛杉矶都发生了大规模骚乱。

同时,民权运动雪崩的影响范围超出了非洲裔群体,墨西哥裔美国人中也积聚着类似的压力。在美国的新移民征服今天美国的西南部之前，西班牙裔已经在这里生活了许多年。更晚些的移民则从南方的墨西哥进入美国，或是到农场上工作，或是修建铁路，或是进入城市谋生。与黑人民权运动领袖们所做的一样，墨西哥裔美国人多年来也一直组织着自己的运动。在得克萨斯州南部，包括古斯塔沃·加西亚在内的拉丁裔律师们一直在法庭上和校园中努力消除种族隔离。古斯❶在高中时曾作为毕业生代表致辞，"二战"时在陆军中服役，此后成为一名民权活动家。他的对手们质疑说：墨西哥裔在得克萨斯没有遭遇种族隔离——他们被视为白人而不是黑人。加西亚反击道：如果真的是这样，为何25年来从未有一名拉丁裔公民进入得克萨斯州南部地区的白人陪审团？为何他们此刻所在这座法院的"有色人种专用"厕所外挂着西班牙语标志，写着"Hombres aqui"（男士在此）？案件最终上诉到最高法院，加西亚和另两名律师专程前往华盛顿为之努力抗辩。这是一个货真价实的"乡巴佬"律师团，加西亚如此自嘲——他们险些付不起一路的车费和住宿费，以致加西亚不得不睡在旅店的沙发上。然而在更著名的"布朗诉教育委员会案"在最高法院开庭之前两个星期，加西亚的申辩在"埃尔南德斯诉得克萨斯州案"❷庭审中取得了胜利：最高法院裁定拉丁裔和其他族裔群体

---

❶ 古斯，古斯塔沃的昵称。

❷ 埃尔南德斯诉得克萨斯州案，皮特·埃尔南德斯因谋杀被定罪，但加西亚等律师认为得克萨斯州存在制度性的将墨西哥公民拒绝于陪审团之外的现象，因此一路上诉。最高法院对此案的判决是墨西哥裔美国人民权运动中的里程碑事件。

不得受到区别对待,此时是1954年。

1965年,雪崩开始撼动加利福尼亚州的葡萄园。言辞温和的劳工领袖塞萨尔·查韦斯从这里发起了一场抗议。查韦斯对农场工作了如指掌。他父亲在大萧条时期被迫卖掉了自己的农场,那时塞萨尔只有6岁。此后他父亲就只能一份接一份地做着报酬低廉的工作,开着他家那辆破旧的雪佛兰汽车,随着各地作物成熟季的到来而四处奔波。有的流动工人整天在加利福尼亚的烈日下弯着腰,采摘生菜或是葡萄,另一些则在艾奥瓦收割甜菜,或是在亚利桑那为棉田松土。他们不得不住在破烂的棚屋甚至帐篷里,只要有清洁的饮水和干净的厕所就算是谢天谢地。这类工作很少有美国白人愿意做,所以大多数从事者都是墨西哥劳工或是其他新移民,比如菲律宾人。

查韦斯一次又一次看到,工会试图将劳工组织起来,要求更好的工作条件和更高的工资,却遭到大农场主们的阻挠。农场主们往往在这类斗争中占据优势。然而有一天,查韦斯在梦中突然意识到,农场主们并非都那么强大,这一切"只是因为我们太弱小。如果我们能自己培育出某种力量……就能让力量对比发生变化"。于是他和另一位活动家多洛雷丝·韦尔塔一道,发起了一次葡萄采摘工罢工。罢工工人们采取了马丁·路德·金的非暴力策略,徒步250英里,前往加利福尼亚州首府萨克拉门托请求人们关注他们的斗争。抗议者们在行进中高唱"Nosotros venceremos",这是民权运动歌曲《我们必将胜利》的西班牙语版本。查韦斯呼吁全体美国人都停止购买超市出售的葡萄,这是直击农场主们钱袋的策略。多洛雷丝·韦尔塔指挥了这场抵制葡萄运动。罢工持续了5年之久，最终各大农场逐渐同意与查韦斯的"农场工人联合会"签署协议。

早期的静坐抗议和"自由乘车"靠年轻人的努力取得了成功，而如今的雪崩将各地的年轻人都卷了进来。北方的白人学生们在帮助南方黑人选民进行投票登记之后，其中数百人回到校园。此时他们脑中已经有了关于自己生活的新想法。他们中许多人开始谴责"体制"，谴责巨无霸式的大学和不够人性化的大课堂。他们拒绝对他们的穿着指手画脚的着装规范，也拒绝遵守要求学生必须在某个时间前回到宿舍的宵禁制度。各个大学还常常禁止政治抗议活动，于是学生们提出质疑：为何在南方可以为自由而抗议，在学校里反而不行？

一些学生占领了校园内的建筑，在他们的要求得到满足之前拒绝离开，另一些人则干脆彻底离开了学校。加利福尼亚州的旧金山和伯克利吸引了许多这样的自由灵魂。他们被称为嬉皮士，留起长头发，穿色彩鲜艳的扎染T恤、喇叭裤，脖子上戴"爱情珠"。他们中有的人建立起乌托邦式的社区，正如19世纪40年代革新主义者聚居在布鲁克农场，或是摩门教徒聚居在诺伍。这些新一代理想主义者一起努力，将许多铝合金三角连成框架，建成他们的居所。这些建筑被称为大圆弧穹顶，其外壳类似一个拱形而有棱角的大肥皂泡。"所有人都忙于建造他们自己的穹顶，"加利福尼亚州圣克鲁斯山的一名公社领袖描述道，"一切都出于自愿，没有人指手画脚……50个人共用一个水槽、一台洗衣机和一个厨房……会有很多问题……但如果你能多给它一点儿时间，你就会对自己和他人产生可喜的了解。"

从一开始，像罗莎·帕克斯和多洛雷丝·韦尔塔这样的女性就在民权运动中发挥了重要作用。许多在南方登记选民的北方志愿者都是年轻女性，她们不顾父母的反对来到这里。"你们觉得如果我爱你们就不该这样做，这让我很难回应，"一位女儿在给家里的信中说，"总有一天，你不得不做父母不同意的事情。"许多女性开始思考，如果社会习俗不允许她们做所有男人能做的事情，她们能否真正获得自由和平等。

第二次世界大战成为许多女性离开家庭外出工作的起点。战争结束后，这些女性希望能继续工作，然而随着数百万士兵回到家乡，她们被迫回归家庭。20世纪50年代的婴儿潮也让母亲们忙于养育孩子。"女性这种神奇的物种，"《展望》杂志曾感叹道，"结婚从未像现在这样早，生孩子越来越多，外表和举止也远比从前更女性化。"并非所有家庭妇女都为此感到高兴。一名妇女曾向记者贝蒂·弗里丹坦承："兴趣爱好、园艺、做腌菜、做罐头……这些我都能做，也都喜欢，但这些事不会让你有所思考。"一名女性即便在外工作，也被视为"二等公民"。男性常会打击试图从事医生和律师等职业的女性，比如宣称这些职业"不适合女性"，报纸也把"需求男性"和"需求女性"的招聘广告分开刊登。与男性从事同一种职业的女性得到的报酬也比男性要低。贝蒂·弗里丹想写一篇文章讨论现代女性受到的限制，这个想法却遭到各女性杂志的男性编辑拒绝。"贝蒂这是发疯了吧？"其中一人如此评论。于是弗里丹改为写了一本书：《女性的奥秘》。这本书风行一时，证明女权主义——由女性领导、为女性谋利益的运动——有力量制造一场自己的雪崩。弗里丹和她的几位友人共同创建了全国妇女组织（NOW），打算以此推动政治领域的改革。

也许你会以为民权运动改革家们会愿意加入女权运动，然而此时的情况较之男性废奴主义者拒绝柳克丽霞·莫特参加反奴隶制大会的1840年并无多少改观。1967年，在一次名为"新政治"的会议上，一名女权主义者请求会议出席者推动性别平等。一名手持麦克风的男子拍了拍她的头，说："别凑热闹了，小丫头。我们有更重要的事要讨论。"一些更年轻的女性得出结论：要改变更广大的世界，女性需要先解放自己。这些改革者想出了举行小规模会议的办法，探索各种女性仍未获得平等地位的领域，这些会议被称为"意识觉醒"。为什么男孩就被鼓励成为科学家和体育健将，而女性就应该玩洋娃娃？为什么商界领导者中的女性如此稀少？就连语言似乎也倾向于男性：委员会主席被称为"chairman"，维持社会秩序者被称为"policemen"。这些小问题可能不值一提，然而正是诸如此类的词汇让人们容易认为这些工作属于男性，非女性所能涉足。

不可避免地，观念和行动的雪崩也对政治领域产生了冲击。肯尼迪总统已经向国会提交了民权法案，但在草案变成法律之前，他就在访问得克萨斯州达拉斯期间遇刺身亡。狙击手名叫李·哈维·奥斯瓦尔德，从一个库房的窗户对肯尼迪开了枪。（这名行为异常的刺客刺杀肯尼迪的动机至今不明。）整个国家陷入哀痛之中，而美国人也开始好奇下一位总统将会采取什么样的路线。肯尼迪是出身马萨诸塞州的北方人，而林登·贝恩斯·约翰逊却来自得克萨斯州的丘陵地区。约翰逊在艾森豪威尔时代担任参议院多数党领袖，以善于协调著称。他通过恭维、游说和施压等手段获得许多议员的支持。约翰逊身高 6 英尺 4 英寸 ❶（与林肯并列为美国历史上个子最高的总统），跟人们交谈时总是身体前倾，抓住他们西装的翻领，给他们来点儿"约翰逊式优待"，直到对方同意他的要求。一些人认为身为南方白人的约翰逊会反对民权运动，但他看出时代已经发生了变化。他曾说："如果不支持民权法案，我在开始干活前就会完蛋。"此外，女权主义者们又为这条法案增加了"不得歧视女性求职者"的条款。

民权法案通过之后，约翰逊又提出了投票权法案，该法案禁止了读写测试等阻止非洲裔公民参加投票的花样。约翰逊声称："这是整个美国自由历史上最重要的法案之一。"他没有说错。随着这个法案的通过，非洲裔公民的投票人数达到了重建时期以来的新高。

如果有政治家能控制雪崩的力量，约翰逊必定是其中之一。他决意通过的一系列法律具有重大的历史意义，甚至超越了富兰克林·罗斯福的新政。即使在 20 世纪 50 年代的繁荣期间，美国仍有超过 4 000 万人生活在贫困之中，而且这一数字还在不断增长。约翰逊总统向贫困开战了。他运用"约翰逊式优待"，促成国会通过了一条又一条法律。向贫困农民发放贷

---

❶ 约等于 1.93 米。

款的法案获得通过；向流动农场工人提供援助的法案同样获得通过；向失业者传授新技能的就业中心计划也出台了。约翰逊曾回忆起自己还是一名年轻教师时的光景。那时候许多墨西哥裔学生来上课时"饿着肚子，连早饭都没有。当你看到贫穷和仇恨给人们留下的创伤，你就不会忘记它们有多么可怕"。总统开始号召美国人建设一个"伟大社会"，让每个人在生活中都能获得真正平等的机会。在政府新计划的帮助下，有需求的公立学校得以购买书籍和仪器。"先行计划"让穷人的孩子上得起小学，还资助了知名的教育电视节目《芝麻街》。疾病是造成老年人群贫困的重要原因，为此约翰逊创建了新的健康保险计划，让医疗保险制度成为老年人的安全网。他还为贫困人口带来了与此相似的医疗补助计划。约翰逊就任总统后的两年内，国会通过了50条法律，称得上是另一场真正的雪崩。在这场再造国家的努力中，有不少计划未能达到其目的，或者造成了浪费，然而"伟大社会"计划仍然不失为进步主义者所开启的积极政府运动的巅峰。

如果有任何人能让一场雪崩为己所用，约翰逊必定是其中之一。然而事实是没有人拥有这样的能力。在打算对付那个遥远亚洲国家里发生的战争时，约翰逊深切地认识到了这一点——尽管这场战争起初看起来微不足道。

第三十八章　保守主义转向

　　与古巴导弹危机相比，在万里之外的越南发生的冲突似乎只是个小插曲。为了赶走法国殖民者，让越南成为一个独立国家，共产主义革命家胡志明已经不倦地奋斗了30多年。1954年，他的军队终于在奠边府山谷的一场决定性战役中取得胜利。漫长的斗争让胡志明变得头发花白、胡须干枯、牙齿脱落不全，"皮肤看上去就像用旧的纸"，然而他还没有取得完全的成功。一份国际条约将越南划分为北越和南越，胡志明控制着北部，并希望赢得即将到来的南部选举。但美国人的盟友、南越总统吴廷琰拒绝举行选举。支持胡志明的"越共"❶发起了一场旨在统一国家的游击战争。艾森豪威尔总统担心如果南越被共产主

---

❶ 越共，指越南南方民族解放阵线，是越南战争期间越南劳动党（1976年改称越南共产党）在南越成立的统一战线组织，被欧美和南越称为"越共"，不同于中文作品里用"越共"来简称的越南共产党。

义者控制，其周边国家将纷纷效仿。他解释说："这就像你竖起了一列多米诺骨牌，如果第一块被碰倒，其余骨牌很快也会倒下。"为了击败"越共"，艾森豪威尔向越南派出了700名军事顾问，约翰·F.肯尼迪则增派了数千人。然而吴廷琰是个独裁者，不仅不得民心，也不得将领们的爱戴。肯尼迪在达拉斯遇刺之前3个星期，吴廷琰被南越军人绑架并杀害。

林登·约翰逊在越南问题上犹豫不决。一方面，他希望他的"小伙子们……去那些丛林里狠狠教训共产党"，另一方面，他又对需要多长时间才能取胜感到担忧。他曾说感觉自己就像一条鲶鱼，刚刚"叼住了一条肥美多汁的虫子，没想到虫子里却藏着一只锋利的鱼钩"。"越共"仍在向前挺进，约翰逊则像鲶鱼一样被牢牢钩住。用1965年的用词来说，总统开始"逐步升级"这场战争。他先是派出飞机，对向越南南方民族解放阵线提供补给的"胡志明小道"进行轰炸，但这就意味着需要在南越修建一座空军基地，而基地就需要士兵来保卫，于是约翰逊紧接着派出了几千名海军陆战队士兵。战争规模像一部节节升高的电梯一样逐步升级。接下来，为了发动攻势，美国派出了4万名军人。几个月后，驻越美军指挥官威廉·威斯特摩兰将军请求增援5万人。年轻的美国小伙子们收到了征兵卡，随时准备被征召入伍。到了1968年，越南战场上已有超过50万美军。在越南的美国空军基地成为世界上最繁忙的机场。这场战争每个月都要让美国付出20亿美元。

尽管投入了那么多人力，花了那么多钱，胜利的希望却依然渺茫。如何才能取胜呢？从空中轰炸吗？茂密的丛林令胡志明小道上的士兵和补给车辆难以被发现。将南方游击队从村庄里赶出去吗？也许有效，但美国军人不可能在多得数不清的小村庄里长期驻扎。"越共"会在丛林中匿迹，待美国人一离开就返回村庄。威斯特摩兰将军不满足于用征服了多少土地来衡量战果，将新的标准改成了消灭多少"越共"。随着"毙敌人数"的增长，这位将军宣布他已经能"看到隧道尽头的亮光"。碰巧，一位法国指挥官在1953年也说过同一句话，之后他就被胡志明击败了。1968年，在被越南人称为"元旦节"的新年期间，"越共"发起了一连串突袭，其中包括一次对美国大使馆的袭击。尽管这场攻势被打退了，但"隧道尽头的亮光"似乎变得更加暗淡。

战争在美国国内造成了巨大的分裂。鹰派认同艾森豪威尔的多米诺骨牌理论，认为共产主义必须被击退，否则就会四处扩散。而鸽派则呼吁和平，其中包括许多已经为民权运动走上街头的大学生。鸽派认为美国的所作所为无异于支持一个独裁政权。此外，美国在越南投下的炸弹数量已经超过了它在整个"二战"期间的投弹量，到了后来，就连约翰逊的国防部长、一度支持战争的罗伯特·麦克纳马拉也改变了观点，辞去了职务。麦克纳马拉坦承："世界最强的超级大国为了让一个落后的小国屈服，每个星期都杀死或重伤上千名非战斗人员……这样的画面令人无法接受。"同民权运动中的抗议者一样，反战者的力量越来越大，以致约翰逊在1968年宣布他将不再寻求连任。这位自由主义改革者此时已经成了一个不受欢迎的战争贩子。

终于，两场雪崩各自造成的冲击波发生了碰撞。马丁·路德·金将反战抗议纳入了他的民权斗争之中。4月,金在孟菲斯遭到一名种族隔离主义者枪击,不治身亡。他去世的消息在包括首都在内的30多个城市引发了骚乱。罗伯特·肯尼迪——遇刺的前总统的弟弟——也站出来反对战争并投入了总统竞选。然而在金去世之后两个月,罗伯特·肯尼迪也遭枪击身亡。杀死他的人是一名年轻的巴勒斯坦人,他因罗伯特支持以色列而感到愤怒。同年夏天,民主党大会在芝加哥召开。抗议者和警察在这里发生了冲突。抗议者投出鸡蛋、石块和装着油漆的气球。一些警察则摘掉警徽冲入人群,一边高喊"杀死他们,杀死他们",一边挥舞警棍。一名目睹了这场暴行的记者在他的笔记本上写下四个词:"民主党完了"(The Democrats are finished)。

一语成谶。共和党人理查德·尼克松在1968年大选中胜出。尼克松在50年代曾致力于搜捕共产党间谍,并在1960年竞选总统。那一次他失败了,但是8年后他取得了胜利。他宣称自己已经成为"新尼克松",将在越南造就"光荣的和平"。尼克松明白,让许多美国人感到厌倦的不只是战争,还有许多别的东西,比如似乎看不到尽头的街头抗议浪潮、骚乱和暴力,还有那些长头发嬉皮士——他们整天唱着高调,要求改变,似乎是在嘲讽老派的价值观。尼克松则向他称之为"被遗忘的美国人……沉默者、非示威者"群体表示了善意。他对约翰逊的"伟大社会"计划发起攻击,承诺将不再"把数十亿美元花在那些失败的计划上"。尼克松的胜利,表明60年代的革命者无法将他们的运动无休止地进行下去。1968年的这场选举成为动荡不安的社会的一个转折点，美国从此转向更传统更保守的价值观。

这次转折并不完全，也不迅速。雪崩在几分钟内就滑下山坡，而这次转折对社会造成的震动要在多年之后才显现出来。与其说尼克松是一个骨子里的保守派，不如说他是个现实主义政客，如果他认为进步主义观念有用，他会毫不犹豫地吸收它们。当经济陷入衰退而油价和日用品价格飙升时，尼克松发布命令，要求将所有价格与工资冻结90天。哪个保守主义者会利用政府权力干出这样的事呢？在外交事务上，他曾长期赞同美国应该避免与共产主义中国打交道，然而他却成了第一个访问中国的美国总统，并改善了中美关系。此后不久，尼克松与苏联签订了放慢核军备竞赛的协议，他希望通过缓和与共产主义大国的关系，让中国和苏联对共产主义越南施加压力，使其与美国媾和。尼克松希望得到越南战场的胜利，如果不能，那他至少要得到和平。

"我已经确信我们没有赢得战争的可能，"尼克松曾私下承认，"当然，我们不能这么说。事实上我们只能假装还有办法。"当尼克松看似在缩小战争规模，将驻越美军逐渐撤回美国时，他其实是在将战争扩大化，并对北越军在邻国柬埔寨的藏匿处进行了轰炸。美国国内再一次掀起了抗议浪潮。更糟的是，新的攻势和加强的轰炸没能让北越的战斗意志屈服。在看不到取胜希望的情况下，尼克松被迫签署了和约，终止了美国对战争的介入。美军撤出越南仅仅两年，南越政府就倒台了。胡志明没能活到胜利这一天，但此时尼克松也不再是总统。就此次事件而言，尼克松的下台不需要一场雪崩来推动，是他自己内心的魔鬼导致了这一切。

尽管尼克松支持传统价值，但他对人性却有甚少信心。他怀疑自己的政治对手为了击败他会不择手段，于是认为自己理当对他们毫不留情。他有一份"敌人名单"，并计划种种报复的方式。1972年，在尼克松竞选连任期间，5名与白宫有关的男子在潜入位于华盛顿水门大厦的民主党总部时被抓获。尼克松声称对此事一无所知。"试图掩盖事实会造成最大的伤害。"他辩解说。然而他自己恰恰就在掩盖事实。对水门事件展开调查的参议员们发现白宫的秘密录音设备录下了总统与其幕僚的谈话。录音中尼克松要求幕僚付封口费给"那些在监狱里的蠢蛋"，并表示"可以动用100万美元，你可以拿现金，我知道怎么弄到。"整个事件浮出水面后，尼克松差点儿成为第一位被国会弹劾并在参议院审判中被定罪的总统。他选择了辞职。

用新总统杰拉尔德·福特的话说，水门丑闻是"整个美国的噩梦"。福特为人诚实，但他为了让国家从水门丑闻中恢复过来，赦免了尼克松的所有罪状。民众对此有多么失望，从福特在1976年大选中输给民主党人吉米·卡特可见一斑。卡特向选民们承诺"我绝不会对你们撒谎"，赢得了人们的尊敬。曾担任佐治亚州州长的卡特也是一个诚实的人，甚至有些过于诚实，以致无法成为一名优秀的政客。他告诉美国民众，美国正面临一场"信任危机"，危机"让美国的国家意志从心灵、灵魂到精神都受到打击"。"我们曾相信美国用选票而不是用枪弹来决定一切，直到约翰·肯尼迪、罗伯特·肯尼迪和马丁·路德·金被杀害；我们曾被告知美国的军队所向无敌，我们的使命也向来正义,直到我们在越南陷入苦痛;我们曾视总统为一个光荣的职位,直到水门事件让我们震惊。"

危机感之外,还有新的问题。世界的石油供应很大程度上依赖着动荡的中东地区。阿拉伯国家一度拒绝在埃及和叙利亚进攻以色列期间❶向支持以色列的国家出售石油。这次石油禁运导致美国国内汽油价格飙升。伊朗也出现了新的麻烦——革命者冲击了美国驻伊朗大使馆,将53人扣为人质。电视晚间新闻日复一日地暴露美国在人质救援行动上的软弱无力,卡特的支持率也日复一日地下降。在1980年大选中,共和党人罗纳德·里根向卡特发出了挑战,他向美国人提出了一个简单的问题:"你比4年前过得更好了吗?"对许多美国人来说,答案显而易见。里根大获全胜,并在伊朗释放人质的当天入主白宫。

里根的胜利标志着10多年来美国政府保守主义转向的最后一步。这位新总统的成功在很大程度上有赖于他的个性。较之有时显得笨拙、多疑而满心妒意的尼克松,里根却随和温厚。吉米·卡特沉痛地发出"信任危机"警告,里根却将美国描述为一个自豪而"屹立"的国家。共和党所仰赖的两派力量都对他表示支持。第一派是商界人士。这些人相信成功有赖于个人的努力——如霍雷肖·阿尔杰所言,有赖于运气和勇气。他们拒绝接受进步主义观念,不认为政府应当通过"新政"或"伟大社会"之类的计划帮助不那么幸运的公民。第二派是福音派基督徒,即相信"重生"的新教徒。这些人希望让宗教成

---

❶ 指1973年的第四次中东战争。

为美国生活的坚强核心。最高法院不久前禁止了在公立学校组织官方礼拜，并赋予女性通过流产终止妊娠的权利，福音派对此尤为反感。他们拥护清教徒的神圣共同体观念，对美国的政教分离传统不以为然。

尽管里根希望能重建约翰·温思罗普的"山巅之城"，但他本人却并不是个虔诚的信徒，他的精力更多地花在了经济政策上。里根坚信："政府不是我们问题的解决方案，政府就是问题本身。"以他那种轻快而乐天的方式，里根提出了一种能在减税的同时增加政府收入的办法。只要让企业成长，经济就会成长，然后企业就能因其新增的盈利而支付更多的税款。半年之内，国会就降低了税率，尤其降低了对富人和股票投资者的税率。同时，里根对各种政府计划也大加削减。他的支持者们称赞他减少了"繁文缛节"，让企业为经济注入新的活力。批评者则抱怨说，对食品券和医疗补助等关键计划的削减会造成民众的痛苦。

不幸的是，低税率没能带来更多收入。里根不得不增加了新税种——他很小心地将它们称为"国家收入增长方案"，以减轻其造成的不适。在困境中挣扎已久的经济终于迎来了反弹。尽管如此，政府每年的支出仍超过其税收多达2 000亿美元，这是因为国防开支的飙升。尼克松、福特和卡特曾让冷战的紧张局势得以缓解，里根则不然。他将苏联视为"邪恶帝国"，是"当下所有动荡不安"的推手。里根政府采购新式导弹、潜艇、轰炸机和其他武器，造成了美国历史上最高的赤字。

这对美国来说也许不是什么好消息，但对苏联而言则更糟糕。苏联的共产主义经济从未向它的公民提供足够多的消费品，却在对外援助上花费数十亿的金钱，其中还包括一场在阿富汗发生的越战式游击战争❶。苏联试图在国防开支上赶上里根的脚步，这几乎拖垮了它的经济。1985 年，年轻的苏联领导人米哈伊尔·戈尔巴乔夫开始实施被称为 glasnost❷ 的开放政策，要在国内实现更多的自由，在国际上结束冷战。里根与他展开合作，签署多项新的军备协议，使双方各自销毁了数以百计的核导弹。共产主义阵营的东欧国家一个接一个地发生了抗议，而戈尔巴乔夫没有制止它们。1991 年，苏联自身分裂为许多独立的共和国。持续了 40 多年的冷战戛然而止。保守主义转向不光让美国的国内政策走上了一条新的道路，也令其外交政策的一个漫长时代走向结束。

---

❶ 指苏阿战争。1979 年苏联因扶植阿富汗国内左翼力量而入侵阿富汗，导致长达 10 年的战争。

❷ Glasnost，俄语音译，指政府信息公开和言论自由等政策。

第三十九章　千丝万缕

在这本书的开头，我曾让你们伸出一条手臂，把肩膀到指尖的距离想象成人类在北美洲生存的 14 000 年历史。此刻我们即将抵达当下。在这个位置，我们就好像站在你指尖末端的小人。从我们站立的地方看出去，所有较近的事件都会显得更大。我们选举总统、对法律进行辩论、镇压骚乱、为飓风灾难善后，因为我们身处其中，这些事件就显得重要。然而在写作一部跨度长达 500 年的历史时，对内容的取舍会十分艰难。1969 年，两个美国人——尼尔·阿姆斯特朗和巴兹·奥尔德林——在全世界的注视下成为第一批登上月球的人类，这当然是了不起的成就。在同一年，没有多少人留意到另一个政府项目。该项目中，犹他州和加利福尼亚州的 4 台电脑通过一个被称为阿帕网的简易网络建立了连接。阿帕网上发送的第一条信息只有两个字母——lo。完整的信息本应是login❶，然而网络连接在后三个字母传输完成之前就崩溃了。以上哪个事件更重要呢？答案似乎显而易见。然而50年过去了，我们的月球之旅已经终结，阿帕网却稳定地成长起来，直至成为互联网。如今它在全球范围内高速传输着数十亿电子邮件、网页、商业合同和视频文件。

将美国与全球其他国家和民族联结得更紧密的力量还有许多，万维网只是其中之一。从某种意义上说，整个美国历史都可以视为一个与外界联结逐渐增强的故事。哥伦布首次在世界的东西两个半球之间建立了联系，在接下来的几个世纪中，两个半球之间的距离越来越小。要将近代历史中真正的重大事件与当代世界的喧嚣区别开来，我认为我们应当退后几步，考察一下三个差异极大的个人的不同经历。无论是好是坏，每种经历都显示了美国与外界的联结有多么紧密。

第一个故事发生在20世纪80年代。在阿富汗的群山高处，一名瘦高的游击队员领导着一群战士。这支游击队被称为"圣战者"，是许多努力要把苏联人赶出阿富汗的力量中的一支。这个年轻的领袖并非阿富汗人，而是一名来自邻近的沙特阿拉伯的虔诚穆斯林。约35 000名来自全球各地的穆斯林加入了这场战争。沙特、美国和巴基斯坦情报机关为他们提供帮助，资助了数百万美元和大量的武器。为了从阿拉伯世界甚至从美国招募志愿者，这名游击队长还自掏腰包。亚利桑那州的图森生

---

❶ Login，意为"登录"。

活着许多阿拉伯裔居民，1986年，他在这里设立了办公室，向愿意参战的人每月支付300美元。"圣战者"取得了巨大的成功，让苏联人不得不撤出了阿富汗，冷战也终于缓和下来。

现在，这名年轻人需要决定何去何从。战争虽然结束了，他却招募了更多的人员。作为亿万身家的沙特富商的第17个儿子，他付得起这笔钱，他的名字是奥萨马·本·拉登。1990年，本·拉登会见了一些沙特高官，并承诺对沙特的邻国伊拉克发起进攻——后者此前刚刚入侵了富产石油的科威特王国。他夸口说："我指挥着一支伊斯兰军队。"这支军队的名字是"基地"组织。然而沙特最终选择与美国合作。在接下来的那场被称为"海湾战争"的冲突中，美国总统乔治·H. W. 布什率领一支由32个国家组成的联军，迫使伊拉克撤出了科威特。本·拉登被激怒了：作为伊斯兰国家的沙特怎么能允许异教徒美国人在他们的土地上，在先知穆罕默德的故乡发动攻击？他回到了阿富汗，回到了他隐藏在群山洞穴中的营地，在那里开始策划一场针对美国的"圣战"。

圣战打击的策划花了许多年。乔治·H. W. 布什之后的美国总统是比尔·克林顿，布什的儿子乔治·W. 布什又接替了克林顿。到了2001年9月11日，本·拉登终于准备完毕。"基地"组织的特工劫持了4架商用客机，让其中两架撞上了纽约世贸中心——那是110层高的双子塔式摩天大楼。（第三架飞机撞上了位于华盛顿的五角大楼。第四架飞机上的乘客们起来反抗，最终让飞机坠毁于宾夕法尼亚。）这是珍珠港事件以来美国领土遭受的最惨重打击，超过2 700人在火焰与浓烟中丧生。这是第一个故事，它将阿富汗的山洞与纽约的双子塔联系在了一起。

冷战结束后，人们热切期盼超级大国对峙和核战争威胁消失之后会出现一个更加平静的时代，然而取而代之的却是另一种不同的冲突。"基地"组织并非超级大国，它没有堆积如山的导弹和坦克，也没有规模庞大的军队。它的武器是恐惧，属于弱小者和绝望者，而非强者。在一个联结得如此紧密的世界上，恐怖主义可以传播混乱。这样一个世界依赖于经济的平稳运行：电网要提供电力，交通网络要保证人们快速而安全地通行。世贸中心就是一个繁忙的全球联系节点。"9·11"这一天的死难者来自50多个不同的国家，整个世界都播出了灾难的消息。第二架飞机撞上双子塔时，一家英国电视台正在现场。墨西哥的阿兹特克电视台播出了布什总统的讲话，中国的中央电视台也马上展开报道。整个世界，而非仅仅一个国家，都对这场悲剧造成的打击感同身受。

奥萨马·本·拉登被迫开始藏匿。有好几年的时间，人们都无法知道他身藏何处。美国情报机关最终在巴基斯坦的一个院子里发现了他的踪迹。2011年，美国海军的海豹突击队使用直升机发动袭击，杀死了本·拉登。就在躲避整个世界的追捕期间，本·拉登仍能通过卫星天线收看电视节目，并依赖于电脑和硬盘。无论是他的生活还是他的死亡，都证明现代世界的联系异常紧密，也证明这样的联系可能带来什么样的风险。

另一个故事发生在距离阿富汗半个世界之外。胡安·查纳克是一个与本·拉登完全不同的年轻人。查纳克出生于1956年，比本·拉登大一岁，生活在危地马拉的高地上。2 000年前，他的祖先创造了这片大陆上的第一个文明。如今这个村庄里的玛雅人或是在梯田上耕种，或是从事纺织，查纳克和他的父亲就是织匠。一些村民曾去北方寻找过报酬更高的工作，胡安从这些人口中听说了许多故事。他对美国几乎一无所知，但也曾被宇航员和摩天大楼的照片震惊。他的亲戚们对美国可没有什么好话："你在那里只有罐头可吃。唯一能找到的工作就是扫大街。"然而查纳克仍然决定去美国看一看。1978年的一天清晨，查纳克在早上5点离开了村庄。他只带了一个小小的旅行箱，里面有两条长裤、两套内衣和一件衬衫，与本❶·富兰克林轻装逃离波士顿前往费城时差不多。除此之外，他手里只有两个从本地迁居美国的女人的电话号码。

他在旅途中遭到过抢劫，在试图渡过格兰德河从墨西哥进入美国时，两次被美国边境巡逻队抓获，然而他没有放弃。一天，他在休斯敦的兰达尔超市得到了一份工作，任务是打包购物袋和清洁地板。查纳克很受赏识，挣的钱也足够让他每周往家里寄100美元，这个数额令他的家人大吃一惊。当兰达尔超市需要一名新工人时，他立刻联系了他叔叔。此后每次有人员空缺出现，胡安都会往家里捎口信。慢慢地，当超市管理层需要好工人时，他们会直接去找胡安。15年过去了，胡安老家那个4 000口人的危地马拉小村庄里，有差不多一半人追随他的足迹来到了美国。他们中大多数人居住在休斯敦郊区一个被称为拉斯亚美利加斯❷的地方。随着时间的推移，他们建起了3

---

❶ 本，本杰明的昵称。

❷ 拉斯亚美利加斯，意为"美洲"。

座教堂，胡安·查纳克还创办了一个足球联赛，逐渐吸收了26支球队。

这是另一种网络。通过信件、电话、口信、汇款单和客厅里的加床，远隔1 600英里的村民和亲友们保持着联系。历史学家将这种现象称为"迁移链"，即新移民为其同乡们开辟道路的移民方式。19世纪40年代的爱尔兰人和德意志人自然是通过类似的迁移链来到美国的，半个世纪之后涌来的斯拉夫人、华人和其他许多族群也是一样。移民潮变得越来越汹涌，以致国会通过法律，在"一战"期间和战后一段时间对移民进行了限制。这段时期，随着"纯洁"美国和种族隔离愿望的增强，新的配额制出台了，对每个国家的移民数量限定了额度。北欧国家移民较为受欢迎，而来自南欧和东欧的移民则没有这样幸运。

不过，林登·约翰逊的"伟大社会"改革最终取消了这些限制，让美国对亚洲、拉丁美洲和欧洲移民同样敞开了大门。卡斯特罗的革命让许多古巴人来到佛罗里达避难。20世纪80年代，墨西哥移民的队伍中又增加了来自中美洲地区的新面孔。此外，东南亚因越南战争而动荡不安，使50万人逃离家园来到美国。在此之前，大部分亚洲移民来自日本、中国和菲律宾；战争之后，印度人、柬埔寨人、老挝人、越南人和韩国人也加入了他们的队伍。到2010年，美国的拉美裔人口数量已经超过了非洲裔。此时美国已有500万到800万穆斯林，还有150万印度教徒和差不多同样数量的佛教徒。

在如此多元化的美国，人们在世界范围内追溯家族渊源成为司空见惯的事,以下是一个美国公民的家族谱系树。他的母亲来自堪萨斯,父亲来自非洲,继父则是印度尼西亚人。他的祖父"一战"时在英国的皇家非洲步枪团服役,外祖父是"二战"时的一名美国陆军中士,外祖母则是夏威夷人。他的一位曾外祖父是爱尔兰裔,一位曾外祖母拥有部分印第安血统。此外,上溯五代,他的一位祖先很可能是弗吉尼亚第一批奴隶之一。这只是贝拉克·奥巴马家族谱系中的一部分。奥巴马在2009年成为美国第一位非洲裔总统。随着美国社会发展到21世纪,一个家族的全球联系已经成为这个社会的缩影。

然而,另有一种联系比迁移链更广,比游击队员藏身的山洞更深。在胡安·查纳克和奥萨马·本·拉登尚未成年时,一名女性的生命已经接近终点,是她让世界注意到了这种更为深广的联系。在20多年的时间里,蕾切尔·卡森以其自然题材写作为人所知,森林、嶙峋海岸和潮汐湖在她笔下似乎拥有生命一般。《纽约时报》的一位书评人对卡森的一部作品曾有如此评价:"就连各种多刺的和浑身黏液的生物也能让你感受到强烈的趣味和温情。"卡森作品的魅力并非仅仅来自对某种红色水母或是多刺螃蟹的详尽描述,她描绘了一幅更大的图景:每种生物何以成为自然那"精妙织锦"的一部分。哪怕只改变生物链的一环,也可能对链条的其余部分造成意想不到的影响。卡森认为:"在自然界中,没有任何事物是孤立的。"她没有料到,在20世纪50年代晚期,自己竟会开始写作一部不太可能令热爱自然的读者感到愉悦的作品。她将这本书称为"毒书"。

此时美国已是世界上最强大的超级大国,美国科学家们对未来充满信心。他们已经可以分裂和约束原子——不仅是为了制造炸弹,也为了建起核能工厂,甚至在未来完成组建核动力飞船和核动力汽车的梦想。研究实验室制造出各种新型的化学品,包括杀虫剂DDT在内。DDT被视为一些疾病——如蚊子传播的疟疾——的克星。这种自信在化工公司杜邦的广告中表露无遗:"更好的产品,更好的生活……尽在化学。"卡车会在海滩喷洒DDT,任由孩子们在药雾中嬉戏。这些卡车车身上印有标语:"对人体无害。"在南方农场上,为了消灭火蚁,农用飞机会喷洒药效更强的化学药品。这样真的能消灭害虫吗?"我的答案是绝对没问题。"一名农业官员自信地说。

当卡森写作自然题材作品时,她不可避免地会听说这些化学产品的使用。她的一位朋友曾提到,在飞机为附近的一个鸟类保护区喷洒杀虫剂之后,她的喂鸟器周围出现了数十只死鸟。卡森请教了医学专家,后者的研究表明杀虫剂可能导致人类患上白血病和其他癌症。于是卡森开始写作她毕生最有挑战性的一部作品。她深知这条路会十分艰难,因为一旦提出人造化学药品会影响生态平衡的观点,就会招致整个化学工业乃至许多科学家的猛烈攻击。此外,她已经知道自己罹患癌症,来日无多,这让这项工作变得更加艰难。忍受着放射性治疗和手术带来的恶心和疲惫,卡森没有放弃努力。《寂静的春天》在1962年出版后,她被批评者冠以"爱出风头""伪科学家""绝后的老处女""疑似共产党"等等恶名,然而卡森不为这些攻击所动。在生命的最后两年里,她曾前往国会做证,并获得了许多荣誉。她的骨灰被朋友们撒在缅因海岸的席普斯考河里,那是她热爱的一条河流。骨灰抛撒处的标志上写道："在此终归大海。"

卡森的斗争只是一个更宏大的美国故事的开端。其他人也加入进来，对人类如何糟蹋了土壤与空气展开调查。城市被工厂烟雾和汽车尾气笼罩着，化工废料被直接投入水流。俄亥俄州的凯霍加河污染极为严重，以致1969年河面上发生了一场大火。这并非什么新鲜事——凯霍加河曾在1868年、1883年、1887年、1912年、1936年、1941年、1948年和1952年多次着火。私营企业缺乏净化有毒废料的动机，因为将大气和河流当作废料场不用花它们一分钱。自由主义者林登·约翰逊和更偏向保守的理查德·尼克松都意识到，政府必须采取行动来保护共同利益。国会通过法律，建立了环境保护署，并为空气和水体的清洁度制定了标准。

然而各种污染热点并非世界面临的唯一威胁。科学家使用气象传感器监测大地和海洋的温度，使用人造卫星监控地球的冰盖。2014年，大约300名美国科学家对更多同行的研究成果进行了总结，得出结论：全球气候正在变暖，而人类"已经成为近年和可预见的将来导致气候变化的主要原因"。气候变暖的原因在于工厂用煤做燃料以及各种内燃机将二氧化碳排入大气，这种气体会捕捉大气中的热量，与此同时，能吸收二氧化碳的森林却遭到砍伐。全球变暖效应可以从越来越频繁的极端天气现象中窥见一斑，如干旱引发山林火灾、飓风导致洪水。一位纽约州州长曾说："百年一遇的风暴现在似乎变成了每年一遇。"随着冰盖的融化，海平面也在上升。科学家们预测，到 21 世纪末，佛罗里达州的迈阿密、埃及的亚历山大和越南的胡志明市等海滨城市都将面临被淹没的危险。

"我宁愿相信，"蕾切尔·卡森写道，"大部分自然环境永远不会受人类的破坏之手影响。我宁愿相信尽管人类能削平森林，能阻塞水流，但云、雨和风只有上帝才能控制。"然而事实并非如此。在这个越来越小的行星上，人类和自然的联系已经变得越来越紧密。正如卡森所言："当下、过去和未来密不可分，每一种生物也与它周遭的一切密不可分。"过去和未来之间的这种联系将是我们在最后一章中要探讨的主题。

第四十章　继往开来

如何创造历史？这是本书开篇提出的问题。我给出的答案是我们可以用生命创造历史，也可以用写作创造历史。然而这并非一个非此即彼的问题。用生命创造历史也就是用行动创造历史，这要求我们知道自己从何而来，因为过去塑造了我们每一个人。因此，即使我们不去亲自写作历史，也会将关于我们是谁、我们信仰什么和我们坚守什么的故事连缀起来。若要前行，必须回顾，尽管这种观点可能会令我们感到意外。

这就是对我们如何创造历史的回答。但是为什么呢？为什么要花那么多时间沉浸在过去之中？

第一个答案显而易见，却也是千真万确——沉浸在过去之中让我们心醉神迷。马克·吐温口中那"该死的人类"拥有无穷的创造力，哪怕是最好的小说家，也难以想象人们真正能够做到的事。威廉·布拉德福德踏上美洲的第一天，就被捕鹿陷阱套住了脚。当乔纳森·爱德华兹凝视在微风中织网的蜘蛛时，年轻的本杰明·富兰克林正借着同一阵风，让一只风筝将他带过池塘。幼年的安德鲁·卡内基用两只勺子吃麦片，还会大叫："还要！还要！"一位西班牙征服者写下他的座右铭：无穷无尽，无休无止。荷兰人在瑞典人口中塞入枪弹，将他们赶出要塞。观众把脚架在看台栏杆上，让灰土落在参议员们的头顶。查尔斯·萨姆纳在参议院里被打昏在地。一名制动员手忙脚乱地沿着梯子爬上火车，不顾雪花在他裤腿边飞旋。8岁的小女孩菲比在沙丁鱼罐头厂里割伤了大拇指。将逃奴带往北方的哈丽雅特·塔布曼总是带着两只活鸡，以便引开村民多疑的眼光。杰伊·古尔德买下布法罗所有的肉牛，在斗智中击败科尼利厄斯·范德比尔特。泰迪·罗斯福把自己的孩子系在绳子上，从州长官邸的二楼窗户放下去。费城人将一名男孩悬在乔治·华盛顿头顶，为他戴上桂冠。旧世界的小姑娘们用羊拐骨玩抓子儿游戏。新世界的男孩们购买奇克斯牌原子弹指环。1944年的诺曼底登陆日，美军士兵们在诺曼底海滩上血战。1963年的"第二个逃课日"❶，1 000名儿童为马丁·路德·金的民权运动步入险境。哥伦布在候鸟的指引下航向美洲。鸟类的尸体让蕾切尔·卡森发出地球面临灾难的警告。这是令人惊叹的500年。在这样一片神奇的乐土中，一个人无论漫游多久，也不会厌倦。

然而过去向我们提出了更多的要求，它迫使我们仔细考察

---

❶ 诺曼底登陆日（Day of Decision）和民权运动中的"逃课日"（Ditch Day）的缩写均为D-Day。

某些围绕在我们故事周围的观念，这些观念常常在我们意想不到的地方出现。当马丁·路德·金和他的朋友埃利奥特·芬利驾车前往蒙哥马利参加第一次抵制公交车集会时，他没有想到自己将会创造历史。堵塞越来越严重，这两名男子最后只好把车扔在路上，开始步行。此时他们突然意识到：是集会引起了这场拥堵。"知道吗，芬利，"金说，"这可能会变成一次大事件。"历史不仅仅是各种令人神往的故事，它可能会为个人带来巨大的后果。正如金所发现的，它可能演变成大事件。

自由和平等——这两个伟大的观念贯穿着、包围着美国历史，在其中久久回响。箴言"合众为一"在1782年第一次被刻上大纹章之后，就将这两个观念紧紧联结在一起，正如它将美国联结在一起。"我们自由，我们平等，我们结为一体"，这样的字句时常回响在美国人耳边，以致美国人将它们视为理所应当。

然而这句箴言似乎并不真实。在人类历史中，美国所在的这片土地何曾真正合而为一呢？当哥伦布放下船锚时，这片大陆已经被几百种不同的印第安文化和语言分割，接下来三个世纪中涌来的欧洲人和非洲人只是为这块拼图加上了新的颜色。这里有雅玛西人、易洛魁人、阿拉珀霍人、普韦布洛人、楚玛西人、西班牙人、法兰西人、英格兰人、荷兰人、瑞典人、苏格兰人、伊博人、冈比亚人、安哥拉人，还有其他许许多多的族群。随着这个国家不断变大，向这里迁移的人潮也更加汹涌，先是带来了爱尔兰人、德意志人，后来又有了波兰人、斯拉夫人、俄罗斯人、意大利人、华人和日本人。最新的移民浪潮则是真正全球性的，其中有印度人、泰国人、越南人、菲律宾人、墨西哥人、萨尔瓦多人和危地马拉人。美国真的能让如此之多的族群合众为一吗？

从1492年的第一次接触开始，"合众为一"就一直是美国人的梦想。欧洲人在这里回忆起黄金时代的传说——那是人们纯真、和平、团结一致的时代。哥伦布会向印第安人分发红色的帽子和玻璃珠，还会让他们穿上合适的衣物。印第安人则回报以黄金，皈依基督教，并心甘情愿为他劳动——至少哥伦布自己是这样期待的。清教徒们梦想在这里建立起神圣共同体——它由圣人统治，能让生活在他们中间的"外人"了解什么是正义。乔纳森·爱德华兹将大觉醒运动视为经文中所预言的"光荣时代"的先声——在光荣时代中一切分歧和矛盾都将消失无踪。几个世纪以来，这些关于统一与和谐的梦想一直驱使着这片土地上的人们前行。

然而分歧并没有消失。在起草美国宪法时，麦迪逊在这个问题上殚精竭虑，长久思索。他最后得出结论：一个共和国不可能避免分歧。他将这种分歧称为派别。派别的产生不仅因为人们来自世界的不同角落，还因为它早已"深植在人们的天性之中"。人们在运用理性判断事物时会出错，他们的情绪会轻易波动。因为"自恋"的影响，他们无法从别人的角度出发看待问题。更重要的是，生活中的不同境遇让人们自然而然地产生了分歧。麦迪逊认为，分歧的产生更多是源于"财产分配的差异和不平等。有产者和无产者在社会中的利益从来泾渭分明。放债者和负债者的利益……地产利益、制造业利益、商业利益……无不如此"。如此安乐的黄金时代、如此祥和的千禧年，还有神圣到不存在分歧的共同体，都不过是人们心中的空中楼阁。或者，如麦迪逊所言，不可能有政府能做到让"每个公民都拥有同样的观点、同样的情感和同样的利益"。

是的，这样的政府不存在。要建立一个"更完善的联邦"，将美国的人民和不同地区团结在一起，就必须设计一种政治体制，允许各个派别通过辩论、合理的代表制、妥协，以及通过法案等手段来追求各自利益。其中的难点在于将所有这些内容写进宪法，同时又不能偏离《独立宣言》所主张的价值：自由（另一种说法是解放）和平等。

一开始，连麦迪逊也希望这一系统的运行不必依赖代表不同利益集团的政党，然而这种期待仍然只是无法实现的黄金时代之梦。1812年战争之后，联邦党逐渐消亡，但随着开国一代的最后代表詹姆斯·门罗的任期结束，新的政党系统应运而生。正如马丁·范·布伦所意识到的那样，政党必须存在。这些政党致力于新型的民主，让来到投票站的选民人数超过此前任何时代。关于何为自由、何为平等，"普通大众"有自己坚定的想法。凭什么只让那些拥有一定数额财产的人投票呢？与其只让有钱人竞逐政府职位，不如让普通人也加入其中。更有一些人大胆发问：为什么女性不能按自己的心意投票呢？难道她们不是和男性平等的吗？

最不自由的美国人自然是奴隶。作为一个南方人，麦迪逊一开始就意识到对美国最大的威胁是北方州和南方州之间的矛盾，这种矛盾"主要来自蓄奴和不蓄奴之间的对立"。华盛顿在去世前也相信"不根除奴隶制，这个联邦就难以长存"。奴隶制之害不仅在于其从奴隶身上剥夺了每个人都应享有的自由和平等，还在于这种制度本身赋予了奴隶主大量财富和权力。它带来不断增长的巨大利益，令受益者决意保留奴隶制。十分诡异的是，在安德鲁·杰克逊时代，随着美国变得越来越民主，奴隶制也变得越来越强大，它比从前更深地植入南方每一块棉田中，也更深地植入北方生产的每一尺机织布中。

随着时间推移，北方州废除了奴隶制，令它变成南方独有的制度。双方努力通过画线来达成妥协：线这边是蓄奴州，线那边是自由州。尽管这样的分界线画了一次又一次——五分之三妥协、密苏里妥协、《堪萨斯-内布拉斯加法案》、1850年妥协——宪法确立的联邦制度仍然无法解决这样的矛盾。这些界线是自由和平等的边界，但它们从未完全奏效过——时常会有用脚投票的奴隶越过这些界线。只有一场血腥的冲突才能真正解决这一分歧，从而挽救联邦。南北战争就是这个政治体制的最大失败。

奴隶制之外，麦迪逊还指出了更广泛意义上的财产分配不公。内战之后，新的工业体系让美国成为世界上最富有、最强大的国家，但最富的美国人和最穷的美国人之间的鸿沟也在急剧扩大。登上这种新型阶层结构顶端的工业巨头们鼓吹自由放任主义，即国家不应干预个人事务。他们依靠运气和勇气，依靠适者生存法则，获得了辉煌的成功。这不就是机会平等的意义所在吗？即"人人都应拥有尽力让自己超越他人的自由"。与"破衣杰克"一样，"怪人"安德鲁·卡内基就展示了一个拥有运气和勇气的男孩可以做出什么样的成就。晚年的卡内基十分慷慨,捐出了数亿美元,他认为:"在死去时还拥有巨额财富的人是可耻的。"

然而当19世纪90年代的经济衰退让数百万人失去工作、无家可归,甚至忍饥挨饿时,像雅各布·考克西那样,人们开始请求政府采取行动。他的呼声令人们回想起约翰·温思罗普的神圣共同体,即一种出于共同利益而紧密联结的社群。当人们缺乏基本的生存条件或是像样的受教育机会,当大公司运用它们的实力破坏自由竞争,将小企业挤出市场,所谓机会平等就是一句空话。就连卡内基也承认,政府需要"为保护工人的利益立法,因为最糟糕的雇主需要被强迫,才会去做善良的雇主们自愿做的事"。进步主义者、新政主义者和"伟大社会"计划的改革者们都会赞同富兰克林·罗斯福的观点:自由的定义应当被扩大——"没有经济安全和经济独立,就没有真正的个人自由"。

从弗吉尼亚的第一次烟草种植浪潮开始,繁荣必然破灭的模式一再重现,然而每次繁荣和衰退形成的曲线却变得越来越陡峭,越来越惊人。1892年的衰退规模超过了此前任何一次,因为驱动着大工业的各种体系比从前更紧密地互相联结——一家大银行或是大工厂的倒闭会造成许多企业的毁灭。此后,欧洲帝国主义列强对变得更大更富有的渴望引发了第一次世界大战,令美国也卷入其中。当枪炮声最终平静下来时,伍德罗·威尔逊向人们承诺了一种终结所有战争的和平。他没有如愿,周期模式仍在继续。20世纪20年代的经济腾飞为人们带来了汽车和收音机,将人们的生活水平提升到此前从未达到过的高度，然而随之而来的崩溃和萧条同样也是无可比拟的，并导致了一场人类历史上前所未有的世界大战。1945年之后，另一次经济繁荣开始了，为人们带来了有漂亮尾翼的汽车和电视机。1962年那令人不寒而栗的一个月里，受到诅咒的人类几乎就要跃入核战争的深渊。核战争没有爆发，但冷战仍在继续，最终在越南令美国深陷泥潭，在阿富汗拖垮了苏联。

我们是否能终止这种繁荣与破灭的循环，同时又不放弃我们的自由与平等？1910年，泰迪·罗斯福就贫富差距发出了警告：那是一道鸿沟，将普通劳动者与"一小群极端富有、拥有庞大经济力量、一心想着如何保持和增加这种力量的人"分割开来。罗斯福的警告已经过去了100年，而这道鸿沟再次出现，几乎比美国历史上任何时期都更加巨大——到了2010年，半数美国家庭拥有的财富加起来只占整个国家财富的百分之一。找到上升的渠道，将自己的蓝领变成白领，这对美国工人来说比大多数其他发达国家的工人更艰难。机会平等的理想似乎危在旦夕。

在本·富兰克林的时代，自由比现在更容易定义。你只要像富兰克林、其他许多学徒，还有奴隶们一样用脚投票，就可以逃走并开始新的生活。然而随着整个世界的联结愈加紧密，这样的自由已经不那么容易实现了。这不仅因为飘浮在高空的辐射尘可以覆盖到你能走到的所有地方，也不仅因为身处万里之外的山洞中就可以对世界的贸易中心造成伤害。这些威胁不可谓不严重，然而对人类最大的威胁来自我们自己。我们正让我们所栖居的这个星球不断变暖。危险并非一天一夜就能累积起来，然而其中隐藏的力量可以将地球变成地狱，而不是天堂。

最后一次繁荣与破灭的循环也许就要到来，我们是否有决心阻止它？美国向来自许为独一无二的国家。它的确是独一无二的，虽然也许并不是在许多人所认为的那种意义上。一个民族认为自己独一无二这种现象并不新鲜。《圣经》对希伯来人说："神从地上的万民中拣选你。"同样认为自己受到神的特意挑选的还有阿兹特克人、荷兰人、英国人，以及其他许多民族。美国人至少有一点是真正独一无二的，那就是他们吹嘘自己如何独一无二的方式。幽默作家芬利·彼得·邓恩在1898年就认识到了这一点。在美西战争前夕，邓恩以虚构的爱尔兰裔美国酒吧服务员杜利先生为主角，创作了一系列故事。在其中一篇里，杜利先生的朋友亨尼西宣称美国人构成了一个伟大的民族。"我们当然伟大，"杜利先生表示同意，话音中带着他优美轻快的爱尔兰腔，"而且我们知道自己伟大，这才是我们最伟大的地方。""被拣选的民族"很容易认为自己独一无二，比别人更优秀、更纯洁，然而这样的想法只能导致分裂而非统一。要保持纯洁，最好的办法是用围墙把自己圈在小块的定居点里，这样才能保证每个人的想法都一样。罗杰·威廉斯曾经做过这样的尝试，却很快发现了由政府来保持公民纯洁性的弊病。关于美国的统一性，沃尔特·惠特曼的认识更为准确："它不仅仅是一个民族，还是一个熔各民族为一炉的民族。"美国之所以独一无二，就在于这个跨越大陆的联邦是一个政治性的联邦。它欢迎多元性，并未将联邦的基础建立在所有公民想法一致之上。

我们自由，我们平等，我们结为一体。历史令美国人思索他们何以如此。回顾过去，美国人才能真正认识到先贤们的智慧所在，否则历史还有什么存在的必要呢？然而尊敬不等于盲目。杰斐逊在1816年写道："有的人以虚伪的虔诚将宪法奉为圭臬，将它视为约柜，神圣得不可碰触。他们认为前一个时代的人比后人更有智慧。"他很清楚："随着我们获得新的发现、新的真理……体制也必须改变，以跟上时代的脚步。否则我们就是在强迫一个成年男人穿上他小时候合身的衣服。"❶

　　当今美国人所处的这个世界当然包含着开国元勋们无法预见的危险。尽管美国的政治体制也在演变，它似乎仍孤立隔绝于这个紧密联结的世界之外，以致"僵局"这个词时常出现在我们眼前。联邦能够维持下去吗？今天的美国人是否能找到新的办法，让他们保持自由、保持平等，并继续结为一体？

　　问题已经提得太多。过去向今天的美国人提出了更高的要求，因为未来需要人们付出更多的努力。当下就是你的历史，是用写作还是用生命来创造它，由你决定。

---

❶ 这句话镌刻在华盛顿杰斐逊纪念堂的石碑上。

致谢

对我而言，历史写作往往是一个合作的过程。在写作美国历史的道路上，与我合作过的同事和合著者太多太多，无法一一列举，更不用说我在写作这本书时还参考了数以百计的学者的作品。在此我要对曾阅读过这本《美国小史》手稿的几位表达特别的谢意，他们是：马克·莱特尔、克里斯蒂娜·赫尔曼、迈克尔·麦卡恩、约翰·鲁格、肯·路德维格、玛丽·温塔兰和安东尼娅·伍兹。耶鲁大学出版社的克里斯·罗杰斯是耐心的编辑，也是我的挚友，他不止一次细读了这部手稿。玛格丽特·欧策尔和埃丽卡·汉森则在出版过程中一直为我提供帮助。我还要特别感谢戈登·艾伦。40年前，我和约翰·鲁格合著了一本野外划艇指南——这是我的第一本书，艾伦负责了书中的插画。这一次他又拿起画笔帮助我，令我欣喜非常。

图书在版编目（CIP）数据

美国小史 / （美）詹姆斯·韦斯特·戴维森著 ；曾毅译. -- 北京：新星出版社, 2024. 10. -- ISBN 978-7-5133-5689-3

Ⅰ. K712.0

中国国家版本馆CIP数据核字第2024LQ1590号

美国小史

[美] 詹姆斯·韦斯特·戴维森 著 曾毅 译

责任编辑 汪 欣	**特约编辑** 刘 早 刘 漪
装帧设计 @broussaille 私制	**内文制作** 张 典
责任印制 李珊珊 史广宜	

出 版 人	马汝军
出　　版	新星出版社
	（北京市西城区车公庄大街丙3号楼8001　100044）
发　　行	新经典发行有限公司
	电话（010）68423599　邮箱 editor@readinglife.com
网　　址	www.newstarpress.com
法律顾问	北京市岳成律师事务所
印　　刷	河北鹏润印刷有限公司
开　　本	850mm×1168mm　1/32
印　　张	12
字　　数	249千字
版　　次	2024年10月第1版　2024年10月第1次印刷
书　　号	ISBN 978-7-5133-5689-3
定　　价	69.00元

版权专有，侵权必究。如有印装质量问题，请发邮件至 zhiliang@readinglife.com

A Little History of the United States
© 2015 by James West Davidson
Originally published by Yale University Press
All rights reserved.

著作版权合同登记号：01-2024-2808
本书译文由中信出版集团授权使用。

本书地图系原书插附地图。
审图号：GS（2024）3508号